高等职业院校人力资源管理专业全国统编教材
国家职业教育人力资源管理专业教学资源库配套教材

绩效管理实务

主　编　石玉峰
副主编　王巧莲　靳晓曼　刘　客

中国劳动社会保障出版社

图书在版编目(CIP)数据

绩效管理实务 / 石玉峰主编. --北京：中国劳动社会保障出版社，2023

高等职业院校人力资源管理专业全国统编教材　国家职业教育人力资源管理专业教学资源库配套教材

ISBN 978-7-5167-6117-5

Ⅰ.①绩…　Ⅱ.①石…　Ⅲ.①企业绩效-企业管理-高等职业教育-教材　Ⅳ.①F272.5

中国国家版本馆 CIP 数据核字(2023)第 171029 号

中国劳动社会保障出版社出版发行

(北京市惠新东街1号　邮政编码：100029)

*

保定市中画美凯印刷有限公司印刷装订　　新华书店经销

787 毫米×1092 毫米　16 开本　16.25 印张　285 千字
2023 年 12 月第 1 版　　2023 年 12 月第 1 次印刷
定价：36.00 元

营销中心电话：400-606-6496
出版社网址：http://www.class.com.cn

版权专有　　侵权必究

如有印装差错，请与本社联系调换：(010) 81211666
我社将与版权执法机关配合，大力打击盗印、销售和使用盗版图书活动，敬请广大读者协助举报，经查实将给予举报者奖励。
举报电话：(010) 64954652

高等职业院校人力资源管理专业全国统编教材编委会

主　任　李　琦（北京劳动保障职业学院）

委　员　（以姓氏笔画为序）

　　　　马忠良（海南职业学院）

　　　　王　红（北京社会管理职业学院）

　　　　王贵军（广东番禺职业技术学院）

　　　　王晓航（河南工贸职业学院）

　　　　勾景秀（石家庄信息工程职业学院）

　　　　尹丽莎（重庆青年职业技术学院）

　　　　石玉峰（北京劳动保障职业学院）

　　　　朱　营（上海踏瑞计算机软件有限公司）

　　　　刘璐宁（北京财贸职业学院）

　　　　孙宗虎（北京课思国际教育科技有限公司）

　　　　李依璘（四川工商职业技术学院）

　　　　李　健（大连职业技术学院）

　　　　杨　丽（广东科学技术职业学院）

　　　　肖红梅（北京劳动保障职业学院）

　　　　张俊娜（河北政法职业学院）

　　　　郑洪利（青岛职业技术学院）

　　　　郑振华（北京劳动保障职业学院）

　　　　官　翃（长沙民政职业技术学院）

　　　　哈申高娃（内蒙古商贸职业学院）

序

"高等职业院校人力资源管理专业全国统编教材"与读者见面了。这套教材是全国人力资源和社会保障职业教育教学指导委员会(以下简称人社行指委)组织编写的第一套针对高职院校人力资源管理专业的综合性教材,是人力资源管理专业学生的参考教材和学习资料。

一、教材组织编写的背景

习近平总书记指出"人才是实现民族振兴、赢得国际竞争主动的战略资源",党的十九大报告明确提出"人才强国"战略,对新时代高等职业院校人力资源管理专业人才培养提出更高要求。

我国在高等职业院校开设人力资源管理专业30多年,该专业规模大、布点多。教育部公布的最新数据显示,全国开设人力资源管理专业的本专科院校共有750所,其中高职院校288所,平均每五个院校就有一所开设人力资源管理专业,毕业生规模为每年1.2万~1.4万人。为满足迅速发展起来的人力资源管理专业教学需要,有关部门和高校组织编写了一系列教材,为这一专业的教学、人才培养、学科发展做出了贡献。但应该看到,由于我国人力资源事业发展变化较大、教材编写人员水平参差不齐等,人力资源管理专业教材建设从总体上讲还相当薄弱,存在体系不健全、内容陈旧、大量交叉重复等问题。这些问题不解决,不仅影响教学活动的顺利进行,而且影响这一专业的健康发展。

2015年教育部印发了《普通高等学校高等职业学校(专科)专业目录》,为了更好地培养符合经济社会发展需求的高职人力资源管理专业人才,人社行指委受教育部委托,在对人力资源管理相关行业、企业、学校及毕业生展开广泛调研的基础上,组织全国相关院校优秀专家对人力资源管理专业教学标准进行了修订,并于2019年由教育部正式公布执行。

2019年,人社行指委副主任委员单位北京劳动保障职业学院牵头组织的人力资源管理专业教学资源库已经正式列入国家职业教育资源库,并上线运行。人力资源管理专业教学资源库的建设和应用主要满足在校学生的学习需求、教师的教学及专业建设需求、社会学习者的自我学习及科普需求,建立在校学生学习资源中心、教师课程建设实践中心和社会学习者科普中心。在"互联网+"的应用模式下，建立与各学习中心相匹配的定制化学习路径，从而满足用户在 PC 端、平板端和手机端等各种工具的随时随地学习需求。

鉴于以上背景，基于对人力资源管理专业及这一专业人才培养高度负责的精神，人社行指委组织全国高等职业院校的优秀专家学者，编写了这套"高等职业院校人力资源管理专业全国统编教材"。

二、教材组织编写的原则

这套教材在编写伊始，即确定了五项编写原则。

1. 紧扣专业教学标准，突出职业教育特色。根据人力资源管理专业教学标准的培养目标及其对知识体系的要求，确立完整的课程体系和教材体系，充分满足该专业的学历教学和专业人员知识培训的需要。

2. 突出理论与实践相统一，强调实践性。适应项目学习、案例学习、模块化学习等不同学习方式和要求，注重以真实项目、典型任务、案例等为载体组织学习单元。

3. 立足现实，反映前沿，力求创新。在教材建设中，既反映已经成熟或公认的理论与学术思想，又能够反映具有代表性的人力资源领域的最新理论、最新技术和方法，在理论体系、结构框架、体例格式和写作风格上有自己的特色。

4. 立足高起点、权威性。为确保这一目标的实现，主编一般为教学经验丰富的一线人力资源管理专业教师，多位主编是人力资源管理专业国家级教学资源库的相应课程负责人，以确保教材能够满足适用性、权威性和先进性的要求。审稿人全部是人力资源管理领域的权威专家，由他们对大纲和成稿进行把关，以确保教材的理论性、系统性和科学性。

5. 线上线下，衔接开发。在教材开发上，与人力资源管理专业国家教学资源库配套开发，在课程设置、案例选用上充分发挥教学资源库的作用，使教师在使用教材的同时可以在教学资源库中找到相应的素材辅助教学，实现教材与教学库资源的配套使用。

三、教材的体系设计

本套教材的体系设计紧紧围绕人力资源管理专业教学标准的要求，请教学标准的执笔专家、审定专家进行解读，整理归纳出要开设的基础课和专业核心课，并与人力资源管理专业国家教学资源库相匹配。全套教材共 13 种，具体是《人力资源管理基础》《招聘与测评实务》《薪酬管理实务》《绩效管理实务》《培训管理实务》《劳动法理论与实务》《人力资源服务实务》《人力资源管理专业文书》《管理基础与实务》《员工关系管理实务》《组织行为管理实务》《劳动经济基础》《人力资源第三方服务实训》。

人力资源管理专业建设还处于逐步完善阶段,在人力资源事业发展过程中还会不断出现新情况、新问题。这套教材的编写也只能是反映人力资源事业发展的阶段性成果。希望广大人力资源管理专业教师和学生多提宝贵意见和建议,我们将在今后的修订改版过程中不断更新教材内容,提高教材水平,打造人力资源管理专业领域的精品教材,为人力资源管理专业学生能力和素质提升提供有力支持。

高等职业院校人力资源管理专业全国统编教材编委会
2021 年 1 月

前　言

党的二十大报告指出，要深入实施人才强国战略，把各方面优秀人才集聚到党和人民事业中来，这充分体现了党和国家对人才工作的高度重视。2020年10月16日，习近平总书记在中央政治局第二十四次集体学习时强调，要用好人才评价这个"指挥棒"，完善绩效考核评价机制。绩效管理是人才发展体制机制的重要组成部分，是人力资源开发和使用的前提，对于树立正确用人导向、激励引导人才职业发展、加快建设人才强国具有重要作用。

本书是高等职业院校人力资源管理专业全国统编教材之一，突出理论与实践紧密结合的特点，全书分为认知篇和项目篇两个部分。认知篇主要讲解绩效管理的基础理论知识，包括绩效、绩效管理与绩效管理系统，绩效管理岗位，企业绩效管理中常见的问题，绩效管理流程与绩效管理循环，常见的绩效管理工具等五个认知模块；项目篇详细阐述绩效管理的操作技能及应用，包括制订绩效计划、绩效监控与管理、实施绩效考评、绩效反馈及结果运用等四大项目共计十一项任务。本书以绩效管理理论和方法的应用为主线，对实训操作步骤及要求提出详细指导，包含大量企业常用的绩效管理业务工具，既适用于高等职业院校人力资源管理专业的课堂教学，也可作为社会力量办学机构与人才培训机构的培训用书，同时还可供人力资源管理从业人员参考使用。

本书具体写作分工如下：石玉峰负责全书统稿并编写上篇认知篇；下篇项目篇中，石玉峰承担项目一的编写，王巧莲承担项目二的编写，刘客承担项目三的编写，靳晓曼承担项目四的编写。本书是在一体化教学模式下探索校企合作开发教材的有益尝试，上海踏瑞科技有限公司闫舒迪在案例编写方面做出贡献，中智（北京）经济技术合作有限公司崔岩对教材的结构框架给予指导，在此一并表示感谢！

由于编者能力有限，本书的疏漏和不足之处在所难免，恳请广大读者批评指正。

编者
2023年5月

绩效管理实务

目录 CONTENTS

上篇 认知篇

认知一 绩效、绩效管理与绩效管理系统 003
 一、绩效 004
 二、绩效管理 006
 三、绩效管理系统 008

认知二 绩效管理岗位 012
 一、不同类型企业绩效管理岗位设置 012
 二、绩效管理岗位职责 016

认知三 企业绩效管理中常见的问题 026
 一、区分"大绩效"与"小绩效" 027
 二、区分"绩效考评"与"绩效管理" 030

认知四 绩效管理流程与绩效管理循环 031
 一、绩效管理流程 034
 二、绩效管理循环 038

认知五 常见的绩效管理工具 047
 一、关键绩效指标法 048
 二、平衡计分卡 055
 三、目标管理法 061
 四、目标与关键成果法 063

下篇　项目篇

项目一　制订绩效计划　073
- 任务一　确定绩效指标　074
- 任务二　确定指标权重及绩效标准　094
- 任务三　编制绩效计划表　107

项目二　绩效监控与管理　121
- 任务一　建立绩效沟通机制　122
- 任务二　建立绩效信息采集机制　153
- 任务三　建立过程督导督办与计划调整机制　162

项目三　实施绩效考评　169
- 任务一　考评前准备　170
- 任务二　组织实施考评　186

项目四　绩效反馈及结果运用　209
- 任务一　绩效反馈　210
- 任务二　绩效诊断与改进　229
- 任务三　绩效结果运用　239

上 篇

认知篇

认知一

绩效、绩效管理与绩效管理系统

【认知目标】

- 熟悉绩效及绩效管理的概念、特点。
- 熟悉绩效管理的功能。
- 了解绩效管理系统的构成。
- 熟悉绩效管理系统与人力资源管理其他系统的关系。

【案例导入】

W公司是一家外贸企业,主要从事海外贸易相关业务。受国际竞争形势的影响,公司董事长为了提高员工的工作效率,决定在公司内部引入绩效管理来代替多年的单纯职级工资制度。听到这个消息,全体员工无不欢欣喜悦,尤其是对于那些基层员工来说更是乐不可言。当月公司的生产效率就有了比较明显的提高。因为按照以前的制度,你在企业处在哪个层级直接决定你的薪酬,基层员工处于公司中比较低的层级,自然领比较低的薪酬。但若是实行绩效管理制度,薪酬除了与职级挂钩之外,也与其工作绩效紧密相连。于是人力资源部门在董事长的授权下,开始紧锣密鼓地制定绩效管理制度。经过人力资源部门全体成员6个月的艰苦奋战,绩效管理制度终于在众人的期盼中出台了。新制度规定,为了对员工进行有效激励、提高工作效率,公司将每半年实施一次绩效考评,普通员工与主管及以上人员分开进行考评。考评成绩与奖金相关联,绩效考评最优秀的普通员工可以获取其考评前6个月平均工资3倍的奖金,绩效考评最优秀的主管及以上人员可获得其平均工资2倍的奖金。董事长由于迫切想知道新制度的实施效果,要求人力资源部门依据新制度对全公司员工过去6个月的工作绩效进行考评，并依据考评结果发放奖金。

人力资源部门原本以为这项制度一定会受到员工欢迎，工作会顺利开展，然而事与愿违，随着新制度逐渐被员工了解，人力资源部门面临的压力也越来越大。首先是有相当一部分普通员工抵制对其进行绩效考评，接着出现新入职的销售人员（公司销售队伍一直都很不稳定）离职，主管人员也有了不满情绪。总之，由于实行新制度，公司可谓出现了人声鼎沸、怨言颇多的局面。最后董事长亲自干预，通过不断与员工沟通和许诺才稳住了这壶"沸腾的开水"，最终责令人力资源部门停止实施新制度。可以说，这次所谓的改革弄得人力资源部门不知所措，正如后来人力资源组长半开玩笑而又无奈地说："我们得罪谁了，没有功劳也有苦劳啊？"

一、绩效

（一）绩效的含义

绩效是"绩"（工作的结果）与"效"（实现工作结果的效率水平）的复合体，本身是一种客观存在，但是这种客观绩效的水平需要经过考评者的评价，形成的绩效信息才能对管理决策产生影响。绩效的含义，概括起来主要有三种典型的观点。

第一，结果观。结果观认为，绩效是员工最终行为的结果，绩效就是完成工作任务，是员工行为过程的产出。由于这种方法着重对财务指标和效率指标进行考评，难以反映员工的主观努力程度，因此这种理论体系缺乏公正性，产生的激励作用也相对有限。

第二，行为观。行为观认为，由于绩效的多因性，员工的产出可能受多种因素的影响，过分强调短期结果会导致员工的短视行为。因此行为因素（包括素质、能力、有效努力程度等）才能反映绩效的本质。

第三，综合观。综合观则以更为宽泛的视角来定义个人绩效，将个人绩效定义为行为与结果的统一。该观点认为，应综合考虑与绩效相关的多种因素，在对绩效进行考评时，不仅要考虑投入（行为），也要考虑产出（结果）。

现代绩效管理研究更多地认同第三种观点，认为绩效是工作产出的结果，以及在实现结果过程中所表现出来的行为。这里的行为可以从两个维度进行甄别：一是能力维度，即员工在工作过程中表现出的能力的高低。尽管很多学者认为能力是员工本身所具备的，并且具有稳定性，作为绩效考评内容不是十分合适，但是从绩效考评的角度来看，重点是强调能力在工作中的发挥和应用，没有应用于工作中的能力严格来讲并不属于绩效的范畴。二是态度维度，具体表现为员工在工作中所展现的责任感、纪律性以及团队意识等,是工作能力与工作结果之间的调节变量。也就是说,要达成高水平的结果,仅仅拥有好的能力是不够充分的,还必须具备积极的工作态度,因此也需要对工作态度进行考评。由此,绩效考评的内容通常包括工作能力、工作态度和工作结果(即工作业绩)三个方面。

(二)绩效的特点

绩效的特点主要体现在多因性、多维性、动态性三个方面。

1. 绩效的多因性

绩效的多因性是指绩效的优劣不是取决于单一的因素,而是受到主观、客观多种因素的影响,包括激励、技能、环境、机会,其中前两者是绩效的主观影响因素,后两者则是客观影响因素。

(1)激励。激励是指调动员工的工作积极性,其本身又取决于员工的需要层次、个性、感知、学习过程与价值观等个人特征。

(2)技能。技能是指员工工作技巧与能力水平,它也取决于个人天赋、智力、经历、教育与培训等个人特征。

(3)环境。环境因素首先指企业内部的客观条件,如劳动场所的布局与物理条件(室温、通风、粉尘、噪声、照明等)、设备与原料的供应、上级的领导作风与方式、企业的组织与规章制度、工资福利、培训机会,以及企业的文化、宗旨及氛围等。环境因素当然也包括企业之外的客观环境,如社会、政治、经济、市场竞争强度等宏观条件,但这些因素的影响都是间接的。

(4)机会。机会是偶然性的,如某项任务可以分配给甲员工或乙员工,当乙员工因不在或纯随机性原因而未被指派承担此项任务时,虽然乙员工的能力与绩效均优于甲员工,却无从表现。

2. 绩效的多维性

绩效的多维性是指需要从多个维度或方面去分析与考评绩效。根据考评的不同目的,可能需要选择不同的考评指标,并且各个指标的权重也不尽相同。因此,在设计绩效考评体系时往往要根据企业战略、文化以及岗位特征等方面的情况设计出一个由多重考评指标组成的绩效考评指标体系。

3. 绩效的动态性

绩效的动态性是指员工的绩效随着时间的推移会发生变化,绩效差的可能改进转好,绩效好的也可能退步变差。在绩效管理过程中,一是要合理设定绩效考评周期,

确保考评者能够根据考评的目的及时充分地掌握员工的绩效情况；二是可以通过合理设置绩效考评指标体系、引入多元考评主体等方式，尽量确保考评结果真实、客观地反映员工的工作完成情况。

二、绩效管理

（一）绩效管理的概念

绩效管理是指为实现企业发展战略目标，采用科学的方法，通过对员工个人或企业的综合素质、态度行为和工作业绩的全面监测分析与考核评定，不断激励员工，改善企业行为，提高员工综合素质，充分调动员工的积极性、主动性和创造性，挖掘其潜力的活动过程。

（二）绩效管理的特点

绩效管理有以下五个特点。

（1）绩效管理的目标是不断改善企业氛围，优化作业环境，持续激励员工，提高企业效率。

（2）绩效管理覆盖企业中所有的人员和所有的活动过程，它是企业全员、全面和全过程的立体性的动态管理。

（3）绩效管理是企业人力资源管理制度的重要组成部分，也是企业生产经营活动正常运行的重要支持系统，由一系列具体的工作环节组成。

（4）绩效管理是一套正式的、结构化的制度，它通过一系列考评指标和标准，衡量、分析和评价与员工工作有关的特质、行为和结果，考评员工的实际绩效，了解员工的发展潜力，以期促进员工与企业的共同发展。

（5）绩效管理是以这种绩效考评制度为基础的人力资源管理的子系统。

（三）绩效管理的目的

企业实施绩效管理的目的主要从战略、管理、开发、沟通、组织维系和存档六个方面进行考虑。

（1）战略目的是指绩效管理系统将员工的工作活动与企业的战略目标联系在一起。

（2）管理目的是指企业在多项管理决策中都要使用到绩效管理信息（尤其是绩效考评的信息）。

（3）开发目的是指在绩效管理过程中，管理者能够发现员工在工作中存在的不足之处，以便对他们进行有针对性的培训，达到绩效改进的目的。

（4）沟通目的是指绩效管理系统是一种重要的沟通手段。

（5）组织维系目的是指绩效管理过程中会产生技术、能力、晋升潜力和员工所承担相关任务的经历等相关信息，从而将员工安排到他们最适合的位置。

（6）存档目的是指在绩效管理的过程中会产生大量的涉及企业全员、全面、全过程的各种相关数据，这些大数据的存档对企业具有十分重要的意义。

（四）绩效管理的功能

1. 企业层面的功能

（1）诊断功能。该功能能够探明企业中存在的问题和不足，为企业变革和企业发展提供重要的依据。

（2）监测功能。通过有效的绩效管理系统的运行，可以显示出企业内部从高层领导人员到中层管理人员再到一线员工，从硬件（如劳动环境、生产条件、技术装备、工作场地、工作条件等）到软件（如企业文化、经营理念、领导方式、工作方法、工时制度等）方方面面的实际情况。

（3）导向功能。通过积极主动的绩效沟通和面谈，采用科学的方法从不同需求出发，激励、引导下属，朝着一个共同的目标努力，积极进取。

（4）竞争功能。无论是受奖还是受罚，员工都会受到某种触动和鞭策，其结果是优秀的人希望更优秀，落后的人不甘于落后，在企业中形成你追我赶的局面。这种员工之间的相互比赛和竞争，有助于企业的发展和目标的实现，从而使企业和员工同时受益获利。

2. 员工层面的功能

（1）激励功能。绩效管理可以充分肯定员工的工作业绩，能使员工体验到成功的满足感与自豪感，同时能够约束员工不合适的态度及行为，帮助其改进绩效，有利于鼓励先进、鞭策落后、带动中间，实现有效的激励。

（2）规范功能。绩效管理为各项人力资源管理提供了一个客观而有效的标准和行为规范，并依据考评结果对员工进行晋升、奖惩、调配等。通过不断考评，按照标准进行奖惩与晋升，这会使企业形成事事按标准办事的风气，使企业的人力资源管理标准化。

（3）发展功能。绩效管理的发展功能主要表现在两个方面：一方面使企业根据考评结果，制订正确的培训计划，达到提高全体员工素质的目标；另一方面可以发现员工的特点，根据特点决定其培养方向和工作岗位，充分发挥个人长处，将个人与企业的发展目标有效结合在一起。

（4）控制功能。通过绩效管理，不仅可以把员工工作的数量和质量控制在合理的范围内，还可以协调工作进度和合作关系，从而使员工明确自己的工作职责，按照既有的制度和规定办事，提高工作的自觉性和纪律性。

（5）沟通功能。考评结果出来以后，管理者将与员工谈话，告知其考评结果，并听取员工的申诉和说明。这样就为上级与下级提供了一个良好的沟通机会，使上级与下级之间相互了解。

3. 其他功能

一个完善的绩效管理系统可以提供完备的绩效考评数据资料，从而为剖析现有人力资源在数量和质量上的优势和劣势、建立各级人力资源接替模型提供准确的依据。

另外，通过绩效管理所取得的数据资料，还可以为协调劳动关系提供技术支持。同时，绩效管理所提供的数据资料还能暴露组织中可能存在的问题，为企业生产经营管理诊断活动提供重要依据。

三、绩效管理系统

（一）绩效管理系统的构成

绩效管理是人力资源管理制度的重要组成部分，也是企业生产经营活动正常运行的重要支持系统。所谓系统，是指由若干要素以一定结构形式联结构成的具有功能的有机整体，这个定义包括了系统、要素、结构、功能四个概念。因此，可以把绩效管理系统定义为由考评者、被考评者、绩效指标、考评程序、考评方法与考评结果等要素按照横向分工与纵向分解的方式组成的具有战略导向、过程监测、问题诊断、进度控制、人员激励等功能的有机整体。

1. 考评者与被考评者

考评者与被考评者是绩效管理系统中的主体因素，主要体现在绩效指标制定阶段和绩效考评阶段。在绩效指标制定阶段，绩效指标需要考评者与被考评者共同制定，在此过程中二者就指标的意义与作用达成共识，这既有利于目标的顺利实现，也增加了绩效工作的民主性。在绩效考评阶段，考评者是实施考评的主体，被考评者是客体，是考评的对象。

需要注意的是，考评者与被考评者的位置都不是绝对的，根据考评方法和方式的不同，二者的位置可以交换。比如上级考评下级时，上级是考评者；但若采用360度评估，下级也可以成为考评者。

2. 绩效指标

绩效指标是考评的内容，是被考评者承担的工作职责与内容的定量或定性化标的。绩效指标的设定与考评充分体现了绩效管理系统的战略导向性功能，特别是关键绩效指标是从企业战略目标中提炼出来的。绩效指标的顺利完成意味着企业战略目标的实现。

3. 考评程序与考评方法

考评程序与考评方法是将绩效指标、考评者、被考评者以及考评结果连接起来的纽带，通过不同的考评程序和考评方法的设计，体现出不同企业的工作效率和管理风格，企业绩效管理的原则和习惯也都是通过考评程序和考评方法来呈现的。

4. 考评结果

考评结果是考评者依据考评程序和考评方法，对被考评者的工作业绩进行考评所取得的结果，反映了被考评者对绩效指标的完成情况，能够体现出被考评者的能力。同时考评结果为人力资源管理其他系统的运行提供了依据，比如培训、薪酬、晋升等，是绩效管理系统和人力资源管理其他系统发生作用的媒介。

（二）绩效管理系统的运行

绩效管理系统的运行方式是横向分工与纵向分解。横向分工是指绩效管理工作的展开按照其业务分工，要求各部门负责其分内工作，这是由各部门的职能所决定的，同时也体现在绩效考评上。纵向分解是由层层落实企业战略目标所决定的，这是使战略落到实处的必要前提，体现在绩效指标的分解和绩效考评的层层推进中。通过横向分工与纵向分解，企业的绩效指标体系、绩效考评体系都被完备地建立起来，绩效管理系统就是通过这种网状结构运行的，并且以这种方式进行考评。

（三）绩效管理系统与人力资源管理其他系统的关系

绩效管理作为企业人力资源管理的重要组成部分，即企业人力资源管理系统的子系统，与人力资源管理其他系统存在着极为密切的关系。

1. 绩效管理与工作分析的关系

绩效管理与工作分析相互影响，工作分析的结果会影响绩效管理系统的设计方式，绩效管理的结果反过来也会对工作分析产生影响。

工作分析的结果是设计绩效管理系统的重要依据。工作分析对绩效管理系统的作用表现在考评的内容必须与工作的内容密切相关，简单说来就是要做到"干什么则考什么"。同时，绩效管理也会对工作分析产生反作用。绩效管理的结果能够反映出岗位设置以及职责定位等方面存在的种种问题，能够对工作分析是否合理进行验证。由于在绩效管理中发现了有关问题，企业人力资源部门可能需要重新进行工作设计与工作分析，重新界定有关岗位的工作职责，从而使各项工作开展得更有效率。

2. 绩效管理与招聘甄选的关系

绩效考评的结果可能会促使企业做出开展招聘的决策。企业通过分析员工绩效考评的结果能够发现存在的诸多问题，当问题体现在现有员工的能力和态度有所欠缺时，如果在培训成本较高，或者培训无法满足需要时，企业就要制订相应的招聘计划；或如果通过分析绩效考评的结果发现问题不在于现有员工的能力和态度，而在于工作量过于饱和，即现有的人力资源数量无法满足完成工作任务的需要，企业也会做出招聘新员工的决策。

检验企业甄选系统的预测效度，其依据就是员工的绩效考评结果。运用员工绩效考评结果检验企业现有甄选系统的预测效度，并不断探索和开发更加适合本企业特点的甄选方法是企业人力资源管理人员的一项非常重要的工作。

3. 绩效管理与培训开发的关系

绩效管理与培训开发之间的关系是双向的。不论是绩效管理还是培训开发，都是一种对员工的行为进行引导的机制，只是这两种机制发生作用的方式和时机不同。企业无论通过哪种机制引导员工的行为，其目的都是使员工的行为符合企业实现其发展目标的需要。

如前所述，绩效管理的目的中包括开发目的。人员开发并不是盲目地开发，而是有目标地开发，这种目标在一定程度上是依据绩效管理的结果确定的。通过绩效管理，企业能够发现员工存在的种种与能力和态度相关的问题。企业管理者通过与员工就绩效管理的结果进行绩效面谈，可以帮助员工了解自身存在的问题，从而对员工的自我开发形成一种外部的激励和引导。与此同时，人力资源管理人员在设计培训开发计划时也能够通过绩效管理的结果有的放矢，从而提高培训开发的有效性。另外，人力资源管理人员往往通过对比员工在培训前后的绩效表现，对培训开发手段的效果进行考评，不断对培训方案进行调整，从而提高培训的有效性。

培训开发也会对绩效管理产生影响。正是由于在绩效管理中发现了员工在能力方面的不足，才需要进行相应的培训开发。因此，当员工的能力得到了充分的提高，绩效管理中相应的考评指标就可能不再有存在的必要，或应当通过调整考评的权重来引导员工努力提高其他的关键技能。绩效管理与培训开发作为整个人力资源管理系统中的两个重要的行为引导机制，应该向员工发出相同的"信号"，从而强化行为引导的效果。

4. 绩效管理与薪酬福利的关系

一个好的薪酬福利体系应该由相对稳定静止的部分（基本工资）和相对动态的部分（绩效工资、奖金）组成。绩效管理理论认为，绩效管理的结果应该与薪酬福利体系中的动态部分相联系。我们一般将这种与绩效管理结果相联系的薪酬方案称为绩效薪酬方案。只有将绩效管理的结果与员工所获得的回报相挂钩，才能够使绩效管理真正发挥应有的作用。

5. 绩效管理与岗位变动及解雇退休的关系

绩效管理的结果会影响岗位变动和解雇退休方面的决策。当企业管理者在绩效管理过程中发现员工无法胜任其本职工作时，绩效管理的结果便可能成为该员工岗位变动或解雇退休的依据之一。另外，绩效管理对岗位变动的影响还表现在可以从绩效管理的结果中发现该员工的长处，根据各个岗位对人员的不同要求为员工选择一个更适合的岗位，并通过绩效管理的结果检验岗位变动决策是否达到了预期的效果。

认知二

绩效管理岗位

【认知目标】

- 了解不同类型企业中绩效管理相关岗位的设置。
- 熟悉企业绩效管理岗位主要的工作内容。

【案例导入】

一人多岗的初创型企业如何制定绩效考评制度

王鹏新入职一家初创型服务企业,各项业务仍处于筹划及拓展阶段,营销还未走上正轨,但企业领导认为企业的规范化管理应伴随企业业务同步推进,应在初创期建立完善的企业管理相关体系,尤其是绩效考评制度,以便后续对营销和业务人员开展规范、可持续的绩效考评。但目前企业大部分的工作人员都有一人多岗的情况。在这种情况下,作为新加入企业的综合管理人员,王鹏感觉初创企业很难建立一步到位的完善的绩效考评制度,且企业目前人员及岗位设置相对混乱,一人多岗现象严重,如何设计绩效考评制度成为王鹏工作的难题。

一、不同类型企业绩效管理岗位设置

一般来讲,绝大多数企业内部的绩效管理岗位或相应工作都设置在人力资源管理部门或纳入人力资源管理相关岗位,因此在不同类型或规模的企业进行绩效管理岗位设置时,需结合企业的具体情况。

（一）小型企业绩效管理岗位设置

1. 小型企业人力资源管理业务及岗位设置

小型企业多数为初创型企业，企业初期的经营重点一般围绕相关主营业务，比如技术研发、产品开发、市场开拓等，在职能管理方面仅设置必要的、维持企业正常运转的部门或业务，多数这类企业在实际运行时会把多项职能放在一个部门中，统称为综合部、办公室或行政管理部等，统一负责企业各项行政、后勤、人力资源管理等相关业务。在这类企业中，有的企业会单独在该部门下设置一个人力资源管理业务岗，全权负责企业全部人力资源管理相关业务，具体设置如图1-2-1所示。

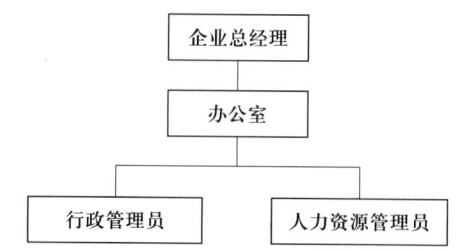

图1-2-1 小型企业人力资源管理业务及岗位设置图

小型企业人力资源管理业务及岗位设置主要特点如下。

（1）一般不拥有正式的人力资源管理专家，有的企业甚至没有正式的人力资源管理部门，而是和其他部门（如行政管理部、办公室）合并办公来处理企业人力资源事务。

（2）小型企业的人力资源管理部门的工作重心，一般更多地放在招聘和培训员工以及档案和薪酬管理等事务上。

小型企业人力资源管理业务及岗位的设置虽然较为简单，但其职能却同样重要。比如，如果一家小型企业在人员招聘和工作分配方面出现严重的错误，那么这些错误就很可能导致整个企业的失败，而在大型企业这类错误的危害较小。此外，由于小型企业面对大、中型企业的强大竞争，往往需要花更多的精力获取必要的优秀的人才，以维系自己的生存和发展。

2. 小型企业绩效管理业务及岗位设置

在小型企业中，由于绩效管理工作是人力资源管理工作的一部分，因此将绩效管理纳入人力资源管理工作之中，而非单独设置绩效管理岗位。小型企业的绩效管理业务相对简单，更多的是绩效考评的日常运转，具体体现为将绩效管理工作作为内部人员管理的一项补充，尤其是针对市场、研发等纯业务类岗位，通过有效的绩效考评、绩效激励，实现在企业运行初期的快速开拓与成长。而对于职能人员的绩效管理，则多为日常考勤、工作完成度考评等。

在小型企业的绩效管理工作中，整体流程性不强，可能缺乏明确的绩效计划，仅有简单的业绩目标；绩效实施过程中缺乏制度化的沟通，尤其是与职能管理人员的定期沟通与反馈，绩效考评的结果运用往往体现在业务人员的奖金提成和职能人员的绩效工资中。

（二）中型企业绩效管理岗位设置

1. 中型企业人力资源管理业务及岗位设置

中型企业一般已过创业初期，企业进入成长或稳定时期，且企业业务规模有限，故不会无限扩张。此时，随着企业管理制度的逐渐完善与企业业务的逐步稳定，企业越来越重视内部运营及管理，各主要职能部门设置比较齐全，一般会单独设置人力资源管理部门，集中管理企业人力资源各项业务及工作。部门内部岗位细分情况则根据企业业务量有所不同，有的企业进行内部岗位细分，基本上薪酬、考评、招聘、培训、员工管理各经典模块均单独设置岗位；也有的企业没有进行细致的岗位细分，而是根据相应的业务联系和工作量，划分为薪酬考核岗、招聘培训岗等。具体设置如图1-2-2所示。

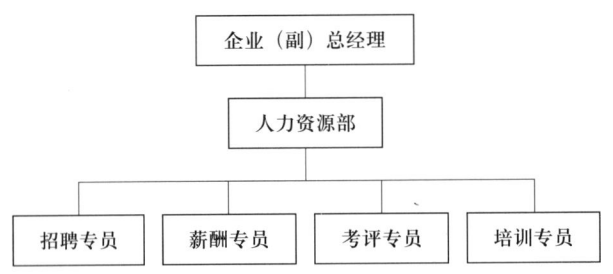

图1-2-2　中型企业人力资源管理业务及岗位设置图

中型企业人力资源管理业务及岗位设置主要特点如下。

（1）企业会在某些人力资源管理的职能方面出现专业化的分工，比如，往往会有一个秘书来专门处理往来信件等事宜。

（2）人力资源管理部门中拥有为数不多的人力资源管理专家或"多面手"。

（3）人力资源管理部门经理是十分重要的。

2. 中型企业绩效管理业务及岗位设置

在中型企业中，无论岗位如何设置，绩效管理业务的内容趋于成熟、流程相对完整，绩效管理逐渐由考评工具向企业战略推行工具转变。在制订绩效计划的过程中，会将企业主要经营目标或战略目标进行分解，将工作任务分解至不同部门，再落实到相关岗位，形成关键绩效指标；同时结合部门和岗位日常职责及工作任务，形成基于职责的考评指标，两部分相结合确定岗位的绩效计划并遵照实施。

此时，绩效管理不仅仅是员工考评和管理的工具，而是战略管理工具。绩效对战略落地的促进方式主要体现在指标分解上，后续通过部门绩效考评、大指标管控等方式对战略目标落地予以追踪管控。

（三）大型企业绩效管理岗位设置

1. 大型企业人力资源管理业务及岗位设置

大型企业的人力资源管理业务及岗位设置主要特点如下。

（1）企业分工进一步细化。例如，往往设置薪酬、考评、员工关系、招聘培训等多个下属部门。

（2）拥有数量较多的人力资源管理专家或"多面手"。这些人员往往会负责人力资源的一个或几个下属部门，并向人力资源部经理报告。

（3）人力资源部的经理与企业最高层的联系更为密切，在许多大型企业中会出现专门负责人力资源管理的高层领导，比如，负责人力资源事务的副总经理。具体设置如图1-2-3所示。

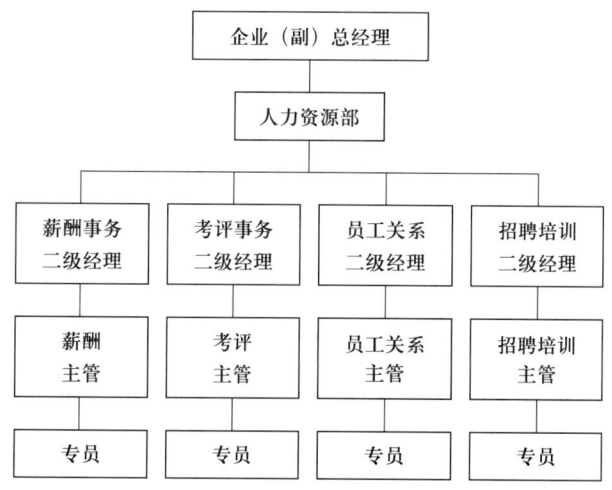

图1-2-3 大型企业人力资源管理业务及岗位设置图

当然，所谓大型企业的规模也没有一定的标准，视情况不同，有的企业在人力资源部设置二级经理甚至三级经理，但有的企业只是在人力资源部经理下设置主管和专员两个层级，并且二级部门或专业职能模块的划分也不尽相同。

2. 大型企业绩效管理业务及岗位设置

在大型企业中，由于人力资源部整体地位较高，且对人力资源管理的重视程度也较高，其内部绩效管理业务更具战略性与引导性。在该类型企业中，绩效管理已不再是简单的考评、激励工具，而是上升为帮助企业整体战略目标分解并落地的工具，因此绩效管理往往更偏向于战略绩效管理。其内容更偏向于企业层面战略绩效体系构建、战略目标分解、企业级与部门级绩效指标体系构建，以及以绩效指标管控为引领的企业整体战略运营及业务管控模式的构建。

在大型企业中，若人力资源管理以业务中心独立设置及运营，一般会单独设置绩效管理部门，内部岗位设置较为齐全，包括部门经理以及分管各项细分业务的主管、专员、助理等；若为人力资源部，则单独设置绩效管理业务序列，包括主管、专员、助理等岗位。

二、绩效管理岗位职责

（一）绩效管理相关岗位说明书示例

某银行绩效管理相关岗位说明书见表 1-2-1。

表 1-2-1　　　×××银行人力资源部绩效管理岗岗位说明书

（岗位履职指南及作业指导书）

版本级别：C [√]　　B [　]　　A [　]　　修订 [　]

岗位编码：_____

管 理 关 系	直接上级岗位	人力资源部总经理
	直接下级岗位	无
定　　员	—	岗位等级	—

一、岗位核心价值定位

通过建立和完善公平的、有竞争性的绩效管理体系，真实准确评估员工绩效水平，督促员工进行绩效改进，激发员工的工作积极性、主动性和创造性，实现绩效考评对员工工作的导向性，从而提升企业的人才竞争力

续表

二、岗位职责

【核心职责】

职责一：负责制订、完善绩效管理制度、方案及具体工作计划，经批准后实施

履职指南	具体工作事项	1. 负责根据本行业务发展和人力资源规划，对绩效管理办法进行完善和调整，经集体研究及领导批准后组织实施
		2. 负责调研并分析本行整体经营情况，研究适用于本行的绩效管理模型，通过与相关部门的沟通，研究设置与本行业务发展相适应的考评指标
		3. 负责制订年度绩效工作计划，经批准后实施
		4. 负责监督绩效管理制度及工作计划的执行与落实工作
	关键点	1. 工作依据 根据本行业务发展和人力资源规划，制订绩效制度、方案与具体工作计划 2. 关键控制节点 每年年末修订下一年度绩效管理方案，制订全年绩效计划 3. 履职权限 （1）对绩效管理方案修订的建议权 （2）对绩效管理制度执行的监督权 4. 需配置的人力或物力资源 需业务部门及时提供绩效考评计算口径

职责二：负责组织实施全员绩效考评及结果反馈工作

履职指南	具体工作事项	1. 负责制定干部履职评价方案并组织实施
		2. 负责组织开展机关管理人员绩效考评，汇总考评结果并入档管理
		3. 负责组织各支行、部门开展员工年度考评，汇总考评结果并入档管理
		4. 负责组织开展分理处主任任期考评，建立分理处主任任期存款业务指标、综合管理指标台账，将支行考评结果提交总行考评工作组审核，并将审核意见报分管领导审批；对分理处主任任期考评结果进行通报，组织考评不合格主任进行诫勉谈话，按规定对排名靠后的分理处主任予以转岗
		5. 配合合规风险部做好全行客户经理考评工作
		6. 负责组织实施引导员年度考评，根据引导员业务技能、业务知识成绩及支行年度考评结果进行综合考评，并对考评结果予以通报
		7. 根据员工星级考评办法，测算员工星级，并将结果提交内部审计部核查；将员工星级考评结果予以通报，根据考评结果予以奖惩

续表

履职指南	关键点	1. 工作依据 （1）《×××银行中层干部履职情况评价办法》 （2）《×××银行中层干部、管理人员年度考评方案》 （3）《×××银行工作人员年度考评办法》 （4）《×××银行分理处主任任期考评办法》 （5）《×××银行客户经理等级考评办法（试行）》 （6）《×××银行员工星级考评办法》 2. 关键控制节点 （1）根据绩效管理办法，及时组织员工开展绩效考评：每年12月开展干部履职评价、机关管理人员绩效考核评价、员工年度考核评价 （2）每年3月及次年3月开展分理处主任任期第二次、第三次考评 （3）每年年初开展员工星级测算 （4）每年年末开展引导员年度考评 3. 履职权限 （1）对绩效管理执行情况的评价权 （2）对绩效考评结果的建议权 4. 需配置的人力或物力资源 （1）需企业金融部、个人金融部及时提供绩效考评数据 （2）需内部审计部对绩效考评结果进行审核 （3）需各绩效考评相关部门在人力资源部备案绩效相关信息

职责三：负责组织绩效奖金测算工作

履职指南	具体工作事项	1. 配合科技信息部按季组织开展绩效奖金测算 2. 负责将绩效奖金测算结果提交内部审计部审核 3. 负责建立全行员工绩效奖金台账
	关键点	1. 工作依据 《×××银行年度经营责任制考评办法》 2. 关键控制节点 每季度开展绩效奖金测算

【常规职责】

职责一：负责组织实施机构等级考评

履职指南	具体工作事项	1. 负责整理业务部门提供的外部市场环境、经营规模和经营状况基础数据及科技信息部提供的测算数据 2. 负责组织实施对支行、支行营业部、分理处等的机构等级考评 3. 负责将机构等级考评结果提交内部审计部审核 4. 负责对年度机构等级考评结果进行通报，并组织沟通反馈工作

续表

履职指南	关键点	1. 工作依据 《×××银行机构等级考评办法》 2. 关键控制节点 每年 2 月前完成机构等级考评 3. 需配置的人力或物力资源 各支行每年 1 月底前进行自评，将自评结果上报人力资源部

职责二：负责绩效考评的咨询、指导与信息提供工作

履职指南	具体工作事项	1. 负责指导部室、支行开展员工绩效考评工作 2. 负责提供员工绩效管理咨询 3. 负责向招聘管理岗提供员工绩效信息，作为岗位变动的依据 4. 负责向培训管理岗提供员工绩效信息，作为制订培训计划的依据 5. 负责向薪酬管理岗提供员工绩效信息，作为薪酬调整的依据
	关键点	关键控制节点： 确保提供的咨询信息、绩效信息的真实性

职责三：负责绩效管理保障机制的建立与维护

履职指南	具体工作事项	1. 负责建立内部绩效考评申诉机制 2. 负责受理员工绩效结果申诉，并组织申诉处理工作 3. 负责根据申诉处理结果，调整绩效考评结果 4. 负责组织和指导员工绩效改进计划的落实工作
	关键点	1. 关键控制节点 确保员工申诉及时得到反馈，确保申诉处理结果的公平公正 2. 履职权限 对绩效考评结果调整的建议权

职责四：负责员工考勤及休假管理工作

履职指南	具体工作事项	1. 负责修订员工考勤管理办法 2. 负责跟踪员工考勤异常情况，接收员工考勤异常反馈 3. 负责根据考勤记录计算加班工资，并提交给薪酬管理岗 4. 负责根据考勤记录和员工请假单建立休假统计台账 5. 负责执行员工强制年休假制度 6. 负责对全年休假超过规定天数的员工进行通报，并作为考评依据之一

续表

履职指南	关键点	1. 工作依据 《×××银行员工劳动纪律管理办法》 2. 关键控制节点 每月1日发布上月全行考勤异常及加班情况，每月6日催收异常及加班反馈、年休假统计、保安员等人员手工签到表等 3. 履职权限 员工强制年休假的执行权 4. 需配置的人力或物力资源 需各部室、各支行每月及时反馈考勤异常情况、加班情况、年休假统计以及保安员等人员的手工签到数据

职责五：负责绩效档案管理

履职指南	具体工作事项	1. 负责汇总、整理绩效考评相关资料、台账 2. 负责建立并保管绩效管理档案
	关键点	关键控制节点： 确保绩效档案的完整性

职责六：负责人力资源部收文、发文管理工作

履职指南	具体工作事项	1. 负责人力资源部收文，建立收文档案 2. 负责人力资源部发文审核工作，经审核的文稿交相关部室、行政办公室会签、核稿 3. 经会签、核稿的文稿报相关领导审批后交行政办公室印发
	关键点	关键控制节点： （1）注意收文、发文的时效性 （2）收文建档，妥善保管

职责七：协助人力资源部其他模块工作

履职指南	具体工作事项	1. 协助培训管理岗开展员工业务技能及业务知识考评工作 2. 协助薪酬管理岗开展期薪账户管理工作 3. 协助培训管理岗开展员工培训相关工作 4. 协助招聘管理岗开展新员工招聘工作 5. 协助培训管理岗开展职称聘用工作
	关键点	工作依据： 《×××银行员工业务技能考评办法（修订）》 《×××银行期薪账户管理办法》 《×××银行员工专业技术职务聘任管理办法》

续表

三、岗位职业行为禁区

绝对禁止行为	1. 泄露本行人事机密 2. 不能保证绩效考评的公平性
后果严重行为	1. 未及时处理员工对考评结果的申诉 2. 遗失保管的绩效档案

四、岗位任职资格

学历要求	准入学历　　本　科　　 理想学历　硕士研究生	
专业要求	专业契合度	对应专业名称（方向）
	[　] 必须对口	—
	[√] 相关即可	人力资源管理
	[　] 不做要求	—
工作经历要求	经验描述	相应的必备工作经历具体要求
	[　] 低　不做要求	—
	[　] 较低要求　需要岗前实习培训	—
	[√] 较高要求　有同一层级岗位（或低一层级同类别专业的岗位）工作经历	工龄3年，具有1年基层工作经历
	[　] 高要求　有同一层级、同类别岗位（或低一层级相同专业岗位）工作经历	—
	[　] 很高要求　更高经验要求或其他特殊要求，请具体描述、说明	—
职业资格或职称	初级经济师职称	
必须掌握的操作实务	熟练操作使用各类办公软件	
【必备的知识要求标签】		
基础知识要求	经济金融、财务会计、人力资源管理相关知识	
核心知识要求	绩效管理	
其他知识要求	员工招聘、人员开发与培训、薪酬福利管理、劳动关系管理	

续表

【能力及素质要求标签】		
典型能力及素质特征	典型能力及素质特征	对应的具体工作行为描述
	1. 组织协调能力	能够组织员工参加各类考评工作
	2. 计算和文字撰写能力	能够计算各类考评绩效，撰写绩效计划、管理办法和各类公文
	3. 沟通能力	能够为员工提供效绩指导和咨询

五、岗位工作特征

时间特征	[√] 常白班　　　[ ] 倒班　　　[ ] 其他：_____
工作环境	[ ] 办公室 [√] 办公室，偶尔出差或下基层 [ ] 办公室，经常出差或下基层 [ ] 营业场所 [ ] 其他：_____

六、本岗位员工职业生涯发展路径

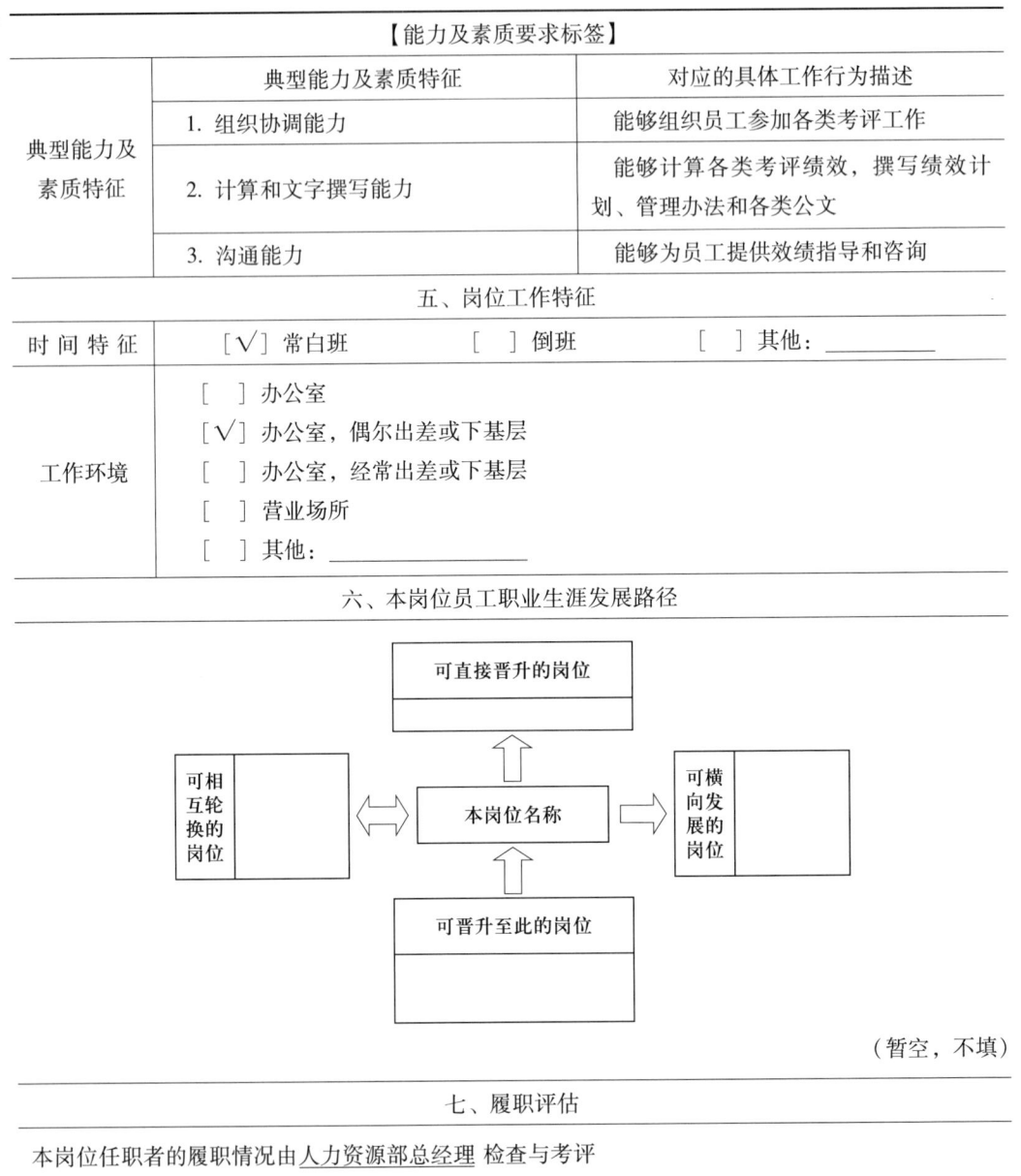

（暂空，不填）

七、履职评估

本岗位任职者的履职情况由<u>人力资源部总经理</u>检查与考评

注：本指导书规定的岗位职责和岗位职业行为禁区是建立员工绩效考评体系的基础

（二）各层级绩效管理岗位主要工作内容与相关要求

如前所述，不同规模、类型的企业，针对绩效管理岗位的设置不尽相同，企业规模越大，岗位横向划分越精细，纵向层级越完备。不同层级的岗位所负责的工作内容存在一定区别，同时对任职人员的技能和知识要求也存在差别。表1-2-2、表1-2-3、

表1-2-4、表1-2-5通过节选国家职业技能标准体系中企业人力资源管理师的职业标准涉及绩效管理的内容,进一步体现人力资源管理工作不同级别在绩效管理业务中的不同内容和要求。

表1-2-2 企业人力资源管理师四级/中级工职业技能标准(节选)

工作内容	技能要求	相关知识要求
绩效考评的前期准备	能够对绩效考评指标及关联要素进行描述	1. 绩效的含义和特点,绩效管理的概念、目的和功能 2. 绩效管理系统的构成,以及与其他子系统的关系 3. 绩效考评指标及关联要素
	能够利用不同方法计算绩效考评指标的权重	
	能够应用绩效考评表	
绩效信息的收集	能够采集绩效信息	1. 绩效考评的特点和作用 2. 绩效信息来源及采集渠道
	能够判断绩效信息是否失真	
绩效考评结果的计算	能够计算绩效考评结果	1. 绩效考评得分方法的种类和特点 2. 确定考评等级方法的种类和特点
	能够归档绩效考评资料	

表1-2-3 企业人力资源管理师三级/高级工职业技能标准(节选)

工作内容	技能要求	相关知识要求
绩效指标与标准设计	能够从不同维度设计绩效考评指标	1. 绩效考评指标的类型 2. 绩效指标体系的设计要求 3. 绩效考评标准及设计原则 4. 绩效目标设置的原则
	能够根据指标性质设定绩效考评标准	
	能够设计绩效合同	
绩效考评系统的设计与运行	能够设计绩效考评的流程、程序,进行绩效管理的职责划分	1. 绩效考评主体的分类与比较 2. 绩效考评周期及其影响因素与考评主体的特点 3. 绩效考评误差的含义和类型 4. 处理绩效考评中矛盾、冲突与绩效申诉的内容和意义
	能够确定绩效考评周期和绩效考评主体	
	能够提出减小绩效考评误差的方法	
	能够分析、处理绩效考评中的矛盾与冲突,处理员工的绩效申诉	
绩效考评方法应用	能够运用结果导向型绩效考评方法	1. 绩效考评方法的分类 2. 绩效考评方法的比较 3. 绩效考评方法的应用策略
	能够运用行为导向型绩效考评方法	
	能够运用特征导向型绩效考评方法	
	能够运用综合型绩效考评方法	

表1-2-4　企业人力资源管理师二级/技师职业技能标准（节选）

工作内容	技能要求	相关知识要求
绩效管理系统的整体设计	能够进行绩效总体系统的设计 能够进行绩效管理系统的评估与开发	1. 绩效管理系统设计的内容 2. 绩效管理系统评估的内容
绩效计划	能够分组织层级设计绩效考评指标 能够分岗位类型设计绩效考评指标 能够实施绩效计划	1. 绩效计划的内容与特征 2. 绩效计划的作用
绩效监控与沟通	能够把握绩效监控的关键点 能够指导实施绩效沟通 能够指导开展绩效辅导	1. 绩效监控的目的与内容 2. 绩效沟通的内容 3. 绩效辅导的意义
绩效考评	能够确定不同考评角色的职责 能够设计和实施绩效考评运作体系 能够对绩效考评主体进行培训 能够设计360度评估体系	1. 绩效考评管理机构的组成 2. 绩效考评运作体系的构成 3. 360度评估的内涵 4. 360度评估的优缺点
绩效反馈	能够开展并指导绩效反馈面谈 能够应用绩效考评结果 能够实施绩效诊断与改进	1. 绩效反馈面谈的内容 2. 绩效考评结果的应用范围 3. 绩效诊断的含义和内容

表1-2-5　企业人力资源管理师一级高级/技师职业技能标准（节选）

工作内容	技能要求	相关知识要求
绩效管理系统的设计与评估	能够构建战略性绩效管理系统 能够制定绩效管理制度	1. 战略性绩效管理的内涵与特点 2. 战略性绩效管理的系统模型
绩效管理工具的应用	能够运用目标管理 能够运用标杆管理 能够运用关键绩效指标法 能够运用平衡计分卡 能够运用目标与关键成果法	1. 绩效管理工具的发展 2. 目标管理的概念、原理与特点 3. 标杆管理的概念、原理与特点 4. 关键绩效指标法的概念、原理与特点 5. 经济增加值法的概念、原理与特点 6. 绩效棱镜的概念、原理与特点 7. 平衡计分卡的概念、原理与特点 8. 目标与关键成果法的概念、原理与特点
企业绩效与团队绩效的考评	能够开展企业层面的绩效考评 能够设计团队绩效考评体系 能够针对不同类型团队开展绩效考评	1. 企业绩效考评体系的内容 2. 企业绩效考评体系的设计要求 3. 团队绩效的内涵

从企业人力资源管理师职业技能标准来看，低层级企业人力资源管理涉及绩效管

理的工作主要集中在信息收集、结果计算等辅助层面，级别越高，逐渐开始涉及指标设计、绩效执行、绩效系统运转等内容，最高级别则主要集中在战略层面的绩效系统设计、绩效管理方法决策等内容。本教材针对企业人力资源管理师一级的内容，偏重认知层面，实操层面则更多对应三级、四级的知识和技能要求。

认知三

企业绩效管理中常见的问题

▶【认知目标】

> ➢ 了解战略性绩效管理的含义。
> ➢ 掌握绩效管理与绩效考评的区别。

▶【案例导入】

王君最近心情糟糕透了，走进办公室，就会冲着墙上那张年度销售统计表不断运气。这也难怪，全企业23个办事处，除自己负责的A办事处外，其他办事处的销售业绩全面看涨，唯独自己办事处，不但没升，反而有所下降。

在××企业，王君是公认的销售状元，进入企业仅5年，除前两年打基础外，后3年荣获"三连冠"，可谓"攻无不克、战无不胜"。也正因为如此，王君从一般的销售工程师，发展到客户经理、三级客户经理、办事处副主任，最后到了办事处"最高长官"——A办事处主任，王君的发展同他的销售绩效一样，成了该企业不灭的神话。

王君担任A办事处主任后，深感责任重大，上任伊始，身先士卒，亲率20名同事摸爬滚打，决心再创佳绩。他把最困难的片区留给自己，经常给下属传授经验，但事与愿违，一年下来，业绩令自己非常失望！

烦心的事还真没完，临近年末，除了要做好销售总冲刺外，企业年中才开始推行的"绩效管理"还要完成。

王君叹了一口气，自言自语道："天天讲管理，天天谈管理，市场还做不做。管理是为市场服务，不以市场为主，这管理还有什么意义。又是规范化，又是考评，办事处哪有精力去抓市场。企业大了，花招也多了，人力资源部的人员多了，总得找点事来做。考来考去，考的主管精疲力竭，考的员工垂头丧气，销售业绩怎么可能不下滑。不过，还得要应付，否则，企业一个大帽子扣过来，自己吃不了也得兜着走。"

好在他对绩效管理也是轻车熟路，通过内部管理系统，王君给 A 办事处的每位员工发送了一份考评表，要求他们尽快完成自评工作。同时自己根据员工一年来的总体表现，利用排队法将所有员工进行了排序。排序是件非常伤脑筋的工作，时间过去那么久了，下属又那么多，自己不可能一一了解，谁好谁坏确实有些难以区分。不过，好在企业没有特别的比例控制，特别好与特别差的，自己还是可以把握的。

排完队，员工的自评差不多也结束了，王君随机选取 6 名下属进行了 5~10 分钟考评沟通，问题就算解决了，下一次考评又是一年后的事情了，每个人又回到"现实工作"中去。

一、区分"大绩效"与"小绩效"

所谓"大绩效"与"小绩效"，更通俗地来说，就是站在管理者的角度所关注的绩效管理和站在部门或员工的角度所关注的绩效管理。站在管理者角度的绩效管理也称之为战略性绩效管理，企业管理者要站在战略管理的高度，基于企业长期生存和持续稳定发展的考虑，对企业发展目标、实现目标的途径进行总体谋划。而站在员工角度的绩效管理即为日常绩效管理。

（一）战略性绩效管理

1. 战略性绩效管理的内涵

战略性绩效管理是指对企业的长期战略制定、实施过程及其结果采取一定的方法进行考核评价，并辅以相应激励机制的一种管理制度。战略性绩效管理系统即以战略为导向的绩效管理系统，是促使企业将计划、组织、控制等所有管理活动全方位发生联系并适时对其进行监控的体系。其内容主要包括两个方面：一是根据企业战略，建立科学规范的绩效管理体系，以战略为导向引领企业各项经营活动；二是依据相关绩效管理制度，对每一个绩效管理循环周期进行检验，对经营团队或责任人进行绩效考评，并根据考评结果对其进行价值分配。战略性绩效管理系统通过科学、合理的绩效考评，把战略思想、目标、核心价值观层层传递给员工，使之变成员工的自觉行动，并不断提高员工素质，使员工行为有助于企业目标的实现。

2. 战略性绩效管理的特点

（1）体现企业的战略性。战略性绩效管理系统的建立是以企业战略为起点，通过层层落实，将战略转化为各个层级的具体工作任务和可衡量的绩效指标体系，再通过绩效管理各个环节的循环作用，最终促进企业战略的达成。因此，战略性绩效管理思想能够使各类企业切实关注自己的战略，以全局的和长远的目光审视自己的现状和未来，明确自身的发展方向和工作重点，将有限的资源投入到对企业最具价值的关键领域。

（2）战略性管理与绩效考评的协同性。战略性绩效管理系统能够实现战略性管理与考评的协同。一方面，通过战略性绩效管理，企业能够确定绩效考评的重点，避免考评的形式化和盲目性，能够切实衡量企业最为关键的绩效领域；另一方面，绩效考评还能够促进战略的落实，它通过建立起从企业到个人的一整套评价体系，引导企业成员按照企业的工作要求进行工作，通过个人绩效指标的实现来促进企业战略目标的实现。

（3）企业绩效目标的一致性。企业是由各个层级共同构成的一个不可分割的有机整体，因而从企业到各个层级间的绩效也具有天然的内在联系，绩效管理系统只有在明确企业整体目标的前提下才能够对作为企业成员的个人的行为进行定位。战略性绩效管理正是基于这一理念，通过识别、衡量和传达企业的战略，对企业、部门以及个人的绩效进行逐步定位。它使企业成员认识到：只有对企业整体做出贡献，部门的工作才有价值；只有和部门绩效建立联系，个人的工作才有意义。

（4）完整的绩效管理过程。战略性绩效管理系统将绩效管理看作一个完整的绩效循环过程，而不仅仅是单一的绩效考评环节。在战略性绩效管理系统中，绩效考评只是绩效管理中的一部分，除了绩效考评外，完成绩效和改进绩效同样不能忽视。通过这样一个闭合循环的绩效管理过程，将使企业的绩效管理系统更加完整、科学，更有助于促进个人乃至企业绩效的实现与提升。

（二）战略性绩效管理系统运行的主要工作

如前文所述，战略性绩效管理更多的是从企业整体层面，将绩效管理工作作为推进企业整体战略落地实施的工具，因此战略性绩效管理系统运行的主要工作是从企业整体层面对绩效管理工作的整体设计与安排，主要内容包括如下七个方面。

（1）考评模式的选择、创新与考评组织流程的设计。目前，绩效考评方式多种多样，如基于平衡计分卡的绩效考评、基于素质模型的绩效考评以及360度绩效评估等。每种考评方式都有其适用的情境及价值取向，在不同绩效目标的导向下，可以采取不同的考评模式。考评组织机构可以对这些考评模式进行分析比较，并根据实际考评需求和考评内容选择其中一种考评模式或创新一种考评模式，再根据所确定的考评模式设计具体而规范的考评组织流程。

（2）考评指标体系的设计。绩效考评指标体系是为实现考评目的而按照一定原则构建的，由反映考评对象各个方面的相关指标、考评尺度以及考评权重等组成的系统结构。指标体系设计的科学与否，是关系考评结果信度与效度的关键因素。在进行指标体系设计时，考评组织机构要遵循正确的指标设计原则，组织相关人员参与指标设计过程，以确保指标体系的科学性和系统性。另外，随着时间的不断推进，还要组织相关人员对考评指标体系进行检验并不断修改、补充和完善。

（3）考评步骤、考评时间及考评资源的安排协调。在绩效考评的前期准备工作完成以后，考评组织机构就需要对考评的步骤、时间以及本机构的资源进行安排协调。首先，要根据具体情况确定考评步骤或考评环节，并科学估算每一步骤所需的时间和资源。其次，对每一步骤的完成时间做出具体安排，对有限的资源做出充分利用，可以利用网络规划技术优化所定方案。最后，撰写整体规划书并作为行动依据。

（4）考评主体的选择与培训。绩效考评的考评主体既包括上级部门、同级机关、下属部门和被考评对象自身，又包括外部客户及利益相关者。正是由于绩效考评主体的多元性，考评组织机构要根据考评对象的性质、特点和要求做出正确的选择，并对所选的考评主体的规模、知识结构、专业结构、年龄结构和行业结构等做出具体的规定。然后，还要对所选的考评主体进行系统培训，让其明确考评的意义、目的，全面理解考评指标、考评内容、考评标准、考评程序等，将人为误差减到最小。

（5）数据的收集与整理。绩效考评过程中要使用多种考评工具，其中最重要的是数据收集和处理工具。一般而言，收集数据可以采取发放调查表、口头调查、手机调查、现场观察等方法。其中常用的方法是调查表法，调查表的设计、发放和回收是绩效考评的一项基础性、核心性的工作。在设计调查表时，要坚持主题明确、简明易懂、内容科学、题量适中、便于处理等原则。调查表的发放应考虑覆盖率、利益相关方的代表性、问题回答质量等问题，通过亲自送发、当场回收、个别访问等方式确保调查表回收及时、有效。

（6）数据统计分析和管理。数据可分为第一手资料和第二手资料，获取第一手资料的重要途径是调查研究，第二手资料主要是指已有的文献、统计资料。无论是哪种资料，都应注意其代表性以及相互之间的关联度，并在整体均衡的基础上突出指标之间的相互制衡。要初步确立考评模型，特别是运用多元线性回归分析，估算不同因子的影响力。另外，数据的输入工作很可能在不同的分支机构分散进行，考评组织机构要明确数据输入责任，以保证质量。

（7）考评结果的管理。得出考评结果并不意味着一个完整的考评过程结束了，考评结果的管理也是考评组织机构的一个重要职责。考评结果的管理主要有四项内容：第一，对考评结果的信度和效度进行检验；第二，形成绩效考评报告书并及时反馈给被考评人；第三，根据实际情况合理确定考评结果的公开范围和公开方式；第四，将考评结果和相关信息形成数据库。

二、区分"绩效考评"与"绩效管理"

在以往对绩效管理的认识中，往往仅将绩效管理停留在绩效考核或绩效评估的层面。多数员工认为所谓的绩效管理就是"考评"，是仅与下一步"发钱"相关的一项工作，因此多数员工对绩效管理并不重视，甚至由于考评与绩效工资的挂钩而产生一定程度的抵触心理。每当提起绩效考评，员工眼前或脑海中往往浮现出一堆各式各样的表格或文件，员工和直线管理人员需要花费大量的时间填写这些他们认为没有太大价值、最终封存在人力资源部的档案柜里的表格，因此他们常常把考评与"浪费时间""流于形式"等评价联系在一起。

造成这一现象的主要原因在于以往企业对于绩效管理本身的重视程度不够，没有将绩效管理看作一项系统工程提升至企业战略管理层面进行把控，而仅仅停留在日常的考勤、记录、计算绩效工资的层面；孤立地看待绩效考评这一行为，而没有将其定位为绩效管理过程中的一个环节。

目前越来越多的企业已经开始重视绩效管理的全过程，并逐渐明晰绩效管理和绩效考评的本质区别。表1-3-1列出了绩效管理与绩效考评的主要区别。

表1-3-1　　　　　　　　绩效管理与绩效考评的主要区别

绩效管理	绩效考评
√ 一个完整的管理过程	√ 管理过程中的局部环节和手段
√ 侧重于信息沟通与绩效提升	√ 侧重于判断和评估
√ 伴随管理活动全过程	√ 只出现在特定的时期
√ 事先的沟通与承诺	√ 事后的评估

认知四

绩效管理流程与绩效管理循环

【认知目标】

> 熟悉绩效管理的一般流程。
> 熟悉绩效管理循环各模块的主要作用。

【案例导入】

某集团公司绩效管理流程（节选）

……（略）

4. 绩效计划设定

4.1 高层绩效计划：集团公司在编制年度经营计划和经营目标责任书时，应明确各分管领导的工作目标及任务重点。各分管领导根据工作目标及任务重点在半年度（或年度）经营工作总结会上制定次半年度（或年度）分管业务的工作目标和计划，提交总裁审批，以作为半年后述职评价的依据。

4.2 部门月度绩效计划：各部门负责人于次月 2 日前填写部门工作计划中的"重点计划与目标"并自设权重，上报直接上级审批。

4.3 分管领导于当日完成部门/中层的月度绩效计划的审批，调整、确认考评项目与权重，并提交人力资源部。

5. 绩效督导

5.1 考评人根据被考评人绩效计划，在工作中关注其绩效变动情况，并给予必要的资源与支持。

5.2 被考评人在工作过程中遇到困难与问题时，可向考评人寻求支持与帮助。

6. 绩效考评

6.1 各周期的考评

6.1.1 月度绩效考评

6.1.1.1 部门负责人：各考评人于本月底前填写完成被考评人的考评成绩，在与被考评人沟通确认后上交人力资源部。

6.1.1.2 基层员工：各部门员工于次月 8 日前填写考评表中的"本期主要工作回顾"，并自设权重；部门负责人于次月 9 日前完成对被考评人工作总结与岗位职责要求的评分，与被考评人沟通确认后上交人力资源部。

6.1.1.3 人力资源部于次月 10 日前完成被考评人的月度绩效考评成绩汇总，经分管领导审核，报总裁审批。

6.1.2 半年度绩效考评

6.1.2.1 半年度职业行为考评：各考评人于每年 1 月 7 日和 7 月 7 日前完成被考评人的职业行为考评，在与被考评人沟通确认后上交人力资源部。

6.1.2.2 季度绩效成绩计算：人力资源部审核职业行为考评成绩，汇总部门负责人与员工的当季各月的计划绩效成绩，在对部门负责人与员工的计划绩效成绩进行二次修正的基础上，计算季度绩效成绩，报总裁审批。

6.2 各周期绩效考评成绩间的关系、考评内容权重

6.2.1 高层：年度考评成绩 = $\sum$ 半年度考评成绩/2。

6.2.2 中基层：半年度考评成绩 = $\sum$ 月度计划绩效考评成绩/6 × 80% + 职业行为考评成绩 × 20%

年度考评成绩 = $\sum$ 半年度考评成绩/2。

6.2.3 个体考评内容权重：半年度计划绩效考评（80%） + 职业行为考评职业行为（20%）。

6.3 考评成绩的二次修正

6.3.1 为了使考评结果体现团队导向与客观公正原则，消除各部门负责人考评中标准不一的影响，设置了部门绩效修正系数 K，对部门负责人以下员工的考评结果进行二次修正。

6.3.2 部门绩效修正系数 K = 部门绩效得分/部门员工绩效平均分。

6.3.3 副经理、基层员工最后绩效考评成绩 = 个人考评成绩 × K。

6.4 绩效等级的评定

6.4.1 人力资源部每季度进行一次绩效等级评定。

6.4.2 绩效等级根据个人绩效考评成绩结合员工在本周期的综合表现予以评定，具体等级评定参照表1-4-1。

表1-4-1　　　　　　　　　　绩效等级评定表

等级评定		分数范围	条件描述（必要条件）	备注
绩效等级	绩效系数			
优秀	1.3（A）	绩效考评成绩≥95	有非常突出的工作业绩表现或受到集团公司的表彰，可作为从事相似工作员工（或同级别员工）的表率，且没有不良的行政、纪律表现	全部满足条件
良好	1.2（B）	85≤绩效考评成绩<95	工作业绩良好，全部达到或超出原定的工作目标，业绩表现在同部门员工中名列前茅，没有严重违反纪律的行为	全部满足条件
合格	1.0（C）	75≤绩效考评成绩<85	基本达到各项要求，没有重大失误，偶尔需要领导指导，总体效果可以接受；没有严重违反纪律的行为	全部满足条件
需改进	0.8（D）	65≤绩效考评成绩<75	1. 工作绩效不良或有工作明显失误 2. 工作能力、表现与要求有一定差距，需要领导不时地进行指导 3. 总体绩效一般但尚可接受，但在部门内排名较后 4. 纪律表现不良，行政扣分较多	符合某单项条件
不合格	0.7（E）	绩效考评成绩<65	1. 工作绩效很不理想，不能满足岗位需求，需迅速提高 2. 工作上有重大失误，对公司、部门造成较大影响 3. 有严重违反纪律或违反职员职务行为准则的行为 4. 受到公司通报批评	符合某单项条件
其他	0.0（F）		员工主动离职或被公司辞退的，该周期（季度/半年）内绩效工资不予发放	符合条件

7. 绩效面谈

7.1 绩效面谈的目的：通过坦诚的沟通，让被考评人了解工作的目标和标准，消除对考评的误解，让考评人了解下属的需求和困难，以便正确有效地引导员工；肯定被考评人的成绩，同时指出不足，提出改进意见和建议；帮助员工制定改进措施并确认本考评期绩效评分和下一考评期的绩效考评表中的考评指标及计划。

7.2 面谈内容

7.2.1 对被考评人上期工作、行为的评价，肯定过去的成绩，指出工作中出现的问题以及改进的方法。

7.2.2 了解被考评人的困难及其对上级、公司的支持性需求。

7.2.3 了解被考评人对考评的意见。

7.2.4 明确被考评人未来的绩效改进计划和工作目标。

8. 绩效申诉

8.1 申诉形式：员工申诉时需要以书面形式提交申诉报告，并由人力资源部负责将员工申诉统一记录备案。

8.2 申诉内容可包括：不与员工进行应有的绩效面谈；未事前明确目标和标准；未将考评结果及时反馈给被考评人；拖延考评；考评结果缺乏客观、公正性等。

9. 考评结果应用

9.1 将半年度考评成绩作为半年度或年度绩效工资发放的依据，即半年度绩效工资＝标准绩效工资×6×该半年度绩效系数。

9.2 将年度绩效成绩作为年度工资发放的依据，即年度绩效工资＝年度标准绩效工资×该年度绩效系数。

9.3 将绩效考评结果作为职员任用、发展的重要依据，如竞聘上岗、专业级别评定、评选优秀员工、奖金发放、工薪调整、轮岗、调动、岗位晋升、降职、解除合同等。

9.4 绩效考评与解除合同：通过绩效考评，被证明难以胜任本岗位工作，经过在岗培训和调动岗位后仍难以胜任的，给予解除合同处理；另如因公司无空缺岗位可供调配或者当事人不服从公司重新安排工作岗位的，亦给予解除合同处理；对符合以下条件者，给予解除合同处理。

9.4.1 一个考评年度内，季度或年度绩效考评中有一次被评为 E 的。

9.4.2 一个考评年度内，连续二次季度考评被评为 D 或年度绩效考评被评为 D 的，又无适合的空缺岗位可调配或不服从公司重新安排工作岗位的。

一、绩效管理流程

（一）针对绩效管理阶段划分的不同观点

随着绩效管理理论和实践的不断发展，学者们对绩效管理系统的流程问题进行了深入的研究，并提出了不同的观点。有人认为，绩效管理系统的流程是由四个阶段组成的；也有人认为，绩效管理系统的流程是由五个阶段组成的。下面就对其中三个具有代表性的观点进行简单的介绍。

1. 绩效管理四阶段模型之一

在这个模型中，绩效管理是一个闭合循环系统。一个完整、有效的绩效管理系统必须具备绩效计划、绩效监控、绩效考评和绩效反馈四个环节，如图1-4-1所示。

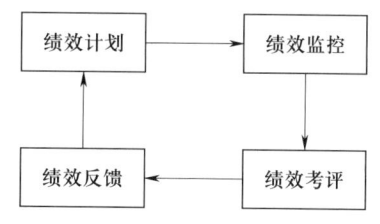

图1-4-1　绩效管理四阶段模型之一

在该模型中，绩效计划是绩效管理过程的起点，管理者与员工在考评初期共同商定考评内容与考评标准，也就是明确"考什么"的问题；在工作过程中，管理者要对员工进行绩效监控，及时解决发现的问题，并根据实际情况及时对绩效计划进行调整；绩效考评是指在绩效周期结束时，管理者依据事先制订的绩效计划，使用既定的、合理的考评方法与衡量技术，对员工的工作绩效进行评价的过程；绩效反馈是指在一个绩效周期结束时，管理者与员工进行绩效评价面谈，使员工充分了解和接受绩效评价的结果，并由管理者指导员工在下一个绩效周期进行绩效改进的过程。

2. 绩效管理四阶段模型之二

在这个模型中，企业绩效管理作为一个完整的人力资源管理子系统，是由绩效定义、绩效考评、绩效反馈和绩效改善四个阶段组成的。在这个模型中，绩效考评不仅包含应用某种方法考评员工工作绩效这一核心过程，而且将企业战略、企业文化以及企业人力资源管理制度、政策、策略对绩效考评的影响和作用纳入其中，同时还要将绩效反馈与绩效改善紧密地联系在一起，如图1-4-2所示。

在该模型中，绩效定义即界定绩效的具体维度及各维度的内容和权重，也就是让各层次的员工都明确自己努力的目标。这是进行绩效考评的基础，也是绩效管理的关键。

绩效考评是绩效管理系统的主体部分，表现为在绩效定义的基础上制定出一个健全、合理的考评方案并实施绩效考评。考评方案主要包括考评内容、考评方法、考评程序、考评组织者、考评主体、考评对象以及考评结果的统计处理等。

绩效反馈是将绩效考评的结果反馈给员工本人，从而使员工能正确地认识自我、评估自我。

通过有序的绩效改善和提高，使绩效管理上升到一个新的水平，在新的平台基础

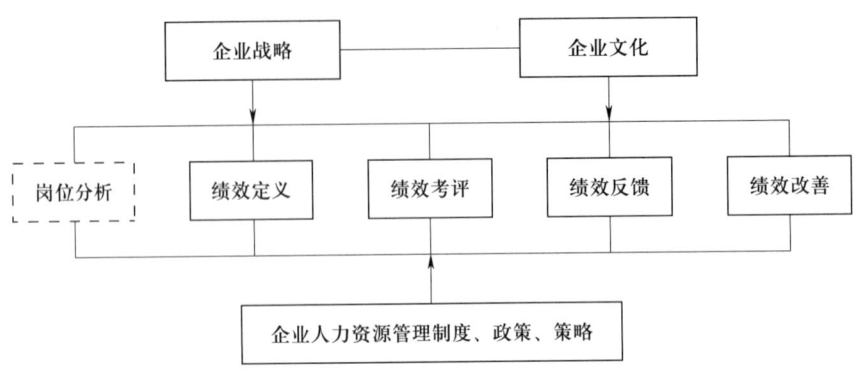

图 1-4-2 绩效管理四阶段模型之二

上不断延伸和发展。

这种从绩效定义到绩效改善的循环往复，使绩效管理乃至企业的生产经营管理进入一个良性循环的轨道。

3. 绩效管理五阶段模型

在这个模型中，绩效管理作为一个完整的系统，具体应由绩效计划、绩效沟通、绩效考评、绩效诊断和绩效总结五个阶段组成，如图1-4-3所示。

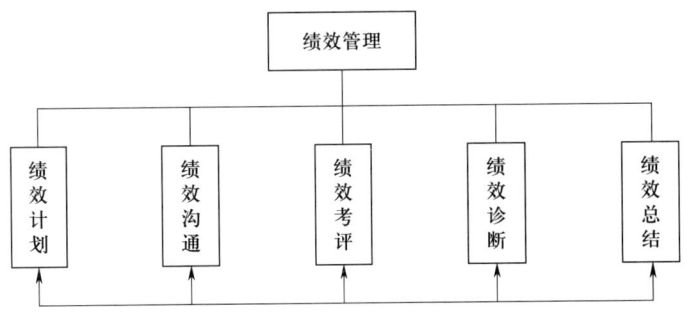

图 1-4-3 绩效管理五阶段模型

该模型与四阶段模型之一较为相似，均以绩效计划为起点，以绩效考评为中心，绩效沟通环节与四阶段模型之一中的绩效监控的作用相似。绩效诊断是对绩效管理中各个环节和工作要素进行全面分析的过程，诊断的具体内容包括对管理制度的诊断，对企业绩效管理体系的诊断，对绩效考评指标体系的诊断，对绩效管理全面、全过程的诊断，对被考评者全面、全过程的诊断。绩效总结是在每一轮绩效管理活动结束时，对绩效计划、绩效沟通、绩效考评、绩效诊断等各项活动过程进行深入、全面的总结，通过总结表扬先进、纠正错误，以进一步提高绩效的过程。

（二）绩效管理的一般流程

绩效管理作为企业战略性人力资源管理层面的一项重要活动，是一个系统、完整且闭环的循环流程，流程中各个环节有序开展、相互影响、相互制约。只有全面认识绩效管理的系统流程，才能切实推进绩效管理工作。本教材综合上述不同的绩效阶段理论，结合我国企业在实施绩效管理工作中的常见做法，将四阶段模型之一和五阶段模型有机整合，同时增加结果运用环节，最终形成如图1-4-4的企业绩效管理流程图。

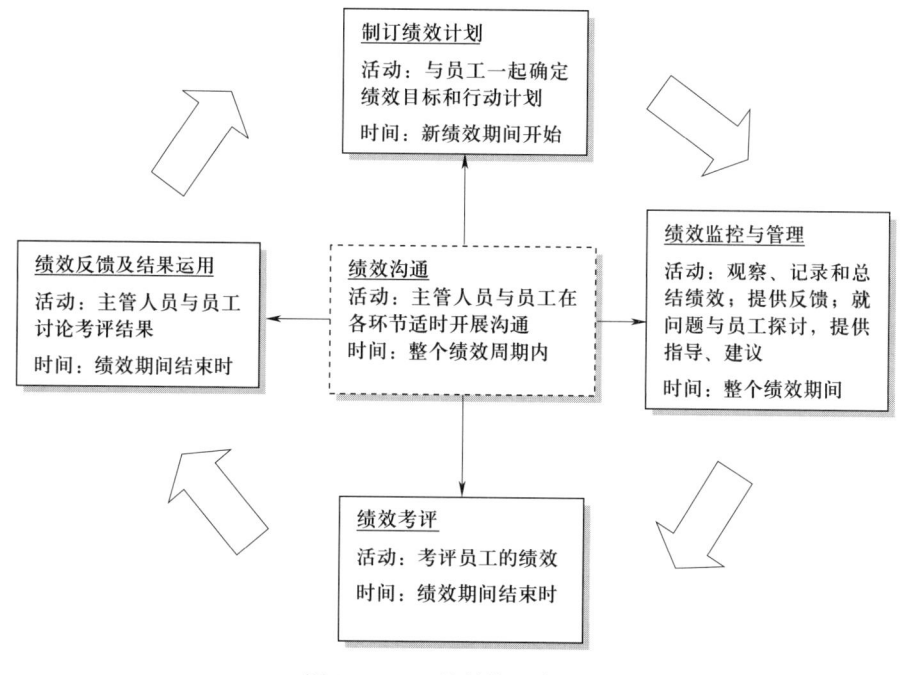

图1-4-4 绩效管理流程图

绩效管理循环流程主要包括四个大的环节，即制订绩效计划、绩效监控与管理、绩效考评、绩效反馈及结果运用，同时在整个绩效管理流程中全程开展绩效沟通。每一个绩效考评周期经历四个环节的循环，每一个环节都需要多个岗位甚至多个部门配合协作完成，每一个环节又是下一个环节的基础和前提。而绩效评估结果的运用则是绩效管理过程与人力资源管理其他子系统有效结合的纽带。

总而言之，绩效管理是一项连续的、循环的过程，而绝不是孤立的、割裂的偶尔为之的单一行为。因此认识绩效管理流程中各环节之间的相互联系尤为重要。各个环节有效配合并系统化、全流程开展绩效管理是避免绩效考评流于形式的有效手段。

本教材将在下篇项目篇中，按照该绩效流程的内容展开，项目一为制订绩效计划，项目二为绩效监控与管理（包括绩效沟通），项目三为实施绩效考评，项目四为绩效反馈及结果运用。

二、绩效管理循环

（一）制订绩效计划

1. 绩效计划的含义

在管理学中可知，"计划"一词本身既具有名词属性，又具有动词属性，因此，"绩效计划"作为"计划"的一种，也具备双重属性，可以从以下两个方面深入理解：作为动词的绩效计划主要是指过程，是管理人员和员工相互沟通，形成对工作目标和工作标准的一致意见，并最终拟定绩效合约的过程；而作为名词的绩效计划，可以理解为动词绩效计划所形成的结果或成果，就是经过沟通最终拟定的关于工作目标和工作标准的合约。

绩效计划是绩效管理的起点，是进行绩效管理的基础和依据。它是企业和员工之间在明晰责、权、利的基础上，对在当前绩效管理期间结束时员工工作所应达到的期望结果的共识，是企业和员工之间签订的一个工作绩效协议。具体来说，绩效计划就是界定每个岗位在当前绩效管理周期的重要目标、要达到的具体标准以及要考评的具体内容。

绩效计划是绩效管理系统循环中的第一个环节，是后续绩效管理各环节有效实施和执行的前提和关键，是对员工应该实现的工作绩效进行沟通的过程，并将沟通过程落实为订立正式的书面协议或评估表。

绩效计划中，最主要的内容是双方经沟通确认的员工个人工作目标，同时要明确考评指标和考评周期两个关键决策，除此之外还应当包括：为了达成这些目标，双方分别应该做出什么样的努力；为了完成这些目标，应该采取什么样的措施或解决问题的方式；为了达成这些目标，员工还需要进行什么样的知识补充或技能及能力开发，以及需要领导提供什么样的支持。

绩效计划不仅是人力资源管理部门的事，而且也是各职能部门经理和员工的事，因此绩效计划应该由人力资源管理者、各职能部门经理以及员工本人三方共同制订。各职能部门经理可以看作是整个绩效计划工作的最终负责人，他们是最了解每个岗位位的工作职责和每个绩效周期应完成各项工作的人，由他们来制订绩效计划会使整个计划更加具有现实性和可操作性，更有利于各职能部门内部人员之间的整合。

2. 绩效计划的特征

（1）绩效计划是一个双向沟通的过程。现代绩效管理理念要求绩效计划必须经过双向沟通，这样做有三点好处。第一，通过沟通，上级在制订绩效计划时能够更加全面地考虑下级的实际情况，使目标及目标值的设定更加科学。第二，在沟通的过程中，上级和下级还可就为了达成绩效结果需要采用什么样的方式、做出什么样的努力、进行什么样的绩效改进或技能开发等具体问题交换意见，有助于绩效目标的实现。第三，研究表明，人们对于自己亲自参与做出的选择投入程度更大，如果让下级参与到绩效计划制订环节，能够增加下级对绩效目标的承诺感，愿意主动为之付出更多的努力，增加了目标的可执行性。因此，绩效计划应该建立在双向沟通的基础上，这对于绩效管理目标的实现具有非常积极的意义。

（2）参与和承诺是制订绩效计划的前提。社会心理学家进行了大量关于人们对某件事情的态度形成与改变的研究，结果表明，人们坚持某种态度的程度和改变态度的可能性主要取决于两大因素：一是在形成这种态度时个人参与的程度；二是是否为此进行正式承诺。在绩效计划阶段，让员工参与绩效目标的制定，且签订相对规范的个人绩效承诺，实际上就是要体现参与和承诺的思想，这样员工就会更加倾向于遵守这些承诺，履行自己认可的绩效目标。

（3）绩效计划是关于工作目标和标准的契约。在绩效计划制订过程中，由上级和下级共同制定并修正绩效目标以及实现目标所需的步骤包含两方面的内容：做什么和如何做。所谓做什么，实际上就是企业的绩效目标，而如何做是实现目标的手段，不同企业可能采取不同的手段实现目标。

绩效计划强调通过互动式的沟通，使上级和下级之间在绩效周期内的绩效目标及如何实现预期绩效的问题上达成共识。绩效计划的目标内容，除了最终的绩效目标外，还包括双方应采用什么样的方式、做出什么样的努力、进行什么样的绩效改进或技能开发等，以达到计划中的绩效结果。

3. 绩效计划的作用

绩效计划作为一种有力的工具，它体现了上级和下级之间承诺的绩效指标的严肃性，使决策层能够把精力集中在对企业价值最关键的经营决策上，确保企业总体战略的逐步实施和年度工作目标的实现，有利于在企业内部创造一种突出绩效的企业文化。

绩效计划作为绩效管理流程中的第一个关键步骤，也是实施绩效管理系统的主要平台和关键手段，通过它可以在企业内建立起一种科学合理的管理机制，能有机地将股东的利益和员工的个人利益整合在一起，其价值已经被国内外众多企业所认同和接受。很多企业由于忽视了绩效计划的重要性,从而为绩效管理失败埋下了伏笔。实际上,绩效计划的制订是非常重要的,这个阶段是否得到重视,关系着绩效管理的成败。绩效计划的作用如下。

(1) 通过有效的沟通,能够使下级和上级对工作目标有明确的认知,从而为后续高效开展工作奠定基础。

(2) 为绩效管理整体工作提供一个良好的开端,为后续环节的实施提供前提。

(3) 形成书面文件,作为年终考评的基础依据。

(二) 绩效监控与管理

1. 绩效监控与管理的目的

绩效监控与管理作为连接绩效计划和绩效考评的中间环节,对绩效计划的实施和绩效的公正考评有着极其重要的作用。它要求管理人员与员工进行持续不断的绩效沟通,同时这一阶段也是管理人员记录员工关键事件的主要时期。

在绩效监控与管理阶段,管理人员主要承担两项任务:一是通过持续不断的沟通对员工的工作给予支持,并修正工作任务实际完成情况与目标之间的偏差;二是记录员工工作过程中的关键事件或绩效数据,为绩效考评提供信息。

绩效监控与管理始终关注员工工作绩效,旨在通过提高个体绩效水平来改进部门和企业的绩效。一名优秀的管理人员必须善于通过绩效监控与管理,采取恰当的领导风格,进行持续有效的沟通,指导下属的工作,提高其绩效水平。因此,对管理人员而言,其监控水平和对下属的管理水平,往往也构成对其进行绩效评价的一个重要方面。

2. 绩效监控与管理的内容

绩效监控与管理的内容和目的与绩效计划和绩效考评的内容和目的具有高度的一致性。绩效监控与管理的内容一般是在确定的绩效周期内员工对绩效计划的实施和完成情况,以及这一过程中的态度和行为。因此,绩效监控与管理的具体内容就是在绩效计划环节中确定的考评要素、考评指标和绩效目标,而监控与管理过程中得到的信息也正是绩效周期结束时绩效考评阶段所需要的。这样,绩效监控与管理与前面的绩效计划环节和后面的绩效考评环节在内容上保持了一致,保证了整个绩效管理系统的有效性。

3. 绩效监控与管理的意义

绩效监控与管理要求在实施过程中,管理人员根据绩效计划,采取恰当的领导风格，对员工进行持续的指导，确保员工工作不偏离企业战略目标，并提高其绩效周期内的绩效水平以及长期胜任素质。要想成为一名合格的管理者，并不一定需要成为该领域的专家。对员工进行管理，关注的基本问题是如何帮助员工发展自己：通过监控员工的工作过程，发现员工存在的问题，及时对员工进行管理，培养其工作中所需的技巧和能力。优秀的管理者应该在三个层次上发挥作用。第一，与员工建立一对一的密切联系，向他们提供反馈，帮助员工制定能拓展他们目标的任务，并在他们遇到困难时提供支持。第二，营造一种鼓励员工承担风险、勇于创新的氛围，使他们能够从过去的经验中学习。这包括让员工反思他们的经历并从中获得经验，从别人身上学习，不断进行自我挑战，并寻找学习新知识的机会。第三，为员工提供学习机会，使他们有机会与不同的人一起工作。把他们与能够帮助其发展的人联系在一起，为他们提供新的挑战性的工作，以及接触某些人或情境的机会，而这些人或情境是员工自己很难接触到的。

（三）绩效考评

绩效考评是在绩效周期结束时，针对该绩效周期内考评对象的绩效目标完成情况、工作业绩与成果、工作态度、工作行为等进行全方位的评价的过程。在实施绩效考评时，需建立完备的考评管理机构，明确考评工作步骤及流程安排，同时应采用合适的绩效考评方法开展考评，目前较为常用的绩效考评方法为360度评估法。下面就360度评估法进行简要介绍。

1. 360度评估法的内涵

360度评估法又称为全视角考评法，它是指由被考评者的上级、同级、下级和（或）客户（包括内部客户、外部客户）以及被考评者本人，从多个角度对被考评者进行全方位评价，再通过反馈以达到改变行为、提高绩效等目的的考评方法。

360度评估法主要强调全方位地、客观地对被考评者进行考评，它既注重考评被考评者的最终成果，又将被考评者的行为、过程和个人努力的程度纳入考评范围，使得绩效考评更能客观全面地反映被考评者的表现和业绩。因此，越来越多的国际知名企业开始使用该方法，并将其与企业人员的开发、晋升等相联系。360度评估法在国内也被越来越多的企业采用。

2. 360度评估法的优点

（1）360度评估法具有全方位、多角度的特点。360度评估法的考评者来源广泛，既有来自企业内部的人员，也有来自企业外部的人员；既包括被考评者的主管，也包括被考评者的下属；既包括产品服务的接受者——客户，也包括产品服务的提供者——被考评者自身。因此360度评估是一种全方位、多角度的考评方法，通过这种方法收集到的考评信息较全面，得到的评价结果较科学、客观，误差较小。

（2）360度评估法考虑的不仅仅是工作产出，还考虑深层次的胜任特征。胜任特征是指能将绩效优秀者与绩效一般者区分开来的个体潜在的深层次特征。360度评估法是基于胜任特征的一种考评方法，通过这种方法得出的考评结果更加全面、深刻。

（3）360度评估法有助于强化企业的核心价值观，增强企业的竞争优势，建立更为和谐的工作关系。这一方面能够帮助管理人员发现并解决问题，从总体上提高组织绩效；另一方面能够防止被考评者只追求某项业务指标完成的短期行为，从而使其着眼于企业或部门的长远发展，全面提高自己的绩效水平。

（4）360度评估法采用匿名评价方式，消除考评者的顾虑，使其能够客观地进行评价，保证了评价结果的有效性。

（5）360度评估法充分尊重企业成员的意见，这有助于企业创造更好的工作气氛，从而激发企业成员的创新性。而创新性又恰恰是现代企业，尤其是高新技术企业的生命线。

（6）360度评估法加强了管理人员与员工的双向交流，提高了员工的参与性。根据组织公平理论，员工的充分参与可以提高员工的组织感（包括制度公平、结果或分配公平、程序公平和人际关系公平），进而提高员工的工作满意度，降低员工流失率。同时，员工参与企业管理，能增强员工归属感和自信心，增进员工之间的相互了解，加深工作的默契程度，从而促进企业的团队建设，增强团队的凝聚力，促进企业的变革与发展。

（7）促进员工个人发展。360度评估法的反馈结果，通常包括专门的职业生涯规划指导建议，这些咨询意见和建议一旦被员工接受，就可能完善个人职业生涯规划，促进员工的个人发展。

3. 360度评估法的缺点

（1）360度评估法侧重于综合评价，定性评价比重较大，定量的业绩评价较少，因此应与关键绩效指标评价相结合，使考评更全面。

（2）360度评估法的信息来源渠道广，但是从不同渠道获得的信息并非一致的。例如，对某员工的沟通能力的评价结果是"上级评为优，下级客户评为差"，这就给对这个员工的整体评价带来了困扰。

（3）360度评估法收集到的信息比单渠道评价方法要多得多，这虽然使考评更加全面，但同时也增加了收集和处理信息的成本。而且需要汇总的信息量很大，360度评估法有可能趋向于机械化，即从两人的直接沟通演变成表格和印刷材料的沟通。

（4）在实施360度评估法的过程中，如果处理不当，可能会在企业内造成紧张气氛，影响企业成员的工作积极性，甚至带来企业文化震荡、企业员工忠诚度下降等现象。

（四）绩效反馈及结果运用

从组织考评到得出考评结果，并不意味着一个完整的考评过程结束了，还需要将考评结果和相关信息形成数据库，把考评结果有效反馈给被考评者，实施绩效改进，并有效运用考评结果，将其与培训、薪酬、晋升等人力资源管理决策有效结合起来。

绩效反馈的形式主要为绩效沟通，主要内容包括沟通反馈当期考评结果及共同制订绩效改进计划。

1. 绩效反馈面谈

按照绩效反馈面谈的具体过程及其特点，可以将其分为以下四种方式。

（1）单向劝导式面谈。单向劝导式面谈也称单向指导型面谈，它是通过对员工工作行为和表现的剖析，说明哪些行为是正确的、有效的，哪些行为是错误的、无效的。根据工作说明书，尽可能劝导员工，让他们接受并提出新的更高的工作目标，不断提升其绩效水平。

（2）双向倾听式面谈。双向倾听式面谈并没有严格的程序和格式。这种面谈形式为员工提供了一次参与考评以及与管理人员进行交流的机会。在面谈中，首先要求员工回顾总结自己的工作；然后管理人员根据员工的自评报告，在综合归纳各个方面考评意见的基础上，提出自己的看法，并做出总体的评估；最后，再听取员工的意见，应当给予员工充分发表意见的机会，使其毫无顾忌地表达自己对考评结果的直接感受和真实看法，遇到不同意见时，也应当允许员工保留自己的看法。

（3）解决问题式面谈。基于上述面谈方式的一些不足，出现了一种通过绩效面谈解决员工实际问题的新形式，即解决问题式面谈。使用解决问题式面谈这一方式时，应创造一种活跃的、开诚布公的、能够进行有效交流的环境，管理人员应倾听员工的陈述，对员工的感受做出正确回应，并针对上次面谈以来员工所遇到的困难、需求、工作满意度等各种问题逐一进行剖析，以达成共识，从而促进员工的成长和发展。

（4）综合式绩效面谈。综合式绩效面谈是将上述各种面谈方式，经过合理的搭配综合而成的一种绩效面谈方式。当管理人员经过专门的管理技能培训掌握了一定的技巧以后，为了实现绩效面谈的多重目标，该方式就显得格外有效。所谓综合式绩效面谈，也就是在一次面谈中，采取灵活变通的、从一种面谈形式转换过渡到另一种面谈形式的方法。例如，单向劝导式面谈用于评估绩效计划目标的实现程度，而解决问题式面谈更适用于促进员工全面发展，将两个目标区分开来进行面谈显然需要耗费更多时间，而综合式绩效面谈就可以"一箭双雕"。

2. 制订绩效改进计划

传统绩效考评的目的是通过对员工工作业绩的评估，将评估结果作为确定员工薪酬、奖惩、晋升或降级的依据。而现代绩效管理的目的不限于此，员工能力的不断提高以及绩效的持续改进和发展才是其根本目的。在绩效考评和绩效面谈的基础上，考评者要根据被考评者的实际情况，与被考评者一起为其制订绩效改进计划。这是绩效考评过程中非常重要的一环，也体现了现代绩效管理与传统绩效管理的不同之处。所以，绩效改进工作是绩效管理过程能否发挥效能的关键。

3. 绩效结果的运用

作为人力资源管理职能中的核心环节，绩效考评与各人力资源管理职能之间存在着非常密切的关系，绩效考评的结果可以作为人力资源管理系统中的招聘与甄选环节、培训与开发环节、薪酬福利环节以及岗位变动与解雇环节的决策依据。

（五）绩效沟通

1. 绩效沟通的含义

绩效沟通是绩效管理的核心，是指考评者与被考评者就绩效考评反映出的问题以及考评机制本身存在的问题展开实质性的面谈，并着力于寻求应对之策，服务于后一阶段企业与员工绩效改进和提高的一种管理方法。

绩效沟通在整个人力资源管理中占据着相当重要的地位，不仅在于它能够帮助管理人员和员工前瞻性地发现问题并在问题出现之前解决，还在于它能把管理人员与员工紧密联系在一起，经常性地就存在或可能存在的问题进行讨论，共同解决问题、排除障碍，达到共同进步和共同提高的目的。

可以说，如果缺乏了有效的绩效沟通，那么企业的绩效管理就不能称之为绩效管理，至少在某种程度上讲是不完整的绩效管理。妥善有效的绩效沟通将有助于及时了解企业内外部管理上存在的问题，并可为之采取相应的措施，防患于未然，降低企业的管理风险；同时也有助于帮助员工优化后一阶段的工作绩效，提高工作满意度，从而推动企业整体战略目标的实现。此外，和谐企业文化与优秀人力资源品牌的构建也离不开妥善有效的绩效沟通的助推。

2. 绩效管理全流程中的绩效沟通

企业绩效管理就是上下级之间就绩效目标的设定及实现而进行的持续不断的双向沟通的过程，在这一过程中，管理人员与员工从绩效目标的设定开始，一直到最后的绩效考评，都必须保持持续不断的沟通，任何单方面的决定都将影响绩效管理的有效开展，影响绩效管理体系效用的发挥。

（1）绩效计划沟通。在绩效计划部分我们已经了解到，在传统行政命令式的绩效管理中，绩效目标的制定是通过行政手段逐级施加的，它是单向的、命令式的、由上至下的。而现代绩效管理的观点则认为，绩效计划目标需要通过上级与下级之间的双向沟通而形成。因此在绩效计划阶段，绩效沟通非常重要，具体来说，绩效计划沟通的内容主要包括以下两个方面。

第一，目标制定的沟通。管理人员必须向员工讲清楚企业发展的蓝图是什么，要实现这个蓝图企业的发展目标是什么；为了实现企业发展整体目标，各个部门的发展目标是什么；为了完成部门的发展目标，企业对员工的期望是什么；为了实现企业对员工的期望，岗位要完成多少目标任务、工作到什么标准；完成了工作目标会怎样，没有完成工作目标又会怎样。千斤重担众人挑，人人头上有指标。要让员工知道，我们完成的不仅是一个工作，而是一份伟大的事业，要明确自己工作岗位的责任、使命和愿景。

第二，目标实施的沟通。管理人员在分配绩效指标任务时，还必须和员工就完成目标采取什么措施和手段、需要什么资源和条件进行沟通。例如，在目标实施过程中，哪些是关键环节，工作重点是什么，会遇到什么矛盾和问题，应对的办法是什么等。又如，完成目标需要什么支持条件，需要什么资源，需要企业提供什么帮助，这些也需要在目标沟通中确定，以便管理人员提早做好相应准备。

（2）绩效监督沟通。绩效监督的作用是将问题解决在执行过程中，而不是解决在事后。管理人员要通过报表、文件、检查、汇报等方式，对员工工作绩效目标完成情况进行及时了解，跟踪计划进度。当员工在目标完成过程中遇到困难和挫折等问题时，管理人员应及时跟进，帮助员工分析原因，找出解决问题的办法，提供支持和帮助。

绩效监督沟通，要求员工不仅要有好的绩效也要有好的过程，对员工实施目标的手段进行监督，防止员工以牺牲长远利益追求短期利益、以牺牲整体利益追求局部利益，避免员工为实现绩效目标不择手段。违规办坏事不行，违规办好事也不行，对员工实现目标过程中执行的制度、流程、机制进行监督，发现问题应及时纠正。

（3）绩效反馈沟通。绩效考评结束后，并不意味着绩效管理的结束，而是要把考评结果有效反馈给员工。让员工知道自己做了什么，做得怎样，将来怎么做，和员工一起分析成功的原因和失败的教训。

对未完成目标的员工，要分析导致其失利的是外因还是内因。如果是外因，是因为客观环境变化、天灾人祸造成的，还是企业内部制度、流程、机制不合理造成的。如果是内因，是员工的知识能力不足、经验不够造成的，还是员工思想、态度欠缺造成的。要分清责任，找准病根，考评结果要让员工心服口服。

对已完成目标的员工，也要分析其是如何完成目标的，是个人努力的结果还是外部环境有利。如果是个人努力的结果，要找到自己的优势和劣势，不能满足现状，还要再接再厉，树立更加宏伟的目标。如果是外部环境有利，如市场、政策、区域优势，就要分析这种优势是暂时的还是长久的，是否需要修改应对措施。

（4）绩效改进沟通。绩效考评的完成既是一个过程的终点，又是下一个过程的起点，因此绩效管理不仅要谈过去，更重要的是谈未来，做好绩效改进沟通。在此过程中，首先管理人员与员工需要提出绩效改进目标，为绩效改进提供依据。其次要制定绩效改进方案，完不成目标计划，如果是因为员工知识能力不足，就需要安排相应的培训辅导；如果是因为员工经验不足，就需要安排锻炼机会；如果是员工自身态度问题，就需要批评教育，必要时进行处罚甚至辞退；如果是外部的问题，就需要完善制度、流程和机制。最后还要检查绩效改进效果，检查员工绩效改进目标是否明确、绩效改进措施是否落实、绩效改进效果是否明显，并将检查信息通过沟通的形式及时反馈给员工，使员工更好地实现绩效改进目标，提升绩效水平。

认知五

常见的绩效管理工具

【认知目标】

- 了解常见的绩效管理工具。
- 熟悉关键绩效指标体系的构建。
- 了解平衡计分卡的管理理念。
- 熟悉目标管理法的应用步骤。
- 了解目标与关键成果法的内涵。

【案例导入】

令人烦恼的年终述职

年底临近,某公司召开中层管理人员年终述职大会。开展中层述职的初衷是对各部门的工作完成情况进行深入总结,重在量化成果、发现问题、改进问题。但是,在述职过程中,中层管理人员集中于工作事项的汇报,汇报内容冗长,都在强调自己做了什么,做得好的方面,而且没有什么具体数据。最终述职考评流于形式,没有达到任何效果,总经理非常恼火。但是会议结束后,中层管理人员也觉得很冤,因为他们从来没有收到过正式的关于本部门、本人的考评要求,每年的工作都是延续上一年度的任务或已达成的目标,既然没有明确要求,述职时自然只能说本部门都干了什么。

基于此,公司领导要求人力资源部连同全部中层管理人员在下一年度1月份之前重点开展各部门绩效考评指标体系的梳理和构建工作,每个部门必须要采取量化式考评,要有10~15个指标,每个月都要考评,严格按照考评的数据进行奖金的分配。明知道这个工作很难做，人力资源部经理还是按照总经理的要求，进行工作沟通，开始了准备工作。1月底了，工作的阻力很大，工作进展缓慢……

一、关键绩效指标法

（一）关键绩效指标法的基本内容

1. 关键绩效指标的含义

关键绩效指标（Key performance indicator，简称 KPI）是指企业宏观战略目标经过层层分解产生的具有可操作性的工作目标，是企业绩效管理的基础。关键绩效指标可以使部门主管明确部门的主要责任，并以此为基础，明确部门人员的业绩衡量指标，是反映企业策略执行效果的有效手段。建立明确的切实可行的关键绩效指标体系，是做好绩效管理的关键。关键绩效指标是用于衡量工作人员工作绩效表现的量化指标，是绩效计划的重要组成部分。

（1）关键绩效指标是量化或行为化的标准体系。关键绩效指标不是一个指标，也不是孤立的几个指标，而是由指标及相应标准组成的体系，不仅包括相互联系、相互影响的众多考评指标，还包括针对每一项指标的执行标准和考评依据，因此它必须是量化的，如果难以量化，也必须是行为化的。满足此条件，关键绩效指标才具有实际可操作性。

（2）关键绩效指标是对企业目标的增值。关键绩效指标是连接个体绩效与企业目标的桥梁，是将企业战略目标层层分解、逐步细化至个人的绩效考评指标。关键绩效指标构成企业战略目标的组成部分和支持体系，每个岗位的绩效指标都是针对对企业目标起到增值作用的工作产出来设定的，基于这样的关键绩效指标对绩效进行管理，就可以保证真正对企业有贡献的行为受到鼓励。

（3）关键绩效指标是绩效沟通的基石。通过在关键绩效指标上达成的承诺，员工与管理者可以进行工作期望、工作表现和未来发展方面的沟通。

2. 关键绩效指标的作用

关键绩效指标作为一种管理方法或管理工具，对企业整体运营及人员管理都具有重要作用。从不同角度、不同人员来说，关键绩效指标的作用主要体现在以下各个方面。

（1）从横向多角度的作用来说，主要包括：

1）作为企业战略目标的分解，关键绩效指标的制定有力地推动企业战略在各部门的执行；

2）关键绩效指标使上下级对岗位工作职责和关键绩效要求有了清晰的共识，确保各层各类人员努力方向的一致性；

3）关键绩效指标为绩效管理提供了透明、客观、可衡量的基础；

4）作为关键经营活动的绩效的反映，关键绩效指标帮助各岗位员工集中精力处理对企业战略有最大驱动力的方面；

5）通过定期计算和回顾关键绩效指标执行结果，管理人员能清晰了解经营领域中的关键绩效参数，及时诊断存在的问题，并采取行动予以改进。

（2）从纵向各层级的管理作用来说，主要包括：

1）关键绩效指标是企业战略目标落地的工具；

2）关键绩效指标是企业管理、监测自身运行状态的工具；

3）关键绩效指标是指导部门工作的工具；

4）关键绩效指标是指导员工自我绩效改进的工具。

（3）针对管理人员，其价值主要包括：

1）落实企业战略目标和经营目标；

2）明确工作重点和目标；

3）监控绩效达成状况；

4）引导部门工作方向。

（4）针对普通员工，其价值主要包括：

1）使每位员工能够清晰了解自己应该努力的方向和重点；

2）使每位员工能够了解自己工作中存在的问题并及时予以改进；

3）为绩效改进管理和上下级的交流沟通提供一个客观基础；

4）不断引导员工改进工作方法，实现更高的目标；

5）规范引导员工的行为；

6）让员工实现自我管理。

3. 关键绩效指标的提炼原则与方法

确定关键绩效指标有一个重要的 SMART 原则。SMART 是 5 个英文单词首字母的缩写。

S 代表具体的（Specific），指绩效考评要切中特定的工作指标，不能笼统。

M 代表可衡量的（Measurable），指绩效指标是数量化或者行为化的，验证这些绩效指标的数据或者信息是可以获得的。

A 代表可实现的（Attainable），指绩效指标在付出努力的情况下可以实现，避免设立过高或过低的目标。

R 代表现实的（Realistic），指绩效指标是实实在在的，可以证明和观察的。

T 代表有时限的（Time-bound），注重完成绩效指标的特定期限。

在构建关键绩效指标体系的过程中，应时刻注意遵循该五项原则，才能确保指标提取不偏离企业战略目标要求，也确保指标具有后续考评的可操作性，具体见表 1-5-1。

表 1-5-1　　　　　关键绩效指标提取的 SMART 原则

原则	正确做法	错误做法
具体的 （Specific）	● 切中目标 ● 适度细化 ● 随情景变化	● 抽象的 ● 未经细化的 ● 复制其他情景中的指标
可衡量的 （Measurable）	● 数量化的 ● 行为化的 ● 数据或信息可得	● 主观判断 ● 非行为化描述 ● 数据或信息无从获得
可实现的 （Attainable）	● 在付出努力的情况下可以实现 ● 在适度的时限内实现	● 过高或过低的目标 ● 期间过长
现实的 （Realistic）	● 可证明的 ● 可观察的	● 假设的 ● 不可观察或不可证明的
有时限的 （Time-bound）	● 使用时间单位 ● 关注效率	● 不考虑时效性 ● 模糊的时间概念

总体来讲，关键绩效指标要提炼的是指标，而非简单的目标，关键绩效指标是目标描述、分解的有效工具。其中的指标可以说是目标再加上程度和时间的描述，如"提升研发能力、及时满足市场需求"就是模糊的目标描述，用明确的指标化描述为"××年平均新产品上市时间缩短到××个月、××年产品开发计划完成率达到××%"等。

4. 分解关键绩效指标的思路

关键绩效指标分解的总体思路是由上到下、由粗到精，在具体操作过程中，可以从不同角度展开。

（1）依据企业机构分解建立关键绩效指标体系。这种思路是依据企业机构设置，为企业的各项宏观战略目标逐一确定相应的责任部门，形成部门目标或部门关键绩效指标，各部门再将自身承担的各项关键绩效指标进行进一步分解，落实到各相关岗位及责任人，如图1-5-1所示。基于此过程，可确保全部企业重大战略目标均能够落实至相关的责任部门和责任人，使下一步的部门考评和员工考评都更具有可操作性。

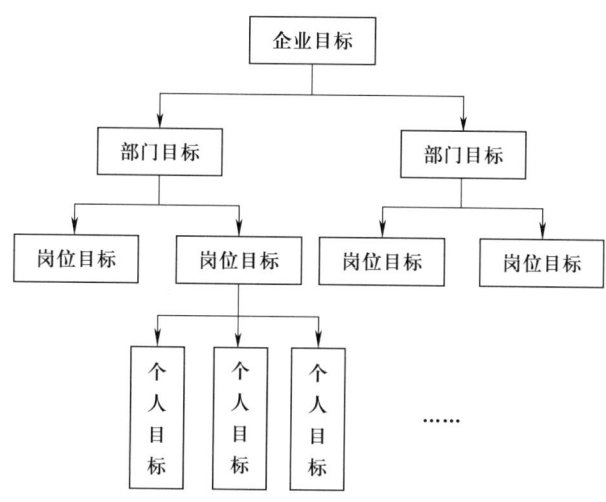

图1-5-1 基于企业机构的关键绩效指标分解

（2）依据业务流程分解建立关键绩效指标体系。这种思路是把企业目标落实到了业务流程，突出了企业目标实现中的流程责任，根据业务流向的输入和输出确定和分解关键绩效指标。但是，这种指标设置的方式增加了部门的管理难度，有可能出现忽略部门管理责任的现象。而且，依据内部流程分解建立关键绩效指标体系更多是以结果为导向而确定的指标，缺乏对过程描述的驱动性指标。

（3）先按业务流程横向分解，再按企业结构自上而下审视。思路结合了以上两种分解思路的好处，先从流程出发，沿着业务流横向分解和确定关键绩效指标；然后根据部门、岗位的职责，纵向检查指标和目标的设置情况，避免过多捆绑和遗漏。

（二）关键绩效指标体系的构建

1. 关键绩效指标体系的构建流程

由关键绩效指标的定义可知，指标均是从企业战略目标的层面逐层分解来的，均在一定程度体现企业战略发展的方向。提取关键绩效指标可按照从宏观到微观的顺序，依次建立各级的指标体系。首先明确企业的战略目标，找出企业的业务重点，并确定这些业务重点的关键绩效领域，从而建立企业级关键绩效指标。其次，各部门的主管需要依据企业级关键绩效指标建立部门级关键绩效指标。最后，各部门的主管和部门的关键绩效指标负责人员一起再将部门级关键绩效指标进一步分解为更细的关键绩效指标，这些关键绩效指标就是业绩衡量指标，是对员工考评的要素和依据。因此，构建关键绩效指标体系的过程也就是将企业战略目标逐步分解至具体指标的过程,如图1-5-2所示。

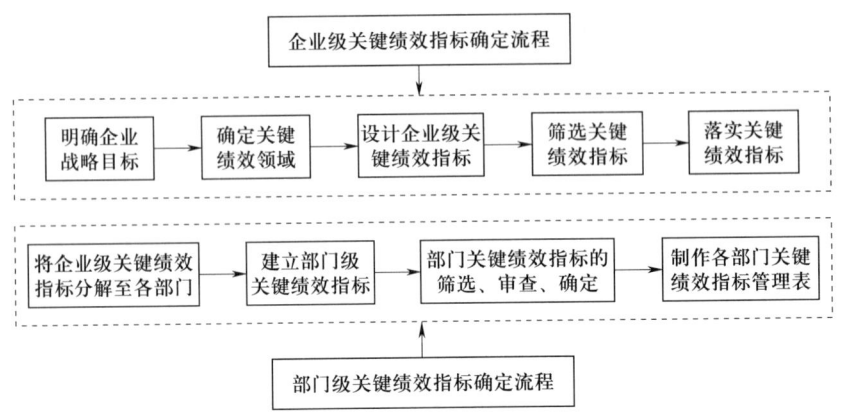

图1-5-2 关键绩效指标体系的构建流程

关键绩效指标是一个有助于企业整体运营管理的有效工具,确定企业级关键绩效指标尤为重要。

(1)明确企业战略目标。战略目标是企业在其经营过程中所要达到的市场竞争地位和管理绩效的目标,包括在行业中的领先地位、总体规模、竞争力、市场份额、收入和盈利增长率、投资回报率以及企业形象等。明确战略目标是企业各项业务有效实施的前提,没有稳固的战略目标,关键绩效领域和关键绩效指标也成了无源之水。

(2)确定关键绩效领域。明确了战略目标,下一步就需要对最能有效驱动战略目标的关键绩效领域进行确定。关键绩效领域是指对企业总体竞争地位和企业战略目标的实现有重大影响的变量、领域,是制定关键绩效指标的重要依据。往往行业不同,企业产品生命周期不同,关键绩效领域也有所不同,见表1-5-2。

表1-5-2 产品不同生命周期和阶段中的关键绩效领域

业务重点	投入期	成长期	成熟期	衰退期
市场	广告宣传、争取开辟销售渠道	建立商标信誉、开拓新销售渠道	保护现有市场、渗入竞争对手的市场	选择市场区域、改善企业形象
生产经营	提高生产率、开发产品标准	改进产品质量、增加花色品种	维护与顾客的关系、降低成本	缩减生产能力、保持价格优势
财务	利用风险投资	集聚资源以支持生产	控制成本	提高管理控制系统的效率
人力资源	使员工适应新的生产和市场	发展生产和技术能力	提高生产效率	面向新增长领域

续表

业务重点	投入期	成长期	成熟期	衰退期
研究开发	掌握技术秘诀	提高产品的质量和功能	降低成本、开发新品种	面向新增长领域
成功的关键因素	销售、消费者、市场份额	对市场需求的敏感、推销、产品质量	生产效率和产品功能、新产品开发	回收投资、缩减生产能力

（3）设计企业级关键绩效指标。确定了关键绩效领域以后，将每一关键绩效领域内的各项指标进行分解、提炼。

（4）筛选关键绩效指标。当全部关键绩效领域的指标分解完成后，还需从整体角度遵照关键绩效指标提取的 SMART 原则对指标进行筛选，避免因指标设置过多、繁杂，导致重点不突出、考评成本过高等问题。

通过以上步骤的逐步实施，可以最终确定用于全企业绩效考评的各项关键绩效指标。由此得出的关键绩效指标也更能够反映企业最为关键和最需把控的各项业务。某企业关键绩效指标示例见表 1-5-3。

表 1-5-3　　　　　　　　某企业关键绩效指标示例

业务重点	策略目标	关键绩效领域	关键绩效指标
市场领先	市场拓展	大客户增长	大客户对大项目的贡献率
			大客户增长率
			大客户新兴市场占有率
		新客户数量增长	新客户增长数量
		新业务收入增长	新业务营业收入增长率
		拓展海外市场	海外销售额
	品牌影响力	市场宣传有效性	目标市场促销投入资金增长率
			目标市场铺货率
			行业排名进位
	销售增长力	当期营业额	当期营业收入增长率
	完善营销网	目标市场一级分销商	目标市场一级分销商增长率
		目标市场占有业务代表数量	目标市场平均业务代表占有率
客户服务	客户满意	客户满意度	返修率
			电子解款方式目标市场普及率
			对客户要求的响应程度
		客户资源管理能力	拓展新客户能力

续表

业务重点	策略目标	关键绩效领域	关键绩效指标
利润增长	应收账款	回款速度、期限	按合同回款及时率
		呆账、坏账数量	坏账率
			呆账率
			坏账准备金
	费用控制	办公费用	办公费用总支出减少额
		业务招待费	业务招待费减少额
	纯利润	纯利润目标	纯利润目标达成率
组织建设	人员	各层级管理者	工作效率
			培训与结果
	素质	总政策执行情况	员工综合满意指数
	文化	员工安心工作情况	

（5）落实关键绩效指标。关键绩效指标是对企业战略管理目标的逐层分解，战略目标的实现需要靠企业员工的共同努力，因此绩效指标也需要明确相应的载体。当绩效指标提炼筛选确定后，需将所有指标分别找到相应的责任部门及责任人，只有这样，指标的考评才真正具有可操作性和可实施性。

2. 关键绩效指标的分解

当企业级关键绩效指标确定后，还需进一步确定部门级考评指标。在此过程中，首先就是要将所有指标矩阵式分解至各部门，然后将指标分别落实到各个岗位和员工。确保责任到人，才能真正保证指标能够有效实施和落实，在分解指标的过程中，一项重要的工作就是要逐一明确每一项指标各部门在承担时的角色定位。

由于关键绩效指标为企业级的重大考评指标，一般情况下难以由一个部门独立完成，往往涉及多个部门。在此过程中，若没有明确的责任归属，部门之间容易产生互相推诿、推卸责任的情况，从而最终导致指标难以完成，且无法确定直接责任者。同样，当指标完成较好，企业要进行奖励分配时，也容易出现互相争抢，导致分配不公。因此，在指标确定之初进行责任确定时，就应同步明确在该项指标上各相关部门分别承担的角色，包括直接承担、直接配合、间接配合等。直接承担部门是指针对该项指标直接负责、责任重大的部门，当指标未完成时，该部门需对未完成的原因、困难等进行说明，并接受相应的处罚；直接配合部门是指针对该项指标虽不直接负责，但须承担重要的或较多的配合工作，以配合直接承担部门完成指标的其他部门，当指标不能完成时，该部门须及时向直接承担部门说明情况，商讨解决方式；间接配合部门是指针对指标的完成承担较少的、间接的、服务保障性工作的部门，其一般责任较少。

根据权责利对等的原则，针对关键绩效指标的责任明确过程，也是确定各部门在该项指标完成过程中的权力的过程。直接承担部门承担的责任最大，同时也具备组织协调配合部门开展工作，甚至直接分配工作的权力；直接配合部门承担责任相对较小，但需配合直接承担部门工作，不能由于本部门的原因导致指标未完成。同理，直接承担部门的考评系数也相对更高，当指标完成时，直接承担部门所获得的绩效奖金更高，反之亦然。

▶【企业案例】

因为本季度销售额下降，人力资源经理 E 受总经理的委派组织绩效分析会议。营销部门的经理 A 说："最近销售做得不好，我们有一定责任，但是最主要的责任不在我们，竞争对手纷纷推出新产品，比我们的产品好，所以我们很难开展推广活动，研发部门要认真总结。"

研发部门经理 B 说："我们最近推出的新产品是少，但是我们也有困难，我们的预算很少，被财务部门削减了！"

财务经理 C 说："是，我是削减了你的预算，但是你要知道，企业的采购成本在上升，我们没有多少资金。"

这时，采购经理 D 跳起来："我们的采购成本是上升了 10%，为什么，你们知道吗？俄罗斯的一个矿山发生了爆炸事故，导致不锈钢价格上升。"

A、B、C："哦，原来如此呀，这样说，我们大家都没有多少责任了！"人力资源经理 E 说："这样说来，我只好去考评俄罗斯的矿山了！"

二、平衡计分卡

（一）平衡计分卡的基本内容

1. 平衡计分卡提出的背景

基于财务指标的局限性，美国学者罗伯特·卡普兰和戴维·诺顿提出了平衡计分卡的业绩考评新方法，通过平衡计分卡可以有效确立关键绩效指标体系。其提出的主要历史背景如下。

（1）信息时代企业的成功，依赖于对知识资产的持续投资和管理，依赖于从职能专业化向基于顾客的流程运作的转变。

（2）顾客需求的日趋个性化和多样化，要求不断提高系统的柔性、快速响应、创新能力和优质服务水平。

（3）产品与服务的创新和改进将日益取决于员工职业化技能的提高、先进信息技术的应用和企业内部关键流程的协同作用。

（4）当企业实施这一转变时，其成功（或失败）是不能用传统的、短期性的财务指标衡量的，由此产生了建立平衡计分卡的必要性。

2. 平衡计分卡的含义

平衡计分卡（Balanced score card，简称 BSC）是根据企业的战略要求而精心设计的指标体系，是一种绩效管理工具。平衡计分卡将企业战略目标逐层分解转化为各种具体的相互平衡的绩效考评指标体系，并对这些指标的实现状况进行不同时段的考评，从而为企业战略目标的完成建立起可靠的执行基础。

平衡计分卡的核心思想是通过财务、客户、内部流程、学习与成长四个角度构成相互驱动的因果关系，从而实现"绩效计划——绩效考评——绩效改进与战略实施——战略修正"的目标，其中财务角度的指标是结果性指标，其他三个角度的指标是过程性指标。这四个角度的指标具有密切的因果关系，互为驱动因素。

（1）财务角度。财务角度的指标可以显示企业的战略及其实施和执行是否对改善企业盈利状况做出贡献。财务目标通常与获利能力有关，其衡量指标有营业收入、资本报酬率、经济增加值等，也可能是销售额的迅速提高或创造现金流量。平衡计分卡财务角度的指标如图 1-5-3 所示。

在设置财务角度的指标即财务性绩效指标时，应注意以下要点。

1）财务性绩效指标是一般企业常用于绩效评估的传统指标。

2）财务性绩效指标可显示出企业的战略及其实施和执行是否正在为最终经营结果（如利润）的改善做出贡献。但是，不是所有的长期策略都能很快产生短期的财务盈利。

3）非财务性绩效指标（如质量、生产时间、生产率和新产品等）的改善和提高是实现目标的手段，而不是目标本身。

4）财务性绩效指标衡量的主要内容包括收入增长、收入结构、降低成本、提高生产率、资产利用和战略投资等。

（2）客户角度。在平衡计分卡的客户角度，管理者确定了企业将面对的目标客户

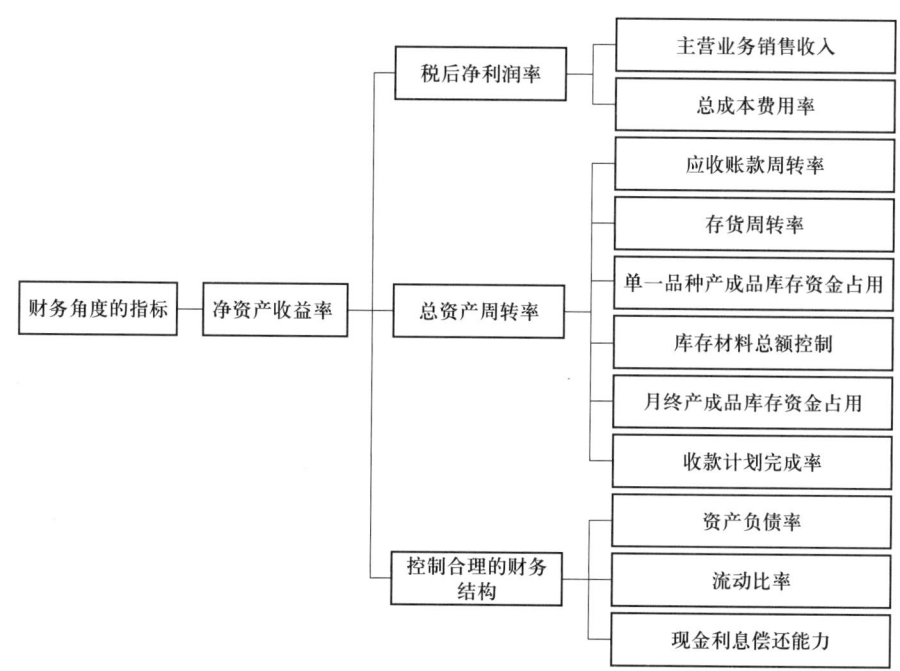

图 1-5-3　平衡计分卡财务角度的指标示例

和市场,以及企业在这些目标客户和市场中的衡量指标。客户角度的指标通常包括客户满意度、客户保持率、客户获得率、客户盈利率,以及在目标市场中所占的份额。客户角度的指标使企业的管理者能够阐明客户和市场战略,从而创造出优异的财务回报。平衡计分卡客户角度的指标示例如图 1-5-4 所示。

在设置客户角度的指标即客户绩效指标时,应注意以下要点。

1)平衡计分卡要求企业将使命和策略诠释为具体的与客户相关的目标和要点。

2)企业应以目标顾客和目标市场为方向,即应当关注于是否满足核心客户的需求,而不是企图满足所有客户的偏好。

3)客户最关心的不外乎五个方面,即时间、质量、性能、服务和成本,企业必须为这五个方面树立清晰的目标,然后将这些目标细化为具体的指标。

4)客户绩效指标衡量的主要内容包括市场份额、老客户挽留率、新客户获得率、顾客满意度、从客户处获得的利润率等。

(3)内部流程角度。管理者要确认企业擅长的关键内部流程,这些流程帮助企业提供价值主张,以吸引和留住目标细分市场的客户,并满足股东对财务回报的期望。其主要关注的是企业各部门、员工必须在哪些流程上表现优异才能确保实现企业的总体战略目标。平衡计分卡内部流程角度的指标示例如图 1-5-5 所示。

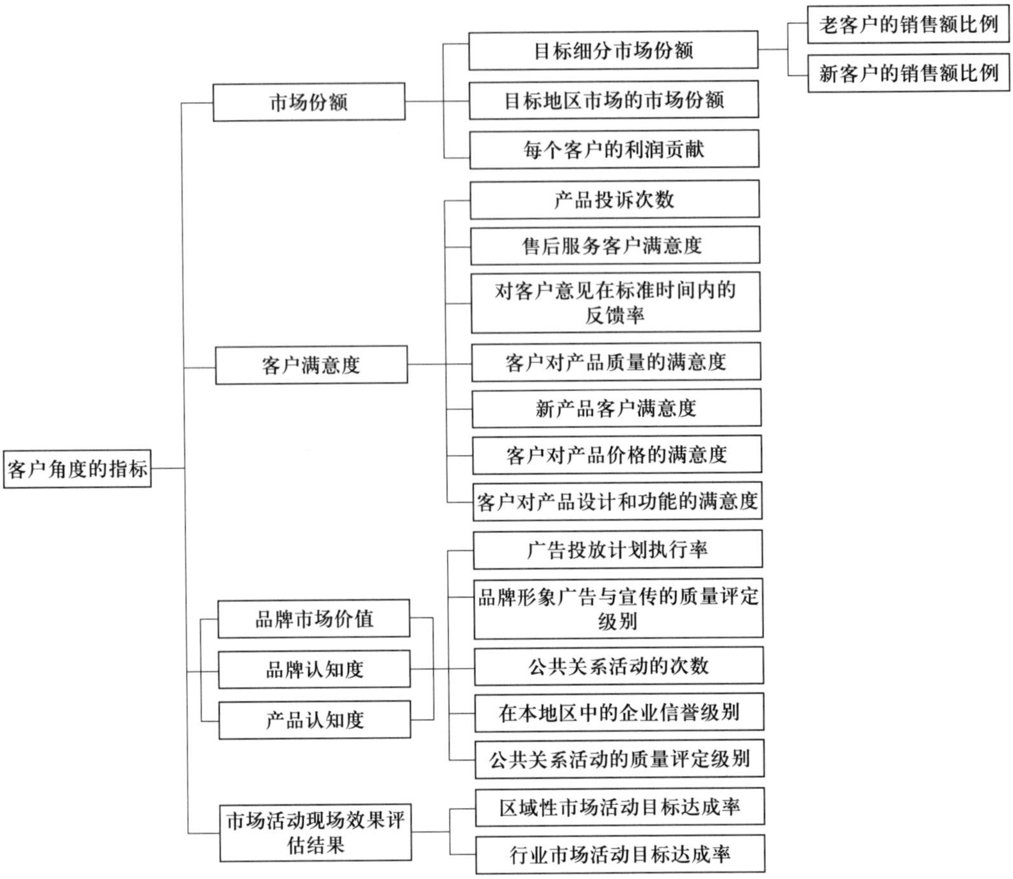

```
                                            ┌── 老客户的销售额比例
                         ┌── 目标细分市场份额 ┤
                         │                  └── 新客户的销售额比例
              ┌ 市场份额 ─┼── 目标地区市场的市场份额
              │          └── 每个客户的利润贡献
              │
              │          ┌── 产品投诉次数
              │          ├── 售后服务客户满意度
              │          ├── 对客户意见在标准时间内的反馈率
              ├ 客户满意度┼── 客户对产品质量的满意度
客户角度的指标 ┤          ├── 新产品客户满意度
              │          ├── 客户对产品价格的满意度
              │          └── 客户对产品设计和功能的满意度
              │
              │          ┌── 广告投放计划执行率
              ├ 品牌市场价值┤ 品牌形象广告与宣传的质量评定级别
              ├ 品牌认知度├── 公共关系活动的次数
              ├ 产品认知度├── 在本地区中的企业信誉级别
              │          └── 公共关系活动的质量评定级别
              │
              └ 市场活动现场效果评估结果 ┬── 区域性市场活动目标达成率
                                        └── 行业市场活动目标达成率
```

图1-5-4 平衡计分卡客户角度的指标示例

在设置内部流程角度的指标即内部流程绩效指标时应注意以下要点。

1）建立平衡计分卡的顺序，通常是在制定财务和客户角度的绩效目标与指标后，才制定企业内部流程角度的绩效目标与指标，这个顺序使企业能够抓住重点，专心衡量那些与股东和客户目标息息相关的流程。

2）内部流程绩效考评应以对客户满意度和实现财务目标影响最大的业务流程为核心。

3）内部流程绩效指标既包括短期的现有业务的改善，又涉及长远的产品和服务的革新。

4）内部流程绩效指标涉及企业的改良或创新过程、经营过程和质量管理过程。

（4）学习与成长角度。企业要创造长期的成长和改善发展形势，就必须建立学习与成长的基础框架，以确立未来成功的关键因素。上述平衡计分卡的前三个角度一般会揭示企业的实际能力与实现突破性业绩所必需的能力之间的差距，为了弥补这个差

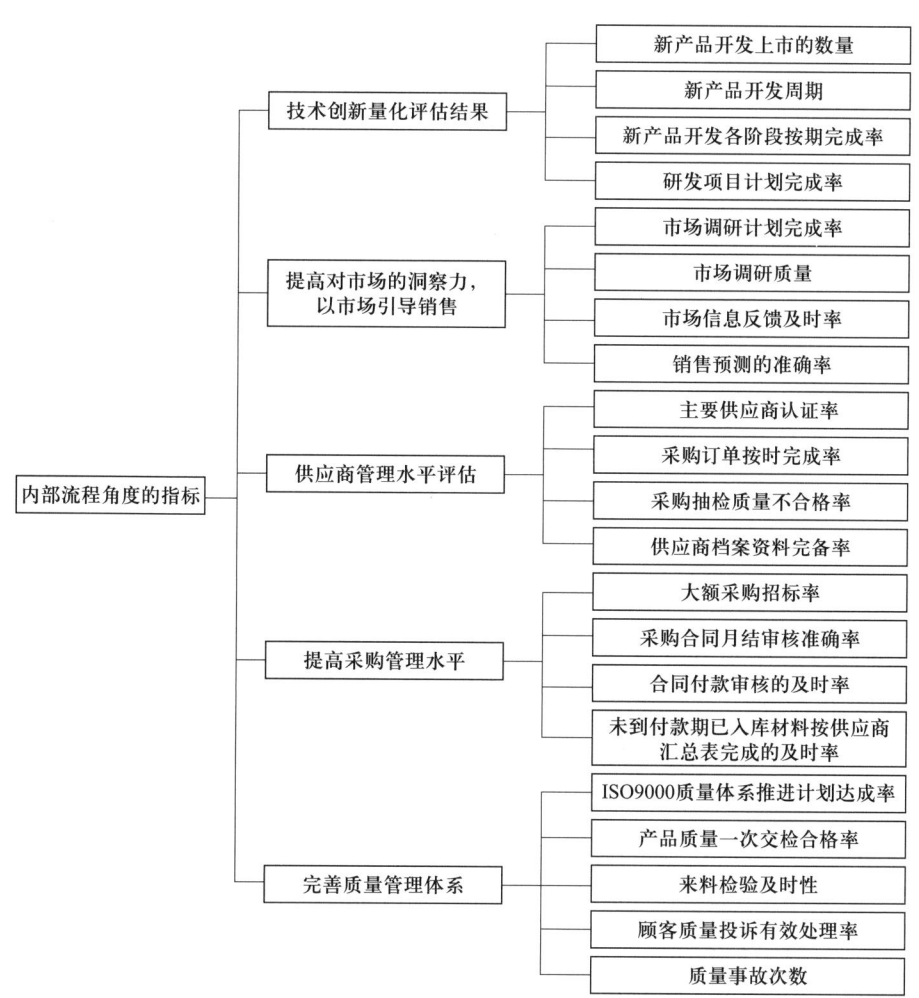

图1-5-5 平衡计分卡内部流程角度的指标示例

距,企业必须投资于员工技术的再造、组织程序和日常工作的梳理,这些都是平衡计分卡学习与成长角度追求的目标,主要指标包括员工满意度、员工保持率、员工培训和技能等,以及这些指标的驱动因素。平衡计分卡学习与成长角度的指标示例如图1-5-6所示。

在设置学习与成长角度的指标即学习与成长绩效指标时,应注意以下要点。

1)学习与成长绩效指标为其他三个方面绩效指标提供了基础架构,是驱使它们获得卓越成果的动力。

2)面对激烈的全球竞争,企业今天的技术和能力已无法确保其实现未来的业绩目标。

3)削减对企业学习与成长能力的投资虽然能在短期内增加财务收入,但由此造成

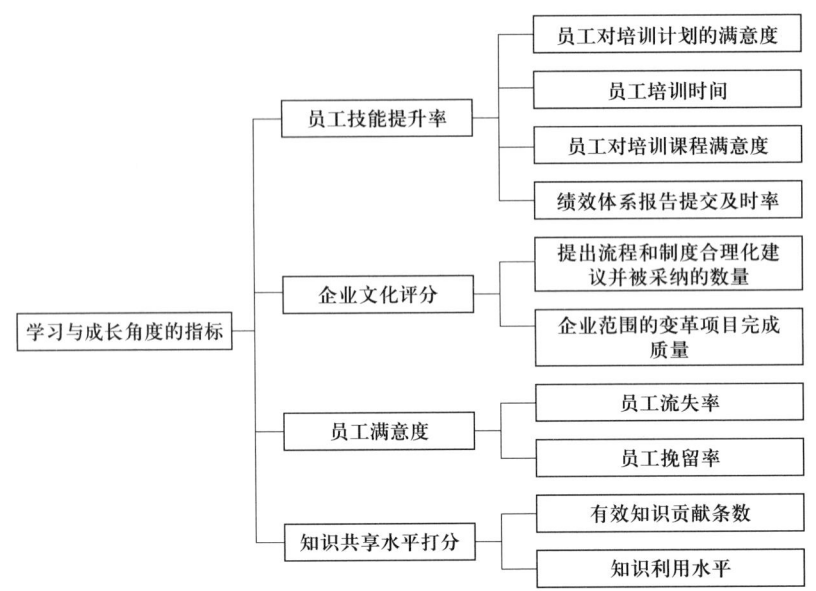

图 1-5-6 平衡计分卡学习和成长角度的指标示例

的不利影响将在未来给企业带来沉重打击。

4)学习与成长绩效指标涉及员工的能力、信息系统的能力、激励授权与相互配合等。

3. 平衡计分卡的特点

平衡计分卡的基本框架如图 1-5-7 所示,其基本特点如下。

(1)财务与非财务的平衡。平衡计分卡要求从财务和非财务的角度思考企业战略目标及考评指标,避免以往考评过于注重财务指标,而忽视其他非财务指标的情况。

(2)短期与长期的平衡。平衡计分卡既要求关注短期战略目标和绩效指标,也要求关注长期战略目标和绩效指标。

(3)结果与过程的平衡。平衡计分卡既要求关注结果性指标,也要求关注过程导向性指标,避免只重结果而忽视过程的短视行为。

(4)内部与外部的平衡。平衡计分卡指标既包括对企业内部运营过程的考量,也包括外部群体对企业的评价与考核,平衡计分卡可以发挥在有效执行战略的过程中平衡内外部群体间利益的重要作用。

(二)基于平衡计分卡的绩效考评体系构建

运用平衡计分卡进行绩效考评体系设计,主要基于以下四个步骤:

第一,通过绘制战略地图来描述战略目标,将企业战略目标转化为四个层面的具

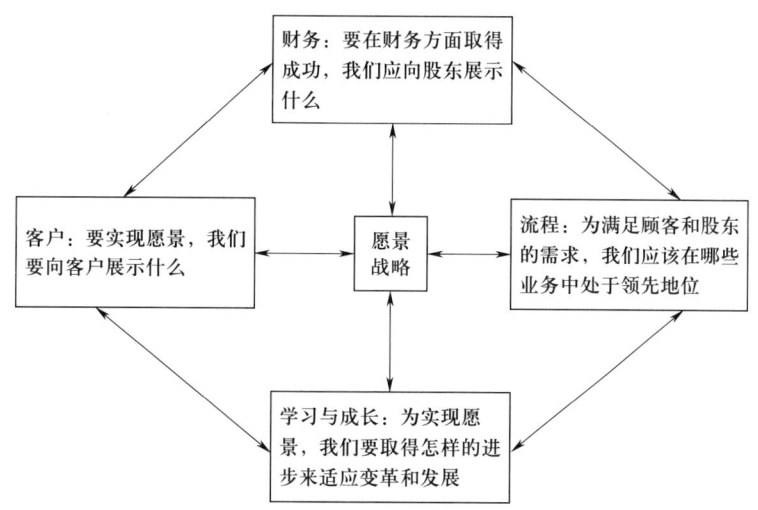

图 1-5-7 平衡计分卡基本框架

体绩效目标;

第二,通过平衡计分卡根据目标依次导出衡量指标、目标值和行动方案,使战略目标能够被有效衡量;

第三,通过分级设计平衡计分卡,将战略目标落实到部门和个人,从而形成上下联动、左右贯通的平衡计分卡体系;

第四,通过设计绩效考评量表,实现对绩效的监控与衡量。

三、目标管理法

(一)目标管理法的基本内容

1. 目标管理法的含义

目标管理(Management by objective,简称 MBO)法是指以目标为导向、以人为中心、以成果为标准,从而使企业和个人取得最佳业绩的现代管理方法。目标管理亦称"成果管理",俗称责任制,是在企业个体员工的积极参与下,自上而下地确定工作目标,并在工作中实行"自我控制",自下而上地保证目标的实现。目标管理作为一种方法具有以下四个方面的内涵。

(1)目标管理是一种方法。目标管理是一种理论,更是一种现代管理的方法,既强调目标的设置,也强调对目标的双向管理过程。

(2)目标管理重视人的因素。目标管理是一种参与的、民主的、自我控制的管理制度,也是一种把个人需求与企业目标结合起来的管理制度。在这一制度下,上级与下级的关系是平等、尊重、依赖与相互支持的，下级在承诺目标和被授权之后是自觉、自主和自治的。

（3）目标管理要求建立目标锁链与目标体系。目标管理通过专门设计的过程，将企业的整体目标逐级分解，转换为各单位、各员工的分目标。从企业目标到部门目标再到个人目标，在目标分解过程中，权责利三者已经明确，而且相互匹配。这些目标方向一致、环环相扣、相互配合，形成协调统一的目标体系，只有每个员工完成了自己的分目标，整个企业的总目标才有完成的希望。

（4）目标管理重视成果。目标管理以制定目标为起点，以目标完成情况的考评为终点。在目标管理制度下，工作成果是评定目标完成程度的标准，也是人事考评和奖励的依据，成为评价管理工作绩效的唯一标志，至于完成目标的具体过程、途径和方法，上级并不过多干预。所以，在目标管理制度下，监督的成分很少，而控制目标实现的能力却很强。

2. 目标管理法的特点

（1）员工参与管理。目标管理法是员工参与管理的一种形式，由上下级共同商定，依次确定各种目标。

（2）以自我管理为中心。目标管理法的基本精神是以自我管理为中心。目标的实施由目标责任者自我进行，通过自身监督与衡量，不断修正自己的行为，以实现目标。

（3）强调自我评价。目标管理法强调自我对工作中的成绩、不足、错误进行对照总结，经常自检自查，不断提高效益。

（4）重视成果。目标管理法将评价重点放在工作成果上，按员工的实际贡献大小如实地开展考评，使考评更具有建设性。

（二）目标管理法的应用步骤

目标管理法包括两个方面的重要内容：一是必须与每一位员工共同制定一套便于衡量的工作目标；二是定期与员工讨论其目标的完成情况。具体来说，主要有计划目标、监督目标、考评结果、反馈四个步骤。

1. 计划目标

计划目标，就是制定每一位被考评者所应达到的目标，该目标通常是由考评者与被考评者共同制定的。通过计划过程需要明确期望达到的结果，以及为达到这一结果所应采取的方式、方法及所需的资源。同时，还要明确时间框架，即当他们为这一目标努力时，要了解自己目前在做什么、已经做了什么和下一步还将要做什么，进而合理安排时间。

2. 监督目标

监督目标，就是对计划实施的监控，以保证制订的计划按预想的步骤进行，掌握计划进度，及时发现问题，如进度完成情况不及预期，应及时采取适当行动。同时通过监督，也可使管理者注意到企业环境对员工工作表现产生的不利影响，从而帮助被考评者适应这些他们无法控制的客观环境。

3. 考评结果

考评结果，是将实际达到的目标与预先设定的目标相比较。这样做的目的是使考评者能够找出未能达到目标或实际达到的目标远远超出了预先设定的目标的原因，有助于管理者做出合理的决策。

4. 反馈

反馈，就是管理者与员工一起回顾整个考评周期，对预期目标的达成和进度进行讨论，从而为制定新的目标以及为实现新的目标而可能采取的新战略做好准备。凡是已成功完成目标的被考评者都更加愿意参与下一次新目标的设定过程。

四、目标与关键成果法

（一）目标与关键成果法的基本内容

1. 目标与关键成果的来源

目标与关键成果法（Objectives and key results，简称 OKR）是一套明确和跟踪目标及其完成情况的管理工具和方法，由英特尔公司创始人安迪·葛洛夫发明，由约翰·道尔引入谷歌，并在谷歌发扬光大，之后在脸书、领英等企业被广泛使用。后来该方法被引入我国，在百度、华为、字节跳动等企业逐渐得以使用和推广。

OKR 起源于现代管理学之父彼得·德鲁克提出的目标管理，其目的是制定出充分发挥个人能力和责任感的管理原则，同时树立共同的愿景和努力方向，建立团队合作精神，协同个人和共同目标的和谐一致。在《管理的实践》一书中，彼得·德鲁克将 OKR 定义为"目标管理和自我控制"。

OKR 是由企业、团队和个人协同制定目标的方法，将员工个人的价值与企业的价值连接，激发成长与发展的内驱动力，立足社会需求，思考和指引员工的行为，是确定目标、明确行动、自我评价和体现价值的管理过程，包括目标聚焦、上下级协同、过程反馈追踪、延展四个重要环节。

2. OKR 的含义

目标是"什么",就是你想要实现的东西。目标应该是重要的、具体的、具有行动导向并且能鼓舞人心的,可以帮助企业实现发展的。

关键成果是"怎么做",就是如何做才能实现目标,或者怎样判断做到了哪些标准才能达到目标,是检查和监控如何达到目标的标准。关键成果应该是明确的、具体的、可衡量的、有助于实现目标的、上下一致的。业务管理类、职能管理类和自我管理类的目标与关键成果样例见表1-5-4、表1-5-5和表1-5-6。

表1-5-4　　　　　业务管理类 OKR 样例

目标
向餐厅证明我们提供的优质小麦粉的价值
关键成果
■ 客户重复订购率达 80% ■ 完成交易额达 100 万元

表1-5-5　　　　　职能管理类 OKR 样例

目标
支持企业人才引进
关键成果
■ 招聘 1 名销售总监(至少与 3 名候选人交谈) ■ 招聘 1 名薪酬主管(至少与 5 名候选人会面)

表1-5-6　　　　　自我管理类 OKR 样例

目标
努力帮助周边的人
关键成果
■ 2023 年参加 1 项以上志愿活动 ■ 2023 年参加志愿活动时长超过 160 小时

从目标到关键成果的制定,是团队共同梳理、聚焦、理解目标,并探讨如何实现目标的过程,这个目标应该是可以为团队带来突破性进展的。OKR 的管理也是一个时间管理的过程,以避免应该做重要的事的精力被紧急的事情占用,团队共同跟踪核心目标的实现过程,以及发现问题、解决问题并围绕目标调整工作方向的过程。

需要注意的是,OKR 不单单是制定目标和对应的关键成果那么简单,其灵魂在于制定什么样的目标和关键结果、由谁来制定，以及在实施过程中用什么样的过程管控机制持续推动实现目标落地，这些都是 OKR 能够为企业管理效率带来爆炸式增长的关键。因此，OKR 管理模式包括两个重要部分，即 OKR 的制定和 OKR 的过程持续跟踪管理。

3. OKR 管理的特点及基本原则

OKR 是一种过程管理、目标聚焦工具，但不是考评员工用以奖勤罚懒的工具。OKR 管理结果不建议与员工的绩效奖金等关联，这样可以使员工敢于挑战、承担风险。

OKR 管理需要遵循四个基本原则。

（1）对优先事项的聚焦和承诺，少即是多。即确定在未来的一段时间，企业和员工需要集中精力做的最重要的事情是什么，并确认是否对这一过程进行承诺。同时，各级管理者是否以身作则，在过程中重视这个目标。

国内的一般做法是在绩效管理实施过程中，采取年初企业各层级管理人员和员工开展年度述职报告大会，以工作述职、下年工作计划汇报、签订绩效合约或者目标责任书、年度重点工作指标任务正式发文等方式公开承诺企业及部门层级的年度重点目标。

（2）团队工作的联系和协同。OKR 将企业的目标、部门以及员工的工作联系起来。目标的公开透明可以有效提高员工对于企业发展的参与感和工作动力。OKR 强调自下而上地制定目标而非自上而下地下达命令，重在引导企业员工共同关注企业如何获得更好的发展，并对应思考自己可以创造的价值，这也是该方法可以实现激发员工内驱动力的根源。理想的 OKR 管理系统往往允许员工自主设置部分目标以及大部分或全部的关键成果。研究证明，当一线员工能看到他们的工作如何与企业的总体目标保持一致时，他们更能发挥主观能动性。

协同就是帮助员工理解"你要做什么？你需要别人做什么？为什么？"即传达清楚六件事情：第一，为什么做，即帮助员工了解个人目标与企业使命之间的关联，自己做的事情对于推动企业发展的价值；第二，怎样做；第三，做什么；第四，如何做；第五，何时做；第六，做到什么程度或效果。

企业大部分的 OKR 的实现都需要部门之间、员工之间的协同。其中，部门之间的协同可以通过召开工作协调会的方式解决，由目标牵头部门的负责人提出目标并明确需要配合完成的工作和关系，以及遇到困难需要的协助等，将过程公开透明会更有利于协同。

企业通过信息系统公开透明 OKR，也是协同的关键方式之一。员工可以通过信息系统查询了解到企业级的 OKR、部门经理的 OKR 以及其他与工作相关成员的 OKR，这样可以确保员工了解到自己的工作和企业 OKR、本部门 OKR、其他部门 OKR 实现的关系以及个人工作的价值点。同样，员工也可以让企业每个人都知道自己在做什么、怎么做，在实现目标的过程中可以实时联系，而非事后联系。

国内的一般做法是在绩效管理实施过程中，采用"重点指标任务管控机制"，由企业层面大指标、大任务的牵头部门，组织相关承担配合部门召开研讨会，共同探讨目标任务的具体完成标准，借助鱼骨图等工具分解目标、确定分工，并列出实施分工清单，约定定期沟通协调的机制，以便进行持续的过程跟踪管理。

（3）责任追踪。企业可以通过 OKR 系统、绩效沟通例会等形式，帮助员工定期检查，每周或每月、每季度一次，持续反馈和管理；总结每个 OKR 系统的客观情况、主观情况及其反思；实现定量的评分反馈以及个人定性的评估反馈，了解实施过程中有利的与不利的因素；总结提炼经验教训，为下一周期的 OKR 制定奠定基础。

国内的一般做法是在绩效管理实施过程中，采用"绩效沟通例会"机制，持续追踪目标完成过程，通过总结、评价、沟通、辅导、调整等方式统一思想、促进员工成长。

（4）挑战不可能。挑战性的目标有助于调动企业员工的积极性和活力，有助于实现最大产出。在 OKR 的制定过程中，企业需要鼓励员工敢于挑战自己，从企业突破发展的角度思考确定个人的 OKR，才能通过 OKR 管理实现企业突破性发展。为此，企业需要做好以下四个方面的工作。

1）鼓励员工勇于挑战、敢于担当、挑战风险，设置挑战性目标，将挑战性目标占比设置在 50% 以上。

2）营造良好的管理氛围来鼓励员工，虽然员工不需要将设定的每一个 OKR 都实现，但要鼓励员工敢于向着企业突破发展的方向发展并采取行动。

3）不将 OKR 的完成结果与业绩奖金等考核激励挂钩，更多引导员工注重未来的发展与成长。

4）借助企业信息系统平台，将目标与关键成果公开透明，公开承诺并获取协同支持。

挑战性 OKR 样例见表 1-5-7。

表 1-5-7　　　　　　　　　挑战性 OKR 样例

时间段	2018 年	2019 年	2020 年
挑战型 OKR	周活跃用户达 2 000 万人	周活跃用户达 5 000 万人	周活跃用户达 1.11 亿人
挑战结果	挑战失败	挑战失败	挑战成功

（二）目标与关键成果法的实施

1. OKR 的制定流程

（1）创建链接。以项目团队为单位开展头脑风暴，讨论分析做哪些事可以推进企业产生突破性发展，帮助员工建立个人工作与企业发展之间的价值链接。引导员工制定挑战性的 OKR，鼓励员工敢于担当、勇于挑战。

（2）精炼聚焦。讨论确定 OKR 列表的优先排序，确定 2~5 个目标，每个目标对应 2~4 个 OKR。少即是多，帮助员工确定工作时间和精力分配的优先顺序。

（3）对齐协同。上下对齐，横向协同。讨论员工的 OKR 与团队其他成员、团队负责人之间的依赖关系，以及与其他团队之间的关系，互相明确依赖关系，通过沟通确认要求，并提供、获取支持。

（4）定稿确认。阐明本阶段 OKR 的获得来源、制定过程、具体内涵、合作计划等，可以召开培训宣传会议，全员统一思想。

（5）公开发布。借助企业信息系统发布 OKR，公开透明，确保相关的人员、团队在目标实现过程中互相关注、理解，从而跟踪、推进 OKR 的实施。

2. OKR 的持续追踪管理

OKR 的实施落地需要良好的管理追踪保障，可采用持续性绩效管理模式，即 CFR 管理工具，包括对话（Conversation）、反馈（Feedback）和认可（Recognation）。OKR 建立了目标体系，但目标体系是否可以落地则需要 CFR 的支持。两者相互促进，确保企业的最重要的目标和关键成果被设定并落实下去，实现管理人员与员工之间的对话沟通、反馈指导、鼓励认可等过程程序化，保障可持续化的推动目标、聚焦重点、团队协同一致、过程追踪管控，从而培养员工的责任意识、管理意识，激发其挑战动力，培养管理者的反馈意识、指导习惯、协同意识。

（1）对话。OKR 的实施过程需要管理人员和员工之间真实的、高质量的沟通交流，来了解 OKR 实施过程中的问题、困难、进展，并共同探讨更好的方法持续推进其落实。具体形式可以灵活多样，包括月度对话、季度对话、半年度对话等。

1）月度对话。每个月员工与部门负责人关于 OKR 进展进行一对一的谈话，交流进展过程中的情况、问题、困难、需要的资源支持等，可以更好地优化工作方案，并推动下一阶段任务的实施。

2）季度对话。团队可以共同审查 OKR 计划中哪些能做，哪些不能做，为什么会出现这样的状况，以及需要做出哪些改变。

3)半年度对话。可以开展职业发展座谈,谈话内容可以包括正在做什么、做得怎么样、工作遇到什么阻碍、需要企业提供什么来帮助实现目标等。

(2)反馈。OKR的实施过程需要持续的反馈。新时代员工的动力驱动需要成长角度的鼓励、授权、激励等,而非训斥、扣奖金之类的处罚。反馈包括正面反馈和负面反馈:正面反馈包括发现亮点、进步点等,这些都能让员工有成就感、价值感,感受到自己工作对于整个企业发展的价值,是非常重要的驱动因素;负面反馈重在听取员工遇到的困难和下一步的想法,并给予经验分享和资源支持,以共同解决问题。

国内某团队提出评价反馈采用简洁直观的等级制,即评价等级分为A++、A+、A、B四个等级,结合例会汇报规范,员工通过逐项自我评价,自主思考对应的完成效果,管理人员对整体效果进行评分和工作指导,推动管理人员强化员工指导意识,落实鼓励、指导、经验分享等人才培养责任。其评价等级表见表1-5-8。

表1-5-8　　　　　　　　　评价等级表

等级	含义	例会重点
A++	工作有亮点	分享做得好的经验,可供团队学习成长;可以整理成工作案例,分享推广学习
A+	正常完成	
A	基本完成	
B	进度欠佳,需要改进提升	需要说明原因以及下一步改进的方法或需要取得的支持。对应管理人员需要重点指导,分享经验,帮助成长

(3)认可。持续的认可是建立良好的信任关系、营造良好工作氛围的重要方式,也是提高员工参与度的一个强有力的驱动因素。提高员工对企业认可度的关键点如下。

1)目标互相认同。共同通过探讨,认同团队的目标、员工个人的目标。

2)标准互相明确。共同商定标准,获得相互支持。

3)营造鼓励氛围。营造良好的相互认可的氛围,例如在周例会的过程中互相点赞,在会议的结束真诚地向做出贡献的员工表达称赞和感恩。

4)分享认可故事。在团队取得突破的过程中,及时为大家分享取得突破背后的故事,分享经验,也可以形成突破案例册,作为共同的成果。

3. OKR的基本文化

OKR实施落地有效的关键点包括坚定信念、高层思想统一、健康的文化、耐心和坚定。OKR实施需要健康的文化保障,主要包括以下七方面。

(1)少即是多。每个周期最多制定3~5个OKR,就能够帮助企业、团队、个人明确什么是最重要的目标。一般而言，每个目标都应与 5 个或更少的关键成果相对应。

（2）共同参与。OKR 重在通过协商确定优先事项，并规定如何衡量进展情况。

（3）保持灵活。执行过程中，可以结合实际调整或放弃 OKR。

（4）敢于失败。具有挑战性的目标更具有激励性。

（5）OKR 是工具而非武器。为鼓励员工承担风险、敢于挑战，最好将 OKR 与奖惩考评分离开来。

（6）耐心、坚定。每个过程都需要反复试验，构建成熟的目标需要较长的时间。

（7）公开透明。在透明度高的文化中，员工更加开放，愿意分享真理，愿意接纳他人。

下 篇

项目篇

项目一

制订绩效计划

【项目导入】

一、主题案例

LT 公司的绩效考评指标

LT 公司是华南的一家国有企业,其主营业务为家电制造和销售,2022 年的销售额近 5 亿元人民币。这家企业正在改制,改制之后必须自负盈亏。如果销售额达不到 5.5 亿元预定目标的 90%,即 4.95 亿元人民币,企业将陷入严重的财务困境。

为了在改制后增强竞争力,提高销售额和利润,并且塑造一种以业绩为导向的企业文化,公司总经理希望在改制之前投资一条新的空调生产线,力争通过销售夏季新产品为公司增加 25% 的收入,同时他还决定采用一套新的绩效考评和管理体系。2023 年年初,LT 公司的改制基本完成,新的生产线引进到位,调试成功后即可生产新产品,而新的绩效考评和管理体系也随即启动。

眼看年中考评将至,主管销售的副总经理开始着急起来,因为他刚刚得知销售部有可能完不成前半年的主要考评指标。在此之前,他已经花了很大力气拿到了大批新型空调的订单,但是这批订单必须在炎热天气到来之前送到客户手中,如果不能在 5 月 15 日前发货,客户就有权取消订单。然而,几个月来新生产线一直处于调试阶段,很可能不能如期交货。

相比之下,主管生产的副总经理却显得踌躇满志,他的两项主要考评指标——质量和产量都完成得非常出色,比如次品率比原来降低了近 50%,远远超过了设定的目标。对于新产品他不是不关心,可是如果现在就生产新产品,那么根据经验,机器的停工时间肯定会增加,从而导致产量下降。此外,新产品质量达标也是一个费时费力的过程,搞不好会顾此失彼,导致次品率上升。年中考评马上就开始了,他决定等考评后再着手完成新产品的生产任务。

分管财务兼行政的副总经理日子也过得不错,他的绩效考评标准之一是缩短应收账款的账期。他认为缩短客户的付款期限是缩短应收账款账期的捷径,原来的付款期限为60天,现在已减少到30天。另外,他还发出通知要求超过新定期限的客户将不再享受付款宽限期。其实,他也知道这种方法对销售不利,但销售不是他的考虑重点。他关心的只是为公司尽快收回货款,减少利息成本,因为在新的绩效考评和管理系统中,这才是他的关键绩效指标。

二、本项目学习目标

■ 知识目标:熟悉不同类型的绩效指标,了解指标权重确定的方法,熟悉绩效指标标准的类型,熟悉绩效计划表的内容。

■ 技能目标:能够根据企业特点提炼相关绩效指标;能够运用恰当的方法对指标进行权重分配;能够对绩效指标的考评标准进行明确的划分与界定。

■ 素质目标:具有良好的职业沟通素养;具有协调能力和一定程度的信息收集与处理能力;具有保密意识。

任务一　确定绩效指标

【知识准备】

一、绩效指标概述

(一)绩效指标的概念

指标是一种反映事物性质的量化确定手段。绩效指标是绩效考评工作的重要内容,是被考评者承担的工作职责的定量或定性化标的。绩效指标在绩效管理系统中占据了重要的地位,它明确了"考评什么"的问题。绩效指标的作用在于它将绩效考评中能够反映被考评者工作产出或绩效行为的各要素细化为可衡量、可评定的内容，从而明确了从哪些具体方面对被考评者的工作绩效进行考核、评价，它是被考评者绩效的具体表现形式。只有明确了绩效指标，绩效考评工作才具有可操作性。

（二）绩效指标的功能

设计恰当的绩效指标，是绩效考评得以成功实施的基础之一。绩效指标明确了考评内容以及绩效标准，是整个绩效考评体系平稳运行的参照系。有效的绩效指标可以达到以下三个目的。

1. 为企业战略的实现提供有效支撑

企业若要实现战略目标，就必须清晰地将战略进行描述，并予以有效衡量。绩效考评指标正是企业战略层层分解的具体量化形式，是战略目标落实的载体，成为战略目标实现的基础保证。绩效考评指标的设定，使无形的战略转化为可操作性的指标体系，对战略落实具有积极的意义。

2. 明确工作重点，突出管理要点

绩效指标指明了绩效衡量维度。设立绩效指标，可以使员工明确工作重点，从而提高工作的有效性。同时，对于企业而言，绩效指标指明了哪些方面是企业关注的，有利于各级管理人员抓住管理重点，提高工作效率，提升管理水平。

3. 引导绩效行为，形成绩效合力

绩效指标明确了什么是对企业有效的，什么是企业鼓励的，什么是企业不鼓励的。绩效指标可以将企业文化、价值观具体化，明确企业管理导向，从而引导员工采取正确的绩效行为。绩效指标来自企业战略目标的分解，有利于使员工的绩效行为与企业的战略目标保持一致，形成绩效合力。

（三）绩效指标分类

在企业开展绩效管理与员工考评工作时，我们时常会看到多种多样的针对部门或员工的考评指标，实际上经过总结和分类会发现，众多的考评指标一般都可以按照不同的分类规则加以归类。按不同类别对绩效指标进行分析，能够更清晰地认识指标，且更易对指标的完整性进行检验。

绩效指标分类的维度或分类标准多种多样，根据企业的业务特点、管理需要、管理习惯等有所不同，以下总结了常见的八种分类方式。

1. 根据重要程度分类

根据绩效指标的重要程度，可将其分为关键绩效指标、一般绩效指标和否决指标。

（1）关键绩效指标。关键绩效指标是衡量企业战略实施效果的指标，是企业战略目标经过层层分解产生的可操作性的指标体系，体现了对企业战略目标的增值作用。关键绩效指标虽然重要，但并非绩效指标的全部，尤其是对于一些支持性部门而言，如办公室、财务部、人力资源部等，他们的绩效指标很少源于企业的战略，更多的是来自部门的职能或职责。因此，在实际应用中，除了对关键绩效指标进行考评，还应该将一些重要的其他指标引入绩效指标体系中，这些指标称为一般绩效指标。

（2）一般绩效指标。一般绩效指标是指影响企业基础管理的一些指标，体现对企业各层次的履职规定与基础管理要求。这类指标来源于部门或个人的职责，是关键绩效指标得以实现的保障。

（3）否决指标。否决指标是指对企业发展或取得竞争优势影响重大的指标，它不同于其他指标，如果这种指标所对应的工作没有做好，将对企业带来直接且严重的后果。比如说生产制造型企业，虽然这类企业的营业宗旨是创造利润而不是安全问题，但是安全生产是至关重要的，一旦出现安全问题，将会给员工的人身安全、企业的财产安全、企业的外部形象带来影响，甚至是致命的影响。所以，生产制造型企业就可以将安全生产作为否决指标，即如果某部门在安全生产上出现问题，则直接否决其本年度所有工作绩效成绩，该部门领导人的考评成绩为零，本部门的绩效奖金也为零。

2. 根据考评内容分类

不同企业因工作内容不同，绩效管理理念不同，管理思路及方法也不尽相同，故而考评内容也不同。但是，按考评内容对绩效指标进行分类是最常见的分类方式，多数企业的绩效指标类别也大致相同，主要包括基于工作任务或工作业绩的指标、工作能力指标和工作态度指标。

（1）基于工作任务或工作业绩的指标。基于工作任务或工作业绩的指标一般为该岗位员工的关键绩效指标，在绩效考评中处于主导地位，指标数量多且权重大，指标的完成情况将直接决定员工绩效表现的优劣。

所谓工作业绩，就是工作行为所产生的结果。工作业绩指标可表现为岗位的关键工作职责输出或一个阶段性的工作项目。在设计工作业绩指标时，可以从完成工作的数量、质量、效率以及成本四个方面来考虑。

（2）工作能力指标。一般来说，某人的谈判能力、解决问题能力、沟通能力、学习能力、团队合作能力、领导能力都属于工作能力指标。由于个人能力的不可见性和难以对比性，因此工作能力指标在整个绩效考评指标体系中所占比重不应太高，且应较多设置岗位所需的通用能力，而不是针对员工所具备的千差万别的个人能力。

1) 通用素质能力指标。通用素质能力一般为从事某一类型岗位，甚至所有从业人员均应具备的普遍的、通用的体现责任心、工作态度等职业素养的指标，示例见表2-1-1。

表2-1-1　　　　　　某企业通用素质能力指标（部分）

序号	指标名称	指标定义
1	执行为重	一心一意做好工作，不谈条件，多讲态度，能够真正做到令行禁止，以工作为重
2	责任意识	对企业、工作有高度的责任感，以主人翁的精神对待企业、干好工作，主动承担责任
3	形象意识	时时展示出对同事热情、对客户真诚的面貌，处处体现对企业忠诚、对事业进取的形象
……	……	……

2) 专业素质能力指标。专业素质能力不同于通用素质能力，其具有较强的针对性，也可称作职业素质能力，示例见表2-1-2。

表2-1-2　　某企业财务管理岗位序列专业素质能力指标（部分）

序号	指标名称	指标定义
1	会计核算能力	准确、及时、完整地反映企业各项经营活动，根据管理需求分类会计信息
2	财务分析决策能力	对企业的财务和运营数据进行分析，满足企业管理需要的能力
3	预算计划能力	协调、反馈和控制预算执行的能力
4	资金管理能力	筹集、运用资金协助管理层实现企业的战略目标
……	……	……

3) 一般管理能力指标。一般管理能力指标在设计时，要突破各类管理人员的专业限制，突出管理活动共同需要的能力特点，示例见表2-1-3。

（3）工作态度指标。所谓工作态度，是对某项工作的认知程度及为此付出的努力程度，工作态度是工作能力向工作业绩转换的桥梁，在很大程度上决定了能力向业绩的转化效果。例如，主动性、责任感、忠诚度、敬业精神都属于工作态度指标。

将工作态度纳入绩效考评体系，有利于强化对员工绩效行为的监控，有利于引导员工积极的绩效行为，提高潜在绩效转化为工作业绩的效率。工作态度指标包括部门工作满意度指标和员工工作态度绩效指标，示例见表2-1-4、表2-1-5。

表 2-1-3　　　　　　　某企业一般管理能力指标示例

能力要项	能力指标	能力要项	能力指标
自我管理	成就愿望能力	沟通交流	倾听理解能力
	工作主动性能力		口头表达能力
	学习发展能力		书面表达能力
	处理压力能力		影响和说服能力
分析判断	信息收集能力	团队能力	公关能力
	分析能力		团队领导能力
	宏观思考能力		激励能力
推动执行	计划能力	领导才能	培养他人能力
	细节控制能力		战略思考能力
	执行能力		资源整合能力
	应变能力		制度建设能力

表 2-1-4　　　　　　某企业部门工作满意度绩效指标

序号	指标名称	指标定义
1	工作协作性	从企业整体利益出发，对于需要配合的工作完成得积极认真；工作信息反馈及时，在配合过程中有突出表现
2	服务意识	有良好的服务意识，积极主动协助其他部门工作，其他部门对协助工作满意
……	……	……

表 2-1-5　　　　　　　某企业员工工作态度绩效指标

序号	指标名称	指标定义
1	纪律性	严格遵守工作纪律，很少迟到、早退、缺勤
2		对待上级、同事、外部人员有礼貌，注重礼仪
3		严格遵守工作汇报制度，按时完成工作报告
4	团队协作	工作充分考虑他人处境
5		能够主动协助上级、同事和下属工作
6		努力使工作气氛活跃、协调，充满团队精神
7	敬业精神	工作热情饱满，且能经常提出合理化建议
8		对分配的任务不讲条件，主动、积极，尽量多做工作
9		积极学习与业务相关的知识，不断提高业务技能
10		积极参加企业组织的各类培训
11		敢于承担责任，不推卸责任
12	奉献意识	为企业的目标和利益不计较个人得失
13		不搞本位主义，坚持全局观点
……	……	……

3. 根据可量化程度分类

根据绩效指标的可量化程度不同，可将绩效指标分为定量指标和定性指标，也有"硬指标"和"软指标"的说法。

（1）定量指标。定量指标是指可以通过数据计算分析形成考评结果的指标，如销售利润率、顾客满意度以及产品数量等。这类指标的考评以数据为基础，考评信息相对明确、客观、真实。一般而言，我们要求绩效考评指标要尽量量化，这样有助于客观地对指标进行考评，但是有很多绩效指标往往难以用量化的方式进行衡量，我们称之为定性指标。

（2）定性指标。定性指标是指无法直接通过数据计算分析考评内容，需对考评对象进行客观描述和分析来反映考评结果的指标，如及时性、满意度、准确性、完成情况、效果等。常见的定性指标主要是能力类或态度类的指标，为了使定性指标的考评尽量客观，常常采取定量化的方式予以转换，具体方式是将定性指标设定出不同级别的考评标准，并对每一种标准进行详细描述，为考评主体在考评该指标时提供有效的参考。

4. 根据反映工作的不同阶段分类

绩效考评的内容与员工的工作内容是高度匹配的，通俗地讲就是"做什么、考什么"。工作本身包括工作过程、工作结果及相应效果，因此绩效内容也可以划分为工作过程、工作结果和工作效果三个维度，与此相对应，绩效指标也可分为行为过程指标、行为结果指标和行为效果指标。

（1）行为过程指标又可以分为工作规范指标、工作能力指标和工作态度指标，如工作能力强、工作态度良好等。

（2）行为结果指标是一个工作或活动产生的业绩或成绩，如生产了50个零件、花费了100万元的成本。

（3）行为效果指标是通过工作过程和工作结果使客体产生的感觉，如客户满意度、员工满意度、自身满意度等。

5. 根据表现出的内容分类

根据绩效指标表现出的内容不同，可将其分为数量指标、质量指标、成本指标和时间指标。

（1）数量指标是指用数量表示的指标。例如，本月销售额为500万元，完成既定工作的80%。

（2）质量指标是指用质量标准表示的指标。例如，生产"长、宽、高为7 cm ×

"8 cm×9 cm"的零件，撰写高水平的调研报告。

（3）成本指标是指用成本支出表示的指标。例如，销售成本控制在 2 万元以内，销售费用控制在 1 万元以内。

（4）时间指标是指用时间表示的指标。例如，在本季度末完成 40% 的销售任务，在本月末提交某报告。

6. 根据是否反映财务内容分类

按照是否反映财务内容，可以将绩效指标分为财务指标和非财务指标。比如营业收入、净利润率就是财务指标，而市场占有率、客户满意度、产品合格率就是非财务指标。

7. 根据是否存在共性分类

根据绩效指标是否存在共同特性，可将其分为共性指标和个性指标。

（1）共性指标是指对于不同的部门或个人采用了相同的绩效指标。例如，政府对所有的普通公务员都采用"德、能、勤、绩、廉"的绩效指标进行综合考评。又如，某企业用"责任心、积极性、团队精神"等指标对所有员工进行能力评估。

（2）个性指标是指对于不同的部门或个人采用不同的绩效指标，一般与工作职责和工作业务挂钩。

8. 根据被考评的属性分类

根据被考评的属性，可以分为主观判断指标和客观考评指标。

主观判断指标是指需要由考评主体根据自身的认知和感受对被考评者的绩效进行打分的指标；客观考评指标则无须考评主体进行考评，有客观的数据予以支撑。

一般而言，定性指标属于主观判断指标，而定量指标则属于客观考评指标。但是也不尽然，有一些定量指标也可能需要运用主观判断的方式进行考评，例如满意度指标，虽然属于定量指标，但它仍需要经过多元考评主体对该指标进行考评，再对主观判断结果量化计分得出结果，因此这个定量指标属于主观判断指标。区别主观判断指标和客观考评指标有助于尽可能科学地考评各类指标，对科学选择考评主体具有积极的指导意义。

二、鱼骨图分析法

（一）鱼骨图及鱼骨图分析法

通常情况下，问题的特征总是受到一些因素的影响，通过头脑风暴找出这些因素，并将它们与特征值一起，按相互关联性整理而成的层次分明、条理清楚并标出重要因素的图形称为特性要因图。因其形状如鱼骨，所以又称鱼骨图，是一种透过现象看本质的分析方法。其最初是用于质量管理，是一种发现问题"根本原因"的方法，近年来广泛运用于绩效考评指标的提取和分解中，将总体的、综合的、宏观的战略目标逐层逐一分解成具体的、细致的、微观的具有实际可操作性的指标体系。同时，鱼骨图也用在生产中，来形象地表示生产车间的流程。

（二）鱼骨图的常见类型

一般来讲，常见的鱼骨图包括以下三种类型。

1. 整理问题型鱼骨图

整理问题型鱼骨图的特点是各要素与特征值间不存在原因关系，而是结构关系，其作用是要表明各要素与特征值之间的构成关系，是对问题进行结构化整理的一种方式，如图2-1-1所示。

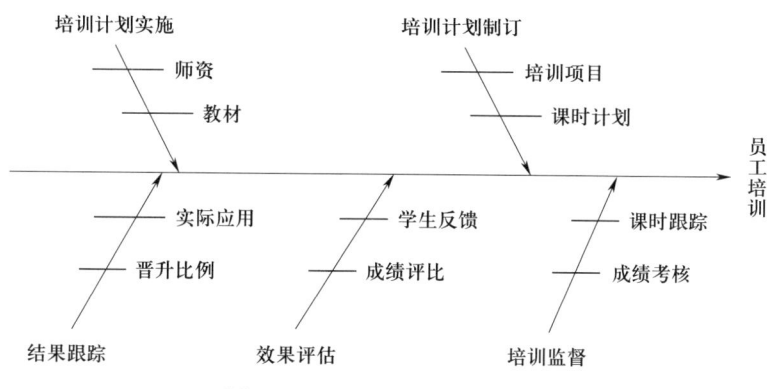

图2-1-1 整理问题型鱼骨图

2. 原因型鱼骨图

原因型鱼骨图的特征值通常以"为什么……"来表示，其作用是表明特征值产生的原因，体现各要素与特征值之间的因果关系，如图2-1-2所示。

3. 对策型鱼骨图

对策型鱼骨图的特征值通常以"如何提高/改善……"来表示，其作用是为某一问题寻求对策，各要素与特征值之间是解决问题的关系，如图2-1-3所示。

绩效管理实务

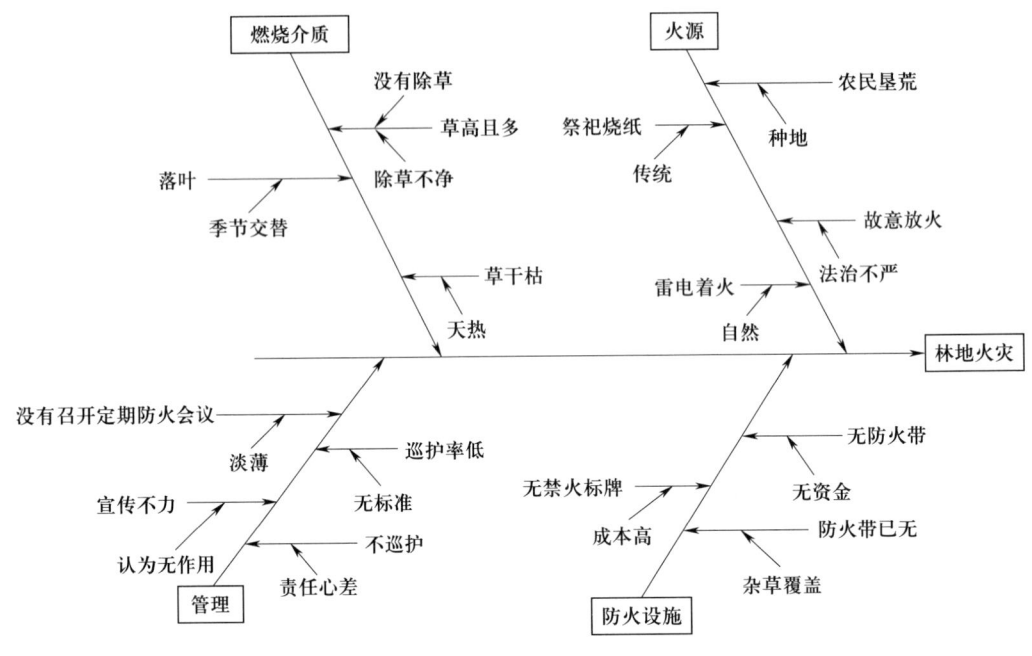

图 2-1-2 原因型鱼骨图

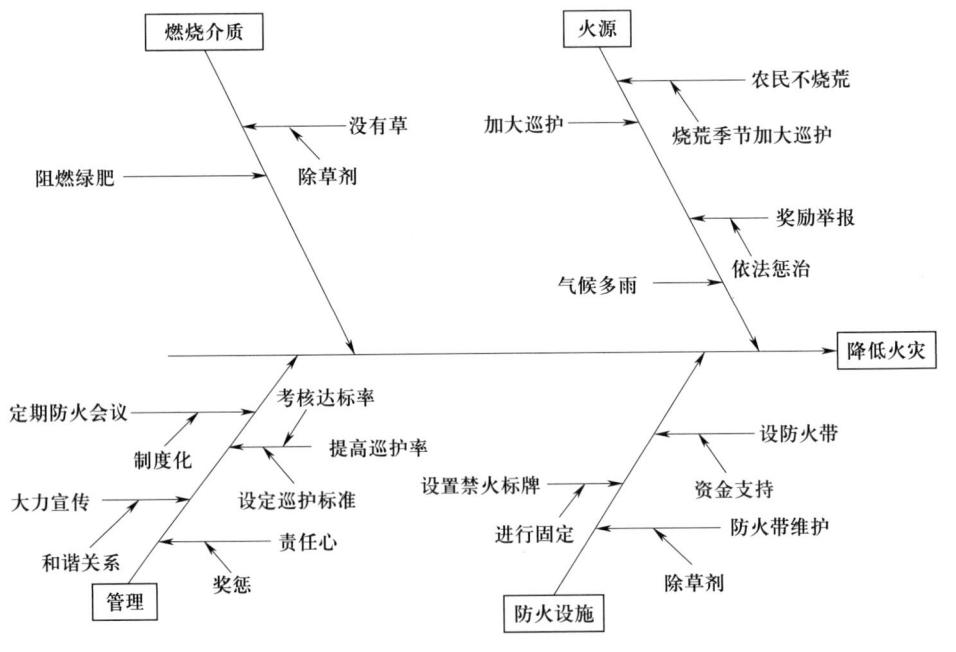

图 2-1-3 对策型鱼骨图

（三）运用鱼骨图的工作方法和常见问题

在运用鱼骨图进行问题分析的过程中，常用的工作方法是头脑风暴法。所谓头脑风暴法，就是为克服群体压力，克服群体抑制不同意见，鼓励创造性思维的工作方法。在运用头脑风暴法进行讨论时，需要注意以下三个方面。

（1）要创造良好的讨论氛围，在讨论过程中尽量不要反驳别人，同时要注意在别人的观点上不断建立新的观点。如此讨论才更有效、更能得出有意义的结论。

（2）在工作方法方面，应先设想出各个因素；然后针对每一类问题，在一个逻辑层面穷尽展开；注意分层列出，每层所有因素穷尽后再列下一层次。

以治愈疾病为例，倘若以治愈疾病为总体目标，首先讨论确定哪些因素影响健康，或与疾病有关，比如体重、烟酒、生活习惯以及药物等，并以此作为相应鱼骨图的主要骨架，如图2-1-4所示。

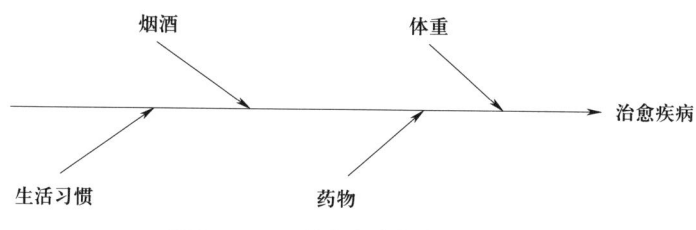

图2-1-4　治愈疾病的主要骨架图

（3）在确定因素后，针对每一因素在同一层面穷尽展开，尽可能罗列出所有改善的行动策略，如图2-1-5所示。

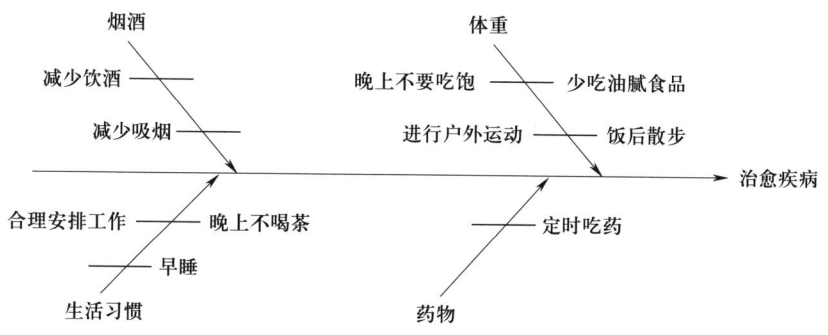

图2-1-5　罗列出所有改善的行动策略

在运用鱼骨图进行绩效目标分解过程中，通常为第一种整理问题型鱼骨图，意在对总体目标进行科学有效的分解，即分析总体目标是由哪些更具体、更细致的目标构成的。一般形态如图2-1-6所示。

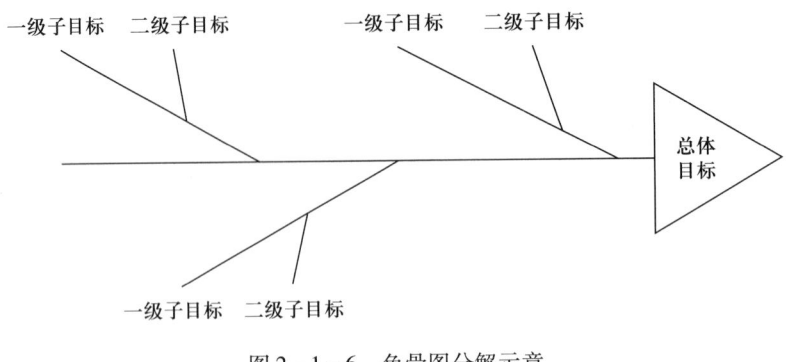

图 2-1-6　鱼骨图分解示意

【任务要求】

一、任务说明

基本任务

1. 表 2-1-6 和表 2-1-7 分别为某高校教师教学评价指标和某公司销售人员月度考评指标，请结合绩效指标的分类方法，从多个角度对下列指标进行分类。

表 2-1-6　　　　　　　高校教师教学评价指标

序号	指标
1	是否有效落实立德树人
2	是否存在师德师风问题
3	专业能力及水平
4	上课准时性
5	教学设计是否科学合理
6	着装仪表是否合适
7	教学是否有亲和力
8	教学难度是否合理
9	对课堂纪律要求是否严格
10	课堂互动形式是否多样
11	作业布置是否合理
12	是否对作业及学习成果有及时反馈和讲解
13	课程考评是否公平公正公开
14	过程考评是否合理

表 2-1-7　　　　　　　　某公司销售人员月度考评指标

工作态度	事业心
	纪律性
	主动性
综合素质	团队合作能力
	创新能力
	理解能力
工作绩效	销售业绩
	发货量
	降低库存情况
激励项	货款回收率、欠款回收率等回款指标

2. 各小组组织讨论，以毕业就业或继续升学为总目标，分解大学期间应当从哪些方面准备和提升，以鱼骨图的方法分解和展示，至少分解到第三级要素（总目标为第一级）。

拓展任务

1. 任务背景

某公司召开核心成员头脑风暴会议，集中讨论下一年度公司总体绩效目标及相应指标构成体系。公司下一年度旨在全面提升企业的盈利能力和内部管理能力，经过多方讨论，最终确定支撑这一总体目标的一级指标、关键成功要素、相应配套活动和流程。全部指标体系见表 2-1-8。根据表格内容，绘制该公司绩效指标鱼骨图。

表 2-1-8　　　　　　　　某公司全部绩效指标体系

总体目标	一级指标	关键成功要素（二级指标）	配套活动和流程（三级指标）
提升企业的盈利能力和内部管理能力	提高客户满意度	改善产品质量	开展质量培训
			建立质量考评奖惩机制
			贯彻落实质量标准
		提高及时交付能力	规范供应商管理
			优化核心业务流程
			充分利用生产能力
		改善售前服务质量	建立产品讲解规范
			开展合同评审
			建立客户信息管理系统

续表

总体目标	一级指标	关键成功要素（二级指标）	配套活动和流程（三级指标）
提升企业的盈利能力和内部管理能力	提高客户满意度	改善售后服务质量	建立服务标准
			改善服务质量
			开展售后服务人员培训
	降低质量损失	产品实现过程管理	保养并升级设备
			加强员工技能培养
			提高现场安装调试质量
		提高设计和工艺能力	改善工艺合理性
			改善设计合理性
			设计问题得到及时处理
		建立供应商管理体系	开展供应商评审
			选择合格的供应商
			提高质量监督能力
		建立客户管理体系	理顺信息反馈流程
			对客户进行产品培训
			售后服务过程管理
	提高产品盈利能力	加强品牌建设	企业文化建设
			确立精品工程
		改善成本控制能力	优化成本支出流程
			加强成本监控
		改善服务质量	大客户服务
			产品和服务人性化设计
		标准化和差异化	培养核心技术
			建立标准和确定差异
			提高自主研发能力
	人力资源体系建立	薪酬和绩效制度	建立薪酬制度
			建立绩效制度
			制定执行、评估、改进措施
		架构和岗位建立	确定组织架构
			编写岗位说明书
			定岗定编
		招聘和配置体系建立	有效招聘
			建立职位升降制度
		培训开发	有效开展培训
			提高员工学习能力

续表

总体目标	一级指标	关键成功要素（二级指标）	配套活动和流程（三级指标）
提升企业的盈利能力和内部管理能力	建立营销体系和确定营销策略	产品定位	确定目标客户
			有效市场分析
			确定实施方案
		市场推广	广告宣传
			开展市场调研
			建立信息反馈系统
		确定营销政策	人性化管理
			建立销售人员激励机制
			内部部门的有效支持
		确定营销手段	大客户体系
			代理和合作销售
			直销
	建立全面预算体系	了解市场情况	了解销售能力
			了解市场需求
			了解设计和生产能力
		建立职能体系	建立部门和岗位职能体系
			收集基础数据
			规范工作流程
		目标体系建立	利润指标
			合同额
			销售收入
		体系实施	建立并实施预算制度
			预算考评和结果运用
			全面预算培训

2. 操作流程与提示

（1）根据一级指标绘制鱼骨图整体框架。

（2）针对各项一级指标，逐一绘制与其相关的二级指标和三级指标。

（3）以一项一级指标为例，示意鱼骨图绘制，如图2-1-7所示。

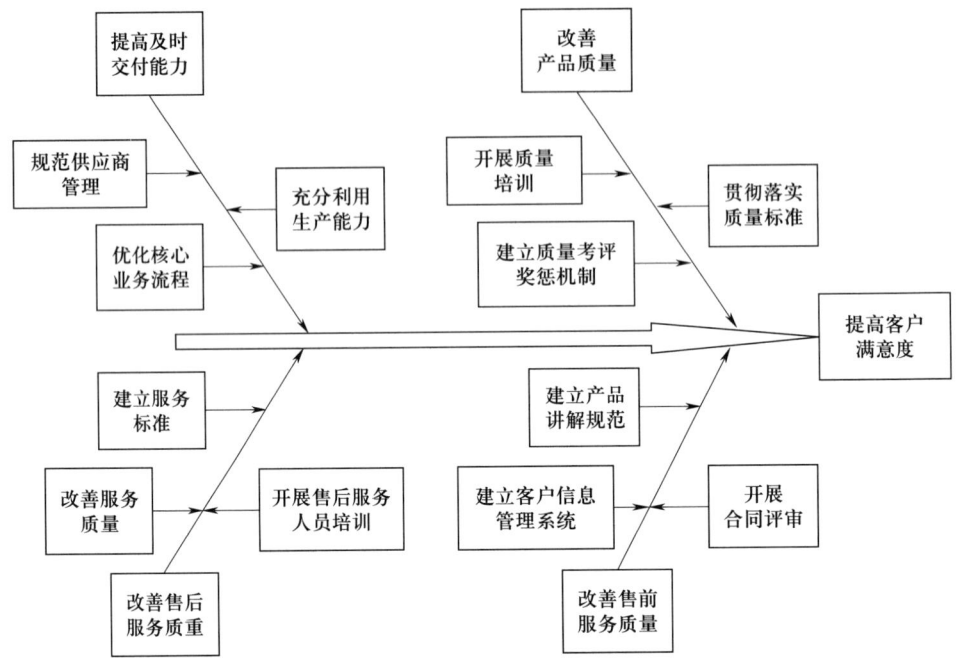

图 2-1-7 以提高客户满意度为一级指标的鱼骨图分析

二、任务完成常用实际业务工具

(一) 鱼骨图分解绩效指标的方法

在运用鱼骨图分解绩效指标的过程中,先将最顶层指标进行分解,形成一级指标。再针对每一个一级指标,逐一分解至二级指标。如有需要,还需继续针对二级指标向下分解,直至分解为具体的可考评的指标。通过鱼骨图逐层分解指标的方式,能够将原本抽象的指标逐渐分解成具体的指标,为进一步明确指标责任、量化指标考评标准奠定基础。运用鱼骨图分解指标的示例如图 2-1-8 所示。

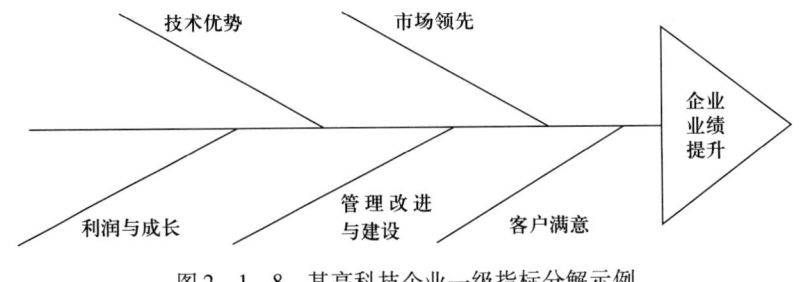

图 2-1-8 某高科技企业一级指标分解示例

图 2-1-8 表明了在企业提升整体业绩的要求下，需要从市场领先、技术优势、客户满意、管理改进与建设以及利润与成长五个方面重点加强，但这些方面仍然太过笼统，难以进行具体的责任明确和考评，因此还需进一步分解。以"市场领先"这一指标为例进行进一步分解，如图 2-1-9 所示。

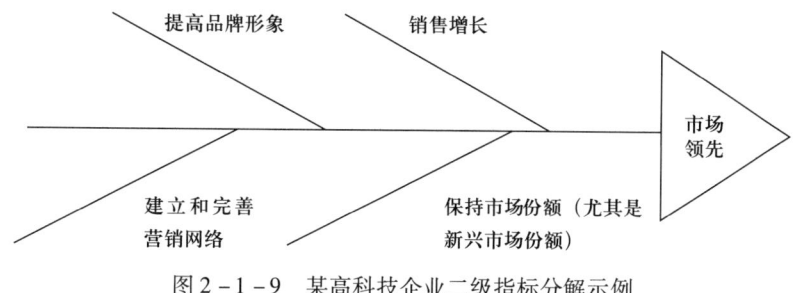

图 2-1-9 某高科技企业二级指标分解示例

考评指标必须可量化或可行为化，才具有实际的可操作性。因此当二级指标仍然不能明确具体的责任人和考评标准时，就需继续分解。以"保持市场份额（尤其是新兴市场份额）"为例进行进一步分解，如图 2-1-10 所示。

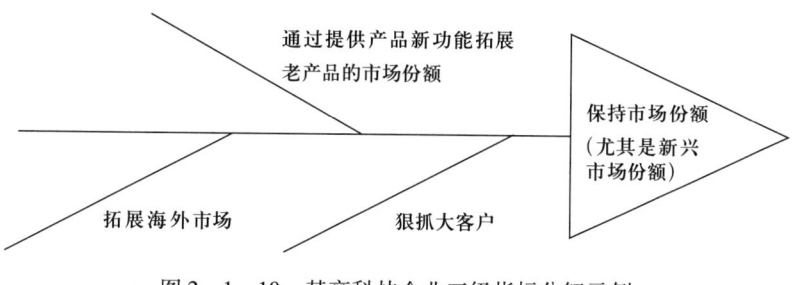

图 2-1-10 某高科技企业三级指标分解示例

（二）基于平衡计分卡的绩效指标的提炼与分解

1. 基于平衡计分卡的绩效指标

某企业财务部门基于平衡计分卡设计的绩效指标体系见表 2-1-9。

2. 关键绩效指标提炼

基于前文所述鱼骨图的方法，进行绩效指标提炼，见表 2-1-10。

3. 关键绩效指标责任分解

关键绩效指标责任分解见表 2-1-11。

表2-1-9　某企业财务部门基于平衡计分卡设计的绩效指标体系

绩效维度	目标	绩效指标
财务	财务稳定性	总资产回报率 预算费用控制率
客户	内部客户	财务分析报告接受率 专业理财意见采纳率 日常服务满意度
	外部客户	信息披露的完整性、准确性和及时性
内部流程	预算管理流程	预算完成率
	资金收支流程	资金安全率 资金周转率
	业绩披露流程	合法性 及时性
学习与成长	对内：提高业务能力和管理能力	财务人员资格认证 经理人员财务管理培训时间 一般财务人员培训时间
	对外：培养财务部门以外员工的财务管理知识	财务培训场次

表2-1-10　某企业关键绩效指标体系（节选）

关键成功因素 （总体目标）	关键绩效指标要素 （一级指标）	关键绩效指标 （二级指标）
增加利润	应收账款	资金回收率
		应收账款周转率
		不良账款比率
	费用控制	生产成本控制率
		管理费用控制率
		……
	纯利润	
	……	
……		

表 2-1-11　　　　　　　　关键绩效指标责任分解表

关键绩效指标			责任部门				
序号	指标名称	角色定位	部门1	部门2	部门3	部门4	……
1		直接承担部门					
		直接配合部门					
		间接配合部门					
2		直接承担部门					
		直接配合部门					
		间接配合部门					
3		直接承担部门					
		直接配合部门					
		间接配合部门					
……		直接承担部门					
		直接配合部门					
		间接配合部门					

（三）人力资源部各岗位常见关键绩效指标

1. 人力资源部经理关键绩效指标

人力资源部经理关键绩效指标示例见表 2-1-12。

表 2-1-12　　　　　　人力资源部经理关键绩效指标示例

考评项目	考评内容	标准分值
培训开发	人力资源成本控制率	10
	培训计划的效果和完成率	10
	内部员工培养提升人数	10
人员储备	中高级人才的引进人数	10
	人员流失率	5
	核心员工的流失率和保有率	10
薪酬绩效	员工考评的覆盖率和差错率	10
	员工对薪酬福利的满意度	10
日常管理	企业人力资源管理制度贯彻与执行率	10
	工作计划完成率和准时性	10
	劳动合同管理情况，劳动纠纷处理及时率	5

2. 人力资源部主管关键绩效指标

人力资源部主管关键绩效指标示例见表 2-1-13。

表 2-1-13　　　　人力资源部主管关键绩效指标示例

考评项目	考评内容	标准分值
培训开发	费用预算控制达成率	10
	培训计划的效果和完成率	10
	员工对企业的满意度	10
人员储备	招聘计划完成率	10
	招聘人员上岗率	5
	人员流失率	10
薪酬绩效	绩效考评数据准确率	10
	薪酬核发出错次数	10
日常管理	管理体系和制度的完整程度	10
	工作计划的完成率	10
	劳动纠纷协调解决率	5

3. 招聘专员关键绩效指标

招聘专员关键绩效指标示例见表 2-1-14。

表 2-1-14　　　　招聘专员关键绩效指标示例

考评项目	考评内容	标准分值
完成效果	招聘费用预算达成率	10
	用人部门满意度	10
	入职培训完成率	10
人员储备	招聘计划完成率	15
	招聘人员上岗率	15
	人员招聘及时率	10
	人员流失率	10
日常工作	社保、福利办理准确率	5
	人事档案的完整率	5
	人员流动手续办理正确率	10

4. 薪酬专员关键绩效指标

薪酬专员关键绩效指标示例见表 2-1-15。

表 2-1-15　　　　　薪酬专员关键绩效指标示例

考评项目	考评内容	标准分值
固定薪酬	薪酬核发出错次数	10
	薪酬核算的及时率	10
	台账完整和错误率	5
绩效考核	绩效考评数据准确率	15
	薪酬核算的准时率	10
	台账完整和错误率	5
福利核发	福利补贴核发出错次数	10
	福利补贴核算的及时率	10
	台账完整和错误率	5
日常管理	考评投诉处理的及时率	10
	归档考评资料及时率	10

三、任务评价指标与标准

绩效指标分类与鱼骨图运用评价标准见表 2-1-16。

表 2-1-16　　　　　绩效指标分类与鱼骨图运用评价标准

团队名称					
评分标准		优（5分）	良（4分）	中（2分）	差（1分）
绩效指标分类	指标分类方式是否合理				
	指标分类是否准确				
运用鱼骨图分解指标	提炼的影响因素是否全面				
	下一级指标是否能够全面支撑上一级指标				
	鱼骨图绘制是否规范				

任务二　确定指标权重及绩效标准

▶【知识准备】

一、绩效指标权重

（一）绩效指标权重的概念

绩效指标权重是指某绩效指标（如业绩、技能、态度等）在整体绩效考评中的相对重要程度，或者是在整体绩效指标体系中所占的比重。其表示在考评过程中，对被考评者不同考评方面重要程度的定量分配，从而对各考评要素在总体考评中的作用进行区别对待。事实上，没有重点的考评就不算是客观的考评。指标权重的表现方式可以为绝对分值形式也可以为百分比形式。

绩效考评指标设计须遵循全面性原则，应覆盖工作任务和责任的所有重要方面和关键领域。但同时作为一个整体的、系统的考评体系，也必须重点突出、导向明确，不能过于追求面面俱到、事无巨细，在绩效指标上反映突出重点领域和关键性工作。绩效指标权重的设定就需要满足以上要求。

（二）绩效指标权重的作用

1. 战略导向作用

绩效指标体系本身是企业战略及重要工作的分解落地，因而指标的权重也能够通过反映各项指标的重要程度而体现企业管理的整体导向，通过对各指标设定不同的权重可以进一步激励、引导企业文化所倡导的行为。

2. 体现科学性和合理性

通过对各项考评指标设定科学的权重，而不是给各指标分配相同分值，更体现出指标体系和绩效管理体系的整体科学性和合理性，说明考评体系充分体现不同工作、业绩在企业运营中的重要程度，从而更能够得到员工的认可。能够被接受和认可的考评体系也更具有稳定性和长期可操作性。

3. 体现针对性和差异性

每个部门、每位员工由于其承担的职责不同、工作目标不同，考评内容也不尽相同。同时，即便是相同或相类似的考评指标，由于员工承担的角色不同，相同指标针对不同部门和员工考评时的重要程度可能会有差别，因而权重也会不同。这种差别权重设置更能体现考评体系的针对性和适应性，充分考虑不同部门和员工的工作差异，从而更易被接受。

（三）绩效指标权重确定的原则

一般来说绩效指标权重的确定没有固定的数值要求，企业应根据实际考评内容、指标的相对重要程度确定权重占比。但在确定权重时，仍需遵循一定的原则，以确保权重设置相对合理。

（1）一般基层岗位的考评指标有 5~10 个，而每一指标的权重一般设定为 5%~30%，不能太高，也不能太低。如果某指标的权重太高，可能会使员工只关注高权重指标而忽略其他指标；如果权重过低，则不能引起员工的足够重视，使这个指标被忽略，从而这个指标就失去了意义。

（2）越是高层的岗位，财务性经营指标和业绩指标的权重就越大；越是基层的岗位，流程类指标的权重就越小，而和岗位职责相关的工作结果类指标的权重就越大。

（3）对于多数岗位来说，根据指标"定量为主，定性为辅，先定量后定性"的制定原则，一般优先设定定量类指标权重，而且定量类指标权重要大于定性类指标权重。

（4）根据"二八定律"，通常最重要的指标往往只有 2~3 个，如果有 1 个，那么其权重一般要超过 60%；如果有 2 个，那么一般每个指标权重都在 30% 以上；如果有 3 个，那么每个指标权重一般在 20% 以上。

（5）为了便于计算和比较，指标权重一般都为 5% 的倍数，最小为 5%，低于 5% 就无意义了。

二、绩效标准

（一）绩效标准的含义

在绩效指标体系中，绩效指标和绩效标准是最主要的组成部分。绩效指标指明了具体从哪些方面对员工绩效进行衡量或评价，而绩效标准则指出了被考评者在各绩效指标上应分别达到什么样的绩效水平。绩效标准的确定，有助于保证绩效考评的公正性，有助于科学确定员工的实际绩效水平。层次明确、标准合理、结果可量化的指标评价标准是绩效考评过程能够持续有效实施的重要基础。绩效指标与绩效标准示例见表2-1-17。

表2-1-17　　　　　　　　　绩效指标与绩效标准示例

绩效指标	绩效标准
年销售额	年销售额在200万~300万元
税前利润率	税前利润率达15%~20%
销售额同期增长率	销售额比去年同期增长5%~8%
费用控制率	实际费用不超过预算的3%

绩效标准作为绩效指标考评的依据，一般包括三个部分：考评要素、评价等级和标准主体。

考评要素是指衡量绩效指标的考评要点和考评难度，指明应从哪些方面对绩效指标进行衡量；通过考评要素，可以抓住绩效要点，对绩效指标形成有效的监控和管理。

评价等级是指对绩效指标完成情况进行等级划分，是衡量绩效差异的依据，使绩效考评结果更有意义和实用性。

标准主体是规范化的行为或结果，是对各绩效等级与绩效特征的描述，是绩效标准的主要部分。

（二）绩效标准的分类

绩效指标的类型不同，设置绩效标准时的考虑角度也有差别。一般情况下，常见的绩效标准类型如下。

1. 基于标准相对性的分类

基于标准相对性可将绩效标准分为绝对标准和相对标准。

（1）绝对标准。绝对标准也可理解为员工"自己与自己"的比较，通过对比工作完成的绝对值和目标值确定员工的绩效水平。绝对标准是以固定标准衡量员工绩效，通过对员工工作行为的研究，建立绩效行为、绩效结果标准列入考评范围，而不是在员工之间进行比较。例如，某生产厂家对流水线操作工的产品生产量的考评标准为：每小时生产120件以上记为"优秀"，每小时生产100~120件记为"较好"，每小时生产80~100件记为"合格"，每小时生产低于80件则记为"不合格"。

（2）相对标准。相对标准也可理解为员工"相互之间"的比较，通过将员工间的绩效表现相互比较评定个人工作的好坏，将被考评者按照某种维度进行排名，或将被考评者归入之前决定的等级内，再加以排名。例如，规定在考评结果中，将全体员工按成绩高低纳入不同的等级中，其中的5%为优秀，20%为良好，50%为合格，20%为基本合格，5%为不合格。

绝对标准和相对标准的运用与工作的内容、被考评者的工作相关程度有关。一般情况下，如果员工工作内容相似、具有较强的可比性、工作成果可量化的，则常用相对标准；而如果工作内容独立且不具有相互可比性的，则常用绝对标准。

2. 基于可量化程度的分类

根据绩效标准的可量化程度，可将其分为定量标准、定性标准和混合式标准。

定量标准是指通过具体的数字，明确各指标的绩效要求；定性标准是指通过文字性的语言描述界定各指标的绩效要求，常见的是行为化、期望式等语言描述；混合式标准，是指定量化和定性化相结合的描述形式。定量标准、定性标准和混合式标准示例见表2-1-18、表2-1-19和表2-1-20。

表2-1-18　　　　　　　　　　　定量标准示例

绩效指标	绩效标准				
	A	B	C	D	E
销售增长率	增长15%以上	增长10%~15%	增长5%~9%	增长0%~4%	负增长
毛利润	100万元以上	80万~100万元	60万~79万元	40万~59万元	40万元以下

表2-1-19　　　　　　　　　　　定性标准示例

绩效指标	绩效标准
业务活动	1. 正确理解工作指标和方针，制订适当的实施计划 2. 按照下级的能力和个性合理分配工作 3. 及时与有关部门进行必要的工作联系 4. 工作中始终保持协作态度，顺利推动工作
管理监督	1. 在人事关系方面，下级没有不满或怨言 2. 善于放手让下级去工作，鼓励他们乐于协作的精神 3. 十分注意生产现场的安全卫生和整理整顿工作 4. 妥善处理工作中的失败和临时追加的工作任务

表2-1-20　　　　　　　　　　　混合式标准示例

绩效指标	绩效标准				
	4分	3分	2分	1分	0分
工作满意度	90%以上的部门非常满意	70%~90%的部门非常满意	70%以上的部门基本满意	50%~70%的部门基本满意	不足50%的部门基本满意
工作有效性	提前计划时间25%以上完成	提前计划时间10%~25%完成	在计划时间内完成，效果良好	落后计划时间10%~25%完成，效果较差	落后计划时间25%以上完成，效果差

(三) 绩效标准的制定原则

1. 定量准确原则

(1) 标准的起止水平应合理确定。

(2) 标准的含义、相互间的差距应当明确合理,可采用等距式或差值递增式设置评分。

(3) 等级的档次数量要合理,不宜过多或过少。等级过多,将增加考评的难度和成本,等级太少则难以准确反映考评差距。

2. 先进合理原则

先进性原则是指考评标准在反映当前绩效水平的基础上应具备一定的超前性,是"跳起来可以够得着"的水平;合理性原则是指大部分员工经过努力可以接近或达到,多数员工经过努力仍无法达到的目标,是无法实现有效激励的。

3. 明确具体原则

指标的衡量标准应充分体现指标本身的特点,标准描述明确具体,避免用宽泛的说法来概括。

4. 简明扼要原则

标准描述应在确保明确具体的原则下,尽量简明扼要,避免长篇大论、模糊重点。

【任务要求】

一、任务说明

1. 表2-1-21为某高校教师绩效考评的主要指标,请根据你的理解,结合指标权重的原则,运用排序法确定五项考评指标的权重。

表2-1-21　　　　　某高校教师绩效考评指标

考评指标	权重
立德树人与师德师风建设	
教育教学	
科学研究	
专业建设	
学生管理	

排序法的操作实施步骤见后文"任务完成常用实际业务工具"。

2. 表 2-1-22 为某企业销售人员月度考评指标,请根据你的理解,结合指标权重的原则,运用两两比较法确定各项考评指标的权重。

两两比较法的操作实施步骤见后文"任务完成常用实际业务工具"。

表 2-1-22　　　　　　　　某企业销售人员月度考评指标

考评方向	考评指标	权重
工作态度	事业心	
	纪律性	
	主动性	
综合素质	团队合作能力	
	创新能力	
	理解能力	
工作绩效	销售业绩	
	货款回收率	
	欠款回收率	
	降低库存	

3. 各小组讨论确定本组针对本学期本门课程学习的考评指标,应包括一级指标和二级指标。运用经验法或德尔菲法给各项指标确定权重,并运用排序法或两两比较法进行检验。

4. 在基本任务 3 的基础上,进一步制定、明确各项指标的考评标准,最终形成本组针对本门课程学习的绩效考评表,作为本学期本组课程的考评工具。

二、任务完成常用实际业务工具

(一) 指标权重的确定方法

1. 德尔菲法

德尔菲法又称为专家经验法,其特点在于集中专家的知识和经验,确定各指标的权重,并在不断的反馈和修改中得到比较满意的结果。该方法的基本步骤如下。

(1) 选择专家。选择专家是很重要的一步,选得好不好将直接影响结果的准确性。在一般情况下,应选择本专业领域中既有实际工作经验又有较深理论修养的专家,人数控制在 10~30 人,并须征得专家本人的同意。

(2) 将待定权重的各指标和有关资料以及统一的确定权重的规则发给选定的各位专家,请他们独立给出各指标的权重值。

(3) 回收结果并计算各指标权重的均值和标准差。

(4) 将计算的结果及补充资料返还给各位专家,要求所有的专家在新资料基础上确定权重。

(5) 重复(2)~(4)步,直至各指标权重与其均值的标准差不超过预先设定的标准为止,也就是各专家的意见基本趋于一致,以此时各指标权重的均值作为该指标的权重。

在德尔菲法中,往往根据考评指标的难度及数量,调整具体的实施过程,比如选取的专家数量、范围,以及重复确定赋值的次数等。若指标数量较少且相对清晰简单,基本上专家通过内容讨论就能够快速确定权重,提高效率。此外,为了使判断更加准确,使评价者了解已确定的权重的可信任情况,还可以运用"带有信任度的德尔菲法",该方法需要在上述第(5)步每位专家最后给出权重值的同时,标出各自所给权重值的信任度。这样,如果某一指标权重的信任度较高时,就可以有较大的把握使用。反之,只能暂时使用或设法改进。

2. 排序法

排序法也是建立在专家判断与评价的基础上,不过不是由专家直接给出权重,而是要求专家对各个指标进行排序,区分出各个指标的相对重要程度,通过对排序进行恰当赋分,计算出指标权重。该方法的基本步骤如下。

(1) 组成考评专家组。专家组成员一般由绩效管理相关部门的人员、考评专家以及其他与业务相关的人员构成。根据不同的考评对象、指标特征和考评目的,专家的构成可以不同。

(2) 制定并发放考评指标排序表。考评指标排序表设计相对简单,只罗列出考评指标即可。需要强调的是,若需要专家针对多级指标排序,应将同一级指标放在一起。绩效指标排序表示例见表 2-1-23。

(3) 专家就指标进行排序。每位专家成员根据自己的主观理解和判断,针对考评指标中的一级指标相对于整个指标体系,或者是二级指标相对于相应一级指标,按照其重要程度或影响程度的大小进行排序赋分。例如,按照重要程度由高到低赋分排序,有 5 项指标,则排第一的为最重要的指标,赋 5 分,排第二的赋 4 分,以此类推,排最后的赋 1 分。

表 2-1-23　　　　　　　　绩效指标排序表示例

指标名称	排序赋分
指标1	
指标2	
指标3	
指标4	
指标5	
……	

（4）统计排序结果并计算分值。将每位专家的排序结果进行汇总，针对每一项指标的赋分值求和，便可得出每项指标的排序得分，该分数占到所有指标得分总和的比例，即为权重比例。排序法专家赋分表示例见表 2-1-24。

表 2-1-24　　　　　　　　排序法专家赋分表示例

指标	专家排序赋分							评分总计	所占权重/%	调整权重/%
	A	B	C	D	E	F	G			
指标1	2	3	4	3	2	2	1	17	16	15
指标2	5	4	1	5	4	3	3	25	24	25
指标3	1	2	3	1	3	4	4	18	17	20
指标4	4	5	5	4	5	5	5	33	31	30
指标5	3	1	2	2	1	1	2	12	11	10

（5）调整权重值。一般计算得出的权重值为任意数值，为了便于后期计算，在实践中会将计算的权重值进行微调，调整为5%的整倍数。

3. 两两比较法

两两比较法，又叫成对比较法，或权值因子判断表法。顾名思义，两两比较法就是将每一项考评指标都逐一与其他所有考评指标进行比较，全部比较完成后统计每个指标的比较结果，并进一步计算权重。该方法的基本步骤如下。

（1）组成考评专家组。专家组成员一般由绩效管理相关部门的人员、考评专家以及其他与业务相关的人员构成。根据不同的考评对象、指标特征和考评目的，专家的构成可以不同。

（2）制定并发放两两比较判断表。比较判断表的设计相对前面的排序表更为复杂，因需要逐一比较，故指标须在横向行和纵向列上均罗列完整。同样需要强调的是，若需要专家针对多级指标进行比较,应将同一级指标放在一起。两两比较判断表示例见表 2-1-25。

表 2-1-25　　　　　　　两两比较判断表示例

指标	指标1	指标2	指标3	指标4	指标5
指标1	—	A_{12}	A_{13}	A_{14}	A_{15}
指标2	A_{21}	—	A_{23}	A_{24}	A_{25}
指标3	A_{31}	A_{32}	—	A_{34}	A_{35}
指标4	A_{41}	A_{42}	A_{43}	—	A_{45}
指标5	A_{51}	A_{52}	A_{53}	A_{54}	—

(3) 专家填写比较判断表。将每一行的指标与每一列的指标相互对比,在行要素对应的格中填上比较数字。例如,将第一行的指标 1 与各列指标 2~指标 5 逐一对比,针对指标 1 的比较得分分别计在 A_{12}、A_{13}、A_{14}、A_{15} 中;第二行的指标 2 与其他指标逐一对比后,针对指标 2 的比较得分分别计在 A_{21}、A_{23}、A_{24}、A_{25} 中,以此类推。计分方式可采用 4 分制,即两两相比,非常重要的指标为 4 分,比较重要的指标为 3 分,同样重要的为 2 分,不太重要的为 1 分,很不重要的为 0 分。

在给指标计分时,应注意每比较过一次,就给相应两个指标都计比较得分,避免重复比较,在提高效率的同时提高准确性和一致性。比如说,指标 1 和指标 2 相比,指标 1 比较重要,则在 A_{12} 处计 3,同时说明指标 2 相比指标 1 就是不太重要,则在 A_{21} 处计 1。同理,指标 1 和指标 3 相比,若指标 1 非常重要,则在 A_{13} 处计 4,同时说明指标 3 相比指标 1 就是很不重要,则在 A_{31} 处计 0。需要注意的是,任意两个指标相比所在的表格中的对应位置的计分之和应该等于 4。

针对上述指标,专家 A 的两两比较判断表填写示例见表 2-1-26。

表 2-1-26　　　　　　　两两比较法专家 A 判断示例

指标	指标1	指标2	指标3	指标4	指标5
指标1	—	4	3	2	1
指标2	0	—	1	2	4
指标3	1	3	—	2	3
指标4	2	2	2	—	2
指标5	3	0	1	2	—

(4) 统计判断表。对各位专家所填的比较判断表进行统计,先计算每一个专家每一项指标的比较判断得分,也就是将每一行的得分值求和。如上述专家 A 的判断计分

表示例见表 2-1-27。采用同样的方法对所有专家的判断表进行统计。

表 2-1-27　　　　两两比较法专家 A 判断计分表示例

指标	指标1	指标2	指标3	指标4	指标5	评分小计
指标1	—	4	3	2	1	10
指标2	0	—	1	2	4	7
指标3	1	3	—	2	3	9
指标4	2	2	2	—	2	8
指标5	3	0	1	2	—	6

（5）汇总统计结果并计算权重。汇总所有专家的统计结果，针对每一项指标的得分进行求和计算，便可得到所有专家对每一项指标的评分结果。之后与排序法相似，通过计算每一项指标得分的占比，计算相应权重，并做最终调整。两两比较法汇总表示例见表 2-1-28。

表 2-1-28　　　　两两比较法专家判断汇总表示例

指标	专家打分结果				所占权重/%	调整权重/%
	A	B	C	D		
指标1	10	8	9	27	23	25
指标2	7	6	7	20	17	15
指标3	9	10	6	25	21	20
指标4	8	7	8	23	19	20
指标5	6	9	10	25	21	20

注：所占权重加总不为 100% 由四舍五入所致。

（二）常见的绩效指标与标准

1. 某企业网络编辑岗位绩效指标及标准

某企业网络编辑岗位绩效指标及标准见表 2-1-29。

表 2-1-29　　　某企业网络编辑岗位绩效指标及标准（节选）

绩效指标	权重/%	绩效标准	对应分值
更新数量 （网站/5 篇）	15	每日更新自己负责站内数量超过计划 50%	10
		每日更新自己负责站内数量超过计划 20%	8
		每日更新自己负责站内数量等于计划	3
		每日更新自己负责站内数量没有达到计划	0

续表

绩效指标	权重/%	绩效标准	对应分值
团队精神	10	服从领导工作安排、遵守工作纪律、同事之间工作关系和谐	10
		服从领导工作安排、遵守工作纪律、同事之间工作关系不和谐	8
		不服从领导工作安排、遵守工作纪律、同事之间工作关系不和谐	3
		不服从领导工作安排、不遵守工作纪律、同事之间工作关系不和谐	0
计划/总结/创新、周报、日报完成情况	5	坚持上交每周工作计划和工作总结,有创新精神,周报附带数据分析,并提出"可行性"改进意见	10
		偶尔漏交每周工作计划和工作总结,有创新精神;周报附带数据分析	8
		坚持上交每周工作计划和工作总结,无创新精神;日报、周报按时完成	3
		未坚持每周上交工作计划和工作总结,无创新精神;日报、周报不能按时完成	0

2. 某企业仓库管理员绩效指标及标准

某企业仓库管理员绩效指标及标准(节选)见表 2-1-30。

表 2-1-30　　某企业仓库管理员绩效指标及标准(节选)

绩效指标	绩效标准	分值
遵章守法	不能贯彻落实企业的规章制度,有违纪现象	1
	贯彻落实企业规章制度不力,偶尔有违纪现象	2
	基本能贯彻执行各项规章制度,平时表现一般	3
	能认真贯彻执行各项制度,并能督促他人遵守	4
	能认真贯彻执行各项规章制度,并监督他人认真执行,对违纪情况主动汇报	5
原则性与政策性	不按企业政策和原则办事,不听指挥,不讲原则	1
	偶尔不按企业政策和原则办事,工作原则性不强,有时为情面放弃原则	2
	基本上能按政策办事,一般情况下能坚持原则	3
	政策性与原则性较强,是非分明,能开展批评和自我批评	4
	严格按政策与原则办事,敢于同各种违纪现象作斗争	5

续表

绩效指标	绩效标准	分值
积极性与进取心	不管怎样督促也不上进,工作挑炼,避难就易	1
	遇有困难就垂头丧气,不出成果	2
	认真工作,对工作不挑不炼	3
	求知欲极强,把知识用于实践,弥补工作不足,永不满足,努力提高自己的素质	4
	勇于挑战,不畏困难,为实现自己的目标竭尽全力	5
业务能力	业务能力差,难以胜任日常工作	1
	业务能力较差,在指导下才能处理胜任日常工作	2
	业务能力一般,能够独立处理本职工作	3
	业务能力较强,能独立处理较复杂的工作,是骨干员工	4
	业务能力强,能妥善解决关键和复杂的工作问题,是工作上的带头人	5

(三) 绩效考评表

某企业人力资源部薪酬绩效专员绩效考评表见表2-1-31。

表2-1-31 某企业人力资源部薪酬绩效专员绩效考评表

考评项目	绩效指标	权重/%	绩效标准
薪酬计划与控制管理(20%)	薪酬总量控制有效性	10	制定和提出切实可行的计划与方案,保证薪酬总量控制有效性,预算目标值是30%
	奖金福利发放办法与企业激励目标一致性	10	部门经理对奖金发放办法及福利发放办法提出异议次数控制在3次以内
薪酬统计与发放(45%)	薪酬数据统计准确率	10	是否准确计算企业员工当期薪酬相关数据,考评期内薪酬统计准确率达100%
	员工工资表编制准确率	10	所编制的工资表出现错误次数。出现1次错误扣××分,超过××次该项得分为0
	工资奖金计算错误人次	10	出现工资、奖金计算错误人次数。每出现1人次扣××分,超过××次该项得分为0
	员工工资发放及时性	5	未及时发放工资次数。每出现1次扣××分,超过××次该项得分为0
	员工工资发放出错次数	10	出现工资、奖金发放错误人次数,出现1次发放错误扣××分,超过××次该项得分为0

续表

考评项目	绩效指标	权重/%	绩效标准
社会保险管理（10%）	核定各项保险基数的准确率	5	核定各项保险基数后又被社保中心发现错误的次数。出现1次核定错误扣××分，超过××次该项得分为0
	办理各项保险手续的及时性	5	拖延上交各项保险费用及办理相关手续的次数。每出现1次扣××分，超过××次该项得分为0
工作能力（10%）	沟通能力	5	与其他员工或上下级有效进行信息沟通的能力。因未能及时沟通而导致工作失误的扣××分
	学习能力	5	能按工作需要进行自我学习，提高工作技能，确保胜任岗位工作
工作态度（15%）	个人考勤	5	考评期内个人考勤出勤情况。每有1次早退、旷工等情况扣××分，超过××次早退、旷工等情况该项得分为0
	日常行为规范	5	考评期员工违反企业管理制度及劳动纪律的次数，每违反1次扣××分，较严重视情况而定
	工作责任感	5	工作认真，能保质保量完成工作任务，对工作中出现失误能勇于承担责任

三、任务评价指标与标准

绩效指标权重与绩效标准评价表见表2-1-32。

表2-1-32　　　　绩效指标权重与绩效标准评价表

团队名称					
评分标准		优（5分）	良（4分）	中（2分）	差（1分）
指标权重设计	排序法运用是否准确				
	两两比较法运用是否准确				
绩效标准	绩效标准分类是否准确				
	绩效标准是否符合制定原则				
	绩效标准描述是否合理				

任务三　编制绩效计划表

【知识准备】

一、绩效计划制订的原则

不论是企业制订经营绩效计划，还是员工制订个人绩效计划，在制订绩效计划时应该注意以下原则。

（一）价值驱动原则

绩效计划要与提升企业价值和追求股东回报最大化的宗旨相一致，突出以价值创造为核心的企业文化。

（二）流程系统化原则

绩效计划要与战略规划、资本计划、经营预算计划、人力资源管理等程序紧密相连、配套使用。

（三）与企业发展战略和年度绩效计划相一致原则

设定绩效计划的最终目的，是保证企业总体发展战略和年度生产经营目标的实现，所以在考评内容的选择和指标值的确定上，一定要紧紧围绕企业的发展目标，自上而下逐层进行分解、设计和选择。

（四）突出重点原则

员工担负的工作职责越多，所对应的工作成果也越多。但是在设定工作目标时，切忌过分追求面面俱到，而是要突出关键与重点，选择那些与企业价值关联度较大、与岗位职责结合更紧密的绩效指标和工作目标，而不是整个工作过程的具体化。

通常，员工绩效计划的关键指标不能超过 6 个，工作目标不能超过 5 个，否则就会分散员工的注意力，使其不能将精力集中在最关键的绩效指标和工作目标的实现上。

(五) 可行性原则

绩效指标与工作目标，一定是员工能够控制的，要在员工职责和权利的范围之内，也就是说要与员工的工作职责和权利相一致，否则就难以完成绩效计划所要求的目标任务。同时，确定的目标要有挑战性，有一定难度，但又可以实现。目标过高，无法实现，不具有激励性；目标过低，不利于企业的发展。另外，在整个绩效计划制订的过程中，要认真学习先进的管理经验，结合企业的实际情况，克服好实施中遇到的障碍，使绩效指标与工作目标贴近实际，切实可行。

(六) 全员参与原则

在绩效计划的设计过程中，一定积极争取并坚持员工、各级管理人员多方参与。这种参与可以使各方的潜在利益冲突暴露出来，便于通过一些政策性程序来解决这些冲突，从而确保绩效计划更加科学合理。

(七) 激励原则

使考评结果与薪酬及其他非物质奖惩等激励机制紧密相连，扩大绩效突出者与其他人的薪酬差距，打破分配上的平均主义，做到奖优罚劣、奖勤罚懒、激励先进、鞭策后进，营造一种你追我赶的企业文化。

(八) 客观公正原则

要保持绩效透明性，进行公开、公平、跨越企业等级的绩效沟通，做到系统地、客观地考评绩效。对工作性质和难度基本一致的绩效标准的设定，应该保持大体相同，确保考评过程公正、考评结论准确无误、奖惩兑现公平合理。

(九) 综合平衡原则

绩效是对岗位整体工作职责的重要考评手段，因此必须通过合理分配绩效指标与工作目标的内容和权重，实现对岗位全部重要职责的合理考评。

(十) 岗位特色原则

与薪酬系统不同，绩效计划针对每个岗位而设定，而薪酬体系则是将不同岗位划入有限的职级体系。因此，相似但不同的岗位，其特点完全由绩效管理体系来反映。这要求绩效计划内容、形式的选择和目标的设定要充分考虑不同业务、不同部门中类似岗位各自的特色和共性。

二、绩效计划的内容

绩效管理流程主要包括绩效计划表的制定、绩效考评方法的选择与实施、绩效反馈等,其中绩效考评方法的选择与实施和绩效反馈会有单独模块进行详细阐述,在此不再赘述,仅对绩效计划表,即绩效计划的主要内容和组成部分进行说明。

比较全面的绩效计划可涵盖如下内容。

(1) 本岗位在本次绩效周期内的工作要点。

(2) 衡量工作要点的关键业绩指标。

(3) 关键业绩指标的权重。

(4) 工作结果的预期目标。

(5) 工作结果的测量方法。

(6) 关键业绩指标的计算公式。

(7) 关键业绩指标的计分方法。

(8) 关键业绩指标的计分标准。

(9) 关键业绩指标的考评周期。

(10) 在实现目标的过程中可能遇到的困难和障碍。

(11) 各岗位在完成工作的时候拥有的权力和可调配的资源。

(12) 企业能够为员工提供的支持和帮助以及沟通方式。

当然,并非任何一份绩效计划都需包括上述全部内容,根据企业管理习惯、制度编制情况,可有所取舍,但最基本的考评指标、权重、标准等是必须明确的。

一般来讲,绩效计划内容是分层级的,一般企业至少包括部门绩效计划和员工绩效计划。在较大的集团公司内,还包括更高一级的子分公司绩效计划。在此主要阐述最常用的部门绩效计划和员工绩效计划。

(一)部门绩效计划

部门绩效计划一般由企业经营目标和经营任务分解而来,是部门负责人与企业领导双方沟通协商所形成的。所有部门的绩效计划汇总形成了企业全部的经营任务,因此部门的绩效计划对于整体绩效管理的推动和实现至关重要,所涉及的内容较多,主要包括以下七个方面。

1. 工作分类

由于部门工作相较于个人工作而言,更为全面、繁多、复杂,因此在梳理绩效计划时，常通过分类的方式，将考评指标或工作任务进行明确分类，以便于管理。分类的纬度包括工作类别、本部门承担的角色等。

2. 工作项目

工作项目是指由企业关键绩效指标分解而来的本部门所要承担的重要工作任务。

3. 涉及部门

企业的主要工作大都需要多个部门之间协作配合，一项工作一般由牵头负责部门、主要承担部门、配合部门等分别承担。

4. 工作要求

工作要求是针对工作任务所进行的进一步描述和明确，指出工作任务所要完成的程度，是日后建立考评标准的依据。

5. 责任岗位与配合岗位

针对每一项工作或任务，都需进一步落实到相应岗位，才能真正确保指标得以落实并实现。一般情况下，并不是每项工作都能由一个岗位独立完成，而需要多个岗位配合，因此在落实指标的过程中需同时明确责任岗位和配合岗位。

6. 计划完成时间

部门计划一般跨度较久，且涉及工作较多，因此需明确各项工作的具体完成时间，以便加以控制。

7. 确保措施

确保措施是指完成各项工作所需要的各项技术或管理层面的支持。

某企业部门月度绩效计划表见表2-1-33。

表2-1-33　　　　　某企业部门月度绩效计划表

序号	工作分类	工作项目	工作要求	责任部门	责任人	配合部门	计划完成时间	确保完成工作的各项措施	制约因素	备注

续表

序号	工作分类	工作项目	工作要求	责任部门	责任人	配合部门	计划完成时间	确保完成工作的各项措施	制约因素	备注

（二）员工绩效计划

1. 被考评者信息

通过填写被考评者的职位、工号及级别，可将绩效计划及考评表格与薪酬职级直接挂钩，便于了解被考评者在企业中的相对职级及对应的薪酬结构，有利于建立一体化的人力资源管理体系。

2. 考评者信息

考评者信息可展示被考评者的直接负责人和管理部门。通常，考评者是按业务管理权限来确定的，常常为被考评者的上一级正职。

3. 关键职责

关键职责是设定绩效计划及考评内容的基本依据，提供查阅、调整绩效计划及考评内容的基本参照信息。

4. 绩效计划及考评内容

绩效计划及考评内容包括关键绩效指标与工作目标完成效果评价两大部分，它用以全面衡量被考评者的重要工作成果，是绩效计划及考评表的主体。

5. 权重

列出按绩效计划及考评内容划分的大类权重，以体现工作的可衡量性及对企业整体绩效的影响程度，并便于查看不同岗位类型在大类权重设置上的规律及一致性。

6. 指标值的设定

对关键绩效指标设定目标值和挑战值两类指标值，以界定指标实际完成情况与指标所得绩效分值的对应关系。对工作目标设定的完成效果评价则主要按照工作目标设置的考评标准及完成时间进行判定。

7. 绩效考评周期

绩效计划及考评表原则上以年度为周期。针对某些特定职位，如销售人员、市场人员等，根据其职务和应完成的工作目标等具体工作特点，也可以以月度或季度为考评周期。

8. 能力发展计划

制订能力发展计划，是以具体技能的方式，将企业对个人能力的要求落实到人，让员工明确为实现其绩效指标需要培养什么样的能力、如何发展这种能力，形成持续不断、协调一致的发展路径。

员工绩效计划及考评表见表2-1-34。

表2-1-34　　　　　　　员工绩效计划及考评表

姓名：　　　　　　　部门：　　　　　　　岗位：

考评期间：　　　年　月　日至　　　年　月　日

关键职责	绩效指标	考评内容	指标权重	评价标准		完成情况	自评得分	上级评分	备注
				优秀					
				良好					
				合格					
				不达标					
				优秀					
				良好					
				合格					
				不达标					
				优秀					
				良好					
				合格					
				不达标					
				优秀					
				良好					
				合格					
				不达标					

计划确认（本人）：　　　年　月　日　　　直接上级：　　　年　月　日

三、绩效计划制订流程

（一）准备阶段

绩效计划是绩效管理过程的起点，用来确定整个过程的目标、走向及成果，因此制订符合实际且具有引导和激励意义的计划尤为重要，需要提前进行详尽、周全的准备，以确保绩效计划能够最大程度符合企业及员工意愿。准备阶段主要包括信息准备和沟通准备两个部分。

1. 信息准备

在制订绩效计划之前，应先收集、了解与计划制订相关的各类信息，作为绩效计划的第一手参考资料，主要包括以下内容。

（1）企业的战略发展目标和计划。

（2）企业年度经营计划。

（3）本部门的目标或工作计划。

（4）员工所在岗位的工作职责。

（5）员工上一绩效期间的工作表现和绩效考评结果。

所需的信息大致分为三个层次，即关于企业的信息、关于部门的信息和关于员工自身的信息。绩效计划是连接员工工作与企业目标的纽带，企业通过层层分解的绩效计划，确保所有部门、所有员工能够按照企业预定的目标开展工作。因此，在制订绩效计划之前，了解企业的战略发展目标、经营计划、工作计划等是非常有必要的。

部门目标是由企业总体目标分解而来的，是更加具体、更具有操作性的工作和任务，一方面与企业整体的经营目标紧密相连，另一方面也是用于分解员工个人工作目标的前提和基础，因此具有重要的承接作用。

员工个人信息主要指员工所在岗位的职责、工作任务，员工个人上一考评周期内的绩效表现、考评结果等。员工个人的工作职责信息是形成绩效计划的直接依据。员工的绩效目标主要来自两个方面：一方面是由部门目标分解至岗位的目标；另一方面是根据岗位职责所形成的常规工作任务。这两个方面会有一定程度的重合，因此在制定目标时要进行区分。

2. 沟通准备

制订绩效计划的过程是一个双向沟通的过程，因此沟通的前期准备必须充分，对于沟通的内容、方式甚至沟通的时间、地点都要提前设计，确保沟通过程可控。

沟通内容的准备主要是指管理人员在与员工进行绩效计划沟通前，应当对部门的经营目标和工作任务有充分的了解，同时也对员工所在岗位的岗位职责有充分的了解，并且根据员工个人能力及其以往的工作表现对其绩效指标有总体的想法，如此才能确保沟通方向的准确。员工在沟通前也需要进行相应的准备，包括对自身工作职责的认知、对部门工作目标的理解、对个人的定位与判断等，以避免在沟通过程中过于被动。

采取何种方式进行绩效计划的沟通也同样重要。沟通方式的选择应首先确保考评者和被考评者双方能够对绩效计划的内容达成共同的理解，除此之外还须对其他环境因素进行考虑，包括企业的文化和氛围、员工的特点以及所要达成的工作目标等。如果希望借此机会进行全员动员，从而引导员工正确理解绩效管理，可以采用员工大会的方式；如果团队内员工工作关联密切、团队任务较多，则可采用小组沟通的方式，共同探讨各自应承担的工作任务，这样更有助于小组成员尽快培养协作与配合意识，并且也能够及时发现问题并加以解决；如果是管理者与员工的一对一沟通，也需进一步考虑沟通的程序和所采用的表达方式。

（二）沟通阶段

绩效计划是双向沟通的过程，其沟通阶段也是整个绩效计划的核心阶段。在这一阶段，管理人员与员工必须经过充分的交流，与员工对本次绩效期间的工作目标和计划达成共识。绩效计划会议是绩效计划制订过程中进行沟通的一种普遍方式，但是绩效计划的沟通过程并不是千篇一律的，在召开绩效计划会议时，要根据企业和员工的具体情况组织内容，但要把重点放在沟通上。

管理人员和员工都应该确定一个专门的时间用于绩效计划的沟通。并且要保证在沟通的时候不要有其他事情打扰。在沟通的时候气氛要尽可能放松，不要有太大的压力，把焦点集中在绩效目标和应该取得的结果上。

在进行绩效计划会议时，首先需要回顾一下已经准备的各种信息，在讨论具体的工作职责之前，管理人员和员工都应该知道企业的要求、发展方向以及对讨论具体工作职责有关和有意义的其他信息，包括企业的经营计划信息，员工的工作描述和上一个绩效考评期间的考评结果等。

1. 沟通环境与氛围

（1）确定一个专门的时间进行绩效沟通，选择管理人员和员工都相对比较轻松的时间段，双方都能够暂时放下手头的工作并专心进行绩效考评计划的沟通。

（2）在计划沟通的过程中尽量保持不被打扰，避免无关人员进入沟通环境。意外的打扰可能会使沟通双方的思路中断，经常重复思考或询问"刚才说到哪里了"之类的问题，严重影响沟通效率。

（3）要尽可能创造较为宽松的沟通氛围，不要给员工太大压力。因此沟通场所可以选择办公室以外的地方，比如茶水间或咖啡厅等，如果必须在办公室也尽量不要坐在管理人员办公桌的两旁，而是并排或坐在沙发上。在谈话前，管理人员为员工准备一杯茶水或聊一些轻松的话题都会起到缓解紧张气氛的作用。

2. 沟通的原则

在沟通之前，管理人员和员工都应该对以下四个问题达成共识。

（1）管理人员和员工在沟通中是一种相对平等的关系，他们是共同为了任务的完成而制订计划。

（2）员工是最了解自己所从事工作的人，员工本人是自己工作领域的专家，因此在制定工作的衡量标准时应更多发挥员工的主动性，更多听取员工的意见。

（3）管理人员主要的工作是确保员工个人的工作目标与整体业务乃至整个企业的目标结合在一起，协调员工与企业内部其他人员或其他业务单位的关系。

（4）管理人员应该与员工一起做决定，而不是代替员工做决定。员工自己做决定的成分越多，绩效管理就越容易成功。

3. 沟通的内容

绩效计划沟通的主要内容并非千篇一律，但都大致遵循一个较为固定的环节和流程。

（1）回顾与绩效相关的信息。包括之前已经准备好的有关企业、部门以及岗位的工作目标信息，员工的岗位职责，员工上一绩效考评周期的考评结果和表现。

（2）确定关键绩效指标。员工首先应就部门及岗位工作目标设定自己的工作目标，并针对工作目标进一步确定关键绩效指标，双方再根据这些关键绩效指标确定相应的考评指标和标准，并决定通过何种方式来跟踪和监控这些指标上的实际表现。关键绩效指标必须是具体的、可衡量的，并且有时间限制。

（3）要进一步讨论在指标实现过程中需要主管人员提供的帮助。要预估员工在完成计划时可能遇到的困难和障碍，并讨论主管人员能够提供哪些帮助。

（4）在沟通结束时要再次确认和强调本次沟通的重点内容和达成的共识，并进一步约定下一次沟通的时间。

(三) 审定和确认阶段

在制订绩效计划的过程中，对计划的审定和确认是最后一个步骤。在这个过程中要注意以下两点。

第一，在绩效计划过程结束时，管理人员和员工应该能以同样的答案回答问题，以确认双方是否达成了共识。这些问题主要包括：员工在本绩效期内的工作职责是什么？员工在本绩效期内所要完成的工作目标是什么？如何判断员工的工作目标完成情况？员工应该在什么时候完成这些工作目标？各项工作职责以及工作目标的权重如何，哪些是最重要的，哪些是次重要的，哪些是不重要的？员工的工作绩效好坏对整个企业或特定的部门有什么影响？员工在完成工作时可以拥有哪些权力，可以得到哪些资源？员工在实现目标的过程中会遇到哪些困难和障碍，管理人员会为员工提供哪些支持和帮助？员工在绩效期内会得到哪些培训？员工在完成工作的过程中，如何去获得有关工作情况的信息？在绩效期间内，管理人员将如何与员工进行沟通？

第二，当绩效计划结束时，达到的结果应包括：员工的工作目标与企业的总体目标紧密相连，并且员工清楚地知道自己的工作目标与企业的整体目标之间的关系；员工的工作职责和描述已经按照现有的企业环境进行了修改，可以反映本绩效期内主要的工作内容；管理人员和员工自身对主要工作任务、完成任务的标准、员工在完成任务过程中享有的权利都已经达成了共识；管理人员和员工都十分清楚在完成工作目标的过程中可能遇到的困难和障碍，并且明确管理人员所能提供的支持和帮助；形成了一个经过双方协商讨论的文档，该文档中包括员工的工作目标，实现工作目标的主要工作结果，衡量工作结果的指标和标准，各项工作所占的权重。最后，管理人员和员工双方要在该文档上签字确认。

【任务要求】

一、任务说明

请你认真思考个人本学期的成长目标，包括学习、生活、实践锻炼、习惯养成等各个方面，综合运用前述的鱼骨图方法分析提炼相应的一级、二级、三级指标，并运用恰当的方法确定各项指标的重要程度及评价标准。同时，在此基础上，进一步思考明确这些目标的考评方式与考评周期，最终形成个人本学期详细的成长计划表。

二、任务完成常用实际业务工具

将各种绩效考评相关要素集成在一起，就是绩效考评表，绩效考评表展示绩效计划的主要内容，甚至内容全面的绩效考评表可以直接作为绩效计划，开展绩效考评。绩效考评表的形式各异、多种多样，但内容基本相似，无论是纸质版的绩效考评表，还是电子版的绩效考评表，都是由一些基本要素构成的。绩效考评表通常包含以下内容。

1. 绩效考评标识

绩效考评标识主要包括绩效考评表的名称和编号。绩效考评表的名称应体现企业名称、考评类型（部门还是员工）、考评内容（如能力、态度或业绩）等。绩效考评表编号设置的主要目的在于规范绩效文件管理，方便绩效考评资料的归档管理和查询应用。

2. 员工基本信息

绩效考评表的这部分内容包含员工的一些基本信息，如岗位名称，所属处室、部门和其他工作群体信息，员工人数，薪资级别或薪资等级。此外，在绩效考评表中，常常还包括绩效考评的日期、考评者分管员工或与员工在一起工作的时间、员工进入企业的日期、到当前岗位工作的日期、进行绩效考评的原因、当前的薪资水平、预计下一次的考评日期等。

3. 绩效考评指标及标准

绩效考评指标是绩效考评表的核心内容，但是在具体设计时有繁有简，最简单的情形就是将指标全部罗列在一起，没有区分指标类型。而相对复杂的情形则是按照考评内容、考评维度、考评项目等将指标划分为不同的类别，使指标的归属更加明晰。绩效考评标准用于明确被考评者的工作目标，引导、规范其绩效行为，同时为绩效考评提供评判依据。在绩效考评表中也可以用不同的形式展现，一般来说，绩效考评表中只展现出企业期望的目标，属于绩效标准中的良好或优秀档次，而细分的考评标准则以指标卡或其他形式展示，以便考评者能够根据实际绩效结果进行赋分。

4. 绩效考评权重

如前所述，权重代表了绩效考评指标体系中绩效指标的相对重要性。设置权重可使用多种方法，但是在设置权重时需要注意，权重既不能过高也不能过低，如果差距太大则容易出现"抓大放小"的情形，不利于绩效目标的整体实现；当然也不能太平均，否则无法体现出绩效重点。另外，为了方便统计和计算，各个指标的权重比例最好设置为5%的整数倍。

5. 绩效考评周期

绩效考评周期是要回答"多长时间考评一次"的问题，因此其设置应尽量合理。如果考评周期太长，考评结果就会出现严重的"近期误差"，考评者会根据被考评者近期的表现来判断其整个绩效周期的表现，这样就容易导致绩效考评信息失真；而如果考评周期太短，一方面许多工作的绩效情况可能还没有体现出来，另一方面过度频繁的绩效考评也造成考评者的工作量过大。因此，绩效考评周期的设置应综合考虑岗位、工作性质、企业环境以及具体指标等各种因素。

6. 绩效考评者

绩效考评者是指对被考评者的绩效进行考评的人。通常，绩效考评者可分为企业内部的考评者和企业外部的考评者，内部考评者包括上级、同级、下级，外部考评者包括客户、供应商、分销商等利益相关者。在设计绩效考评体系时，应确保考评者职位与考评内容的匹配。考评者应当及时、准确地掌握信息，对被考评者的工作职责、绩效目标、行为以及实际产出有比较充分的了解，这样才能确保考评结果的合理性和有效性。另外，对于客观的考评指标，绩效数据的提供者也可以被称为考评者。

7. 员工的意见陈述

这部分内容包括被考评员工本人所作出的反应和提出的意见及看法。除了向员工提供一个正式的参与机会，从而改善他们对绩效考评体系公平性的认知之外，这部分内容还有助于处理一些法律纠纷问题，这是因为它用文件的形式证明了员工是有机会参与绩效考评过程的。

8. 审核意见

审核意见是绩效考评审核者（一般是上级主管，也可以是人力资源管理部门或绩效考评委员会）对绩效考评结果审核情况的说明。审核意见一般以文字形式展示，表明对结果的认可程度。绩效考评结果的审核主要关注结果的真实性、公平性等。

9. 绩效考评跟踪管理记录

绩效考评跟踪管理记录主要是对考评项目、权重、标准调整、变更情况的说明以及对考评对象绩效情况的记录，包括优秀的表现、绩效指标的实际完成情况等。绩效考评跟踪管理记录是被考评者绩效行为的真实反映，是绩效考评的依据。

10. 备注说明

备注说明是用于对各内容模块所不能反映问题的说明，或用于对需要特别或重点说明问题的描述。设置"备注说明"的目的是保证全面反映被考评者的实际绩效状况，以减少非绩效因素对绩效结果的干扰和影响。

11. 签字

大部分绩效考评表的最后都需要被考评员工、考评者以及考评者的上级领导签字确认，以表明他们已经看过并讨论过表格中的内容。人力资源管理部门相关人员也可能要签字以表明认可表中的内容。

某企业物流管理部经理绩效考评表见表2-1-35。

表2-1-35　　某企业物流管理部经理绩效考评表

被考评者				所在部门		
所在岗位				考评周期		
指标维度	量化指标	权重/%	绩效目标值	考评频率	数据来源	考评得分
财务	单位物流成本	5	平均水平	季度/年度	物流部、财务部	
	部门费用预算达成率	10	达100%	季度/年度	财务部	
内部运营	货物准时送达率	15	高于90%	月度/季度/年度	客户、物流部	
	配送计划完成率	15	高于95%	月度/季度/年度	业务部、物流部	
	调度不力的次数	10	0次	季度/年度	物流部	
	货运质量事故次数	10	0次	月度/季度/年度	综合管理部	
客户	客户有效投诉次数	10	0次	月度/季度/年度	综合管理部	
	相关部门有效投诉次数	10	0次	月度/季度/年度	综合管理部	
学习发展	培训计划完成率	5	达100%	月度/季度/年度	人力资源部	
	下属重大违纪次数	10	0次	月度/季度/年度	人力资源部	
量化考评得分合计						
指标说明	1. 货物准时送达率 =（货物准时送达订单数/发货订单总量）×100% 2. 下属重大违纪次数是指考评周期内所有下属重大违规违纪的累计次数					
权重说明	1. 货物准时送达率既关系企业的信誉，又体现着物流部的运营效率，因此权重分配较高 2. 在行业水平一致的情况下，单位物流成本比较稳定而难以降低，因此权重分配较低					
考评结果核算说明	对物流部经理的考评从定量与定性两个方面进行，可设为：考评得分 = 定量考评得分×75% + 定性考评得分×25%。定性指标主要涉及工作计划、部门规章制度管理、人才培养等					
考评关键问题说明	指标的绩效目标值一定要结合行业水平、季节性、企业特殊情况等因素，定期进行更新，制定科学合理的考评标准					
被考评者签字：　　　　　日期：				考评者签字：　　　　　日期：		

三、任务评价指标与标准

绩效指标选取与考评评价表见表2-1-36。

表2-1-36　　　　　绩效指标选取与考评评价表

团队名称					
评分标准		优 (5分)	良 (4分)	中 (2分)	差 (1分)
指标选取	个人成长指标涵盖是否全面				
	指标分级分类是否合理				
	指标选取是否符合SMART原则				
绩效考评表	指标权重设置是否合理				
	指标分级及标准描述是否合理				
	绩效计划表是否全面				

项目二

绩效监控与管理

▶【项目导入】

一、主题案例

绩效监控在绩效管理中的重要性

绩效考评不能取代绩效管理,为了帮助员工提高绩效,绩效监控与管理非常重要。员工最大的动力,来源于个人发展和主观能动性的发挥,而非外部利益的驱动和对处罚的恐惧。因此绩效监控与管理的关键是激发员工的内在动力,以及成长和突破的能动性,从而帮助员工实现有效的发展。

【场景一】工作任务为什么没有完成?

主管:月初布置给你的工作任务完成了吗?

员工:我的工作需要财务部提供数据支持,但财务部未提供,所以没有办法完成。

主管:财务部为什么不提供数据?

员工:财务部的人说,各部门的数据没有上报给他们,因此无法进行汇总统计,当然就提供不出我们工作所需的数据。

主管:那你为什么不向我及时汇报?

员工:几天前,您正出差在外,我打电话给您,请您参加财务部主持的一个协调会,但是您说赶不回来,不参加。

【分析】

主管在月底考评时才发现下属没有完成任务,表面上看未完成任务的原因是财务部未能提供所需数据,主管出差,没能及时参加财务协调会议等。但深层次的原因却在于主管没有进行监控与管理,只是把任务分配给了员工。至于员工在任务完成过程中遇到什么样的问题、任务完成得怎么样、需不需要协调帮助、如何协调等,并未及时向主管沟通汇报,导致主管未能及时了解问题并解决问题,没有实现持续的绩效监控与管理。

【场景二】我的钱怎么少了?

员工:咦,这回发的绩效工资怎么少了这么多?

主管:你上个月工作没做好,扣了你20分。

员工:我加班加点卖力干活,工作到底哪里没做好?

【分析】

员工虽努力工作,却没有将工作做好,没有得到相应的奖励,反被处罚。重要的原因是,主管在下属完成任务的过程中没有及时开展绩效管理,没有明确员工的工作方向,没有及时对员工的绩效进行明确的评价和反馈。

企业绩效考评的目的不仅仅是作为确定员工薪酬、奖惩、晋升或降级的标准,员工能力的不断提高以及绩效的持续改进才是其根本目的,而实现这一目的的途径就是绩效监控与管理。

二、本项目学习目标

■ 知识目标:了解绩效实施过程中监控与管理的重要性;掌握绩效沟通的方法和技巧、绩效例会流程、绩效信息收集方法以及指标计划调整流程。

■ 技能目标:掌握撰写书面汇报的方法;能够组织召开绩效沟通例会,完成绩效信息收集、绩效计划调整等具体工作。

■ 素质目标:具有良好的职业沟通素养,具有协调的能力和一定程度的信息采集与处理素养;具有保密意识。

任务一 建立绩效沟通机制

▶【知识准备】

一、绩效沟通的重要意义

(一)绩效沟通的环节与意义

绩效沟通是绩效监控与管理的灵魂和核心,是绩效监控与管理过程中耗时最长、最关键、最能产生效果的环节,包括绩效目标沟通、绩效辅导沟通、绩效反馈沟通和绩效改进沟通(见图 2-2-1)。其中绩效目标沟通主要是在制定绩效目标和计划的过程中进行沟通,以确认、统一目标和行动计划。绩效反馈沟通和绩效改进沟通,主要是在年度绩效结果产生后以正式的绩效反馈面谈的方式进行,反馈给员工绩效结果,并就当年的绩效和下一年的计划及未来的发展计划进行沟通探讨。而绩效辅导沟通是在绩效计划执行的过程中的沟通,便于管理者及时掌握计划执行的进度,从而发现问题、探讨解决问题的方法。

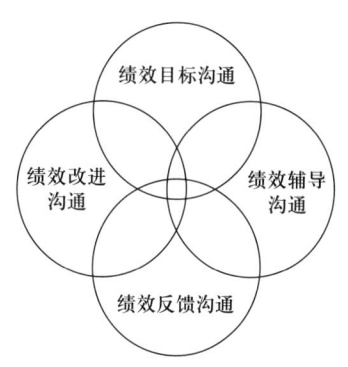

在企业绩效计划实施的过程中,需要不断地沟通以确保管理者和员工就绩效目标达成共识,避免管理者认为绩效目标设置得非常明确合理,但员工无法理

图 2-2-1　绩效沟通的四个环节

解导致执行后果不如预期,管理者却认为员工执行不力,造成双方互相抱怨却无法完成绩效目标的状况。从管理者的角度,他们希望员工按照既定的目标开展工作,从员工的角度,他们更期待完成自己认为有意义的工作、有挑战的工作。因此在制订计划和执行计划的过程中,管理者和员工之间应该建立良好的沟通机制,动态调整目标和计划,鼓励员工突破思维定势、勇于挑战、快速成长。当员工遇到无法解决的问题或者绩效表现不令人满意的情况,管理者和员工之间需要进行及时沟通,员工反馈目前绩效执行的困难和问题点,管理者给予及时的绩效辅导,共同探讨合理的解决方案,并制订相应的行动计划,鼓励员工并帮助员工解决困难继续前进,这个过程是帮助员工积累工作实践经验、提升个人能力的重要过程。

【管理案例】

绩效管理中的沟通影响员工工作动力吗

某公司 A 部门在年初按照公司要求定下了年度的核心目标。部门主管把一个关键工作交给了员工张三,张三开始时表示完成有一定的难度。部门主管说,这是本部门第一季度的创新亮点,若做好了,绩效也会倾斜的。经过努力,张三的工作开展得有声有色,部门主管也对其工作密切跟踪和支持,结果在 2 月份就已经基本完成任务。

3 月最后一周,张三因参加培训离开了公司。原定于 4 月份向省公司汇报的工作,忽然提前到了这一周。于是张三将电子资料移交给同事李四,李四向省公司系统填报了第一季度的创新亮点,并且创新人员只签署了主管和李四自己的名字。4月中旬,张三培训回来,发现创新内容没变,而自己却不属于完成人员,而且,主管对其一季度绩效考评为C,李四为B。

张三找到主管,主管说,近期李四为了该项工作付出很多,沟通效果也很好。主管与张三进行沟通后,张三还是觉得主管在考评时不合理,以致之后的工作积极性下降,工作进度及质量都大不如前。

【思考与讨论】

(1) 该案例中张三工作积极性下降的主要原因是什么?

(2) 在绩效管理过程中,应采取哪些措施避免以上问题的出现?

(3) 从绩效沟通的角度,张三应该如何沟通更好?

(4) 从绩效监控与管理的角度,该公司应该采取哪些措施,可以更好地帮助主管做出更合理、公平的绩效考评?

(二)绩效沟通的重点内容

在绩效沟通的过程中,管理者和员工之间需要以绩效提升为总目标,提供所需的信息。一般管理者会侧重关注工作的进展、项目的现状、潜在的问题等,思考如何有效帮助员工提升绩效,从而推动团队绩效的提升;员工会侧重关注工作过程中的问题、解决问题的可能途径、领导是否认可等。管理者与员工的绩效沟通关注点可参见表2-2-1。因此,在绩效沟通中,管理者和员工需要换位思考,结合对方需求统筹考虑和说明需要共同知晓、理解的内容,提高绩效沟通效率,共同推进绩效计划的实施。

表2-2-1 绩效沟通过程中管理者和员工的关注点对比

序号	管理者的关注点	序号	员工的关注点
1	工作进展到了哪一阶段?	1	工作内容是否改变? 进度是否需要调整? 什么时间完成?
2	项目现状如何?	2	需要的资源或帮助是否能得到满足?
3	有哪些潜在的问题?	3	出现的问题如何解决?
4	员工的态度、情绪、状态、意愿、能力如何?	4	目前的工作表现,上级是否认可?
		5	如何与不同部门、岗位、行业其他企业做好协调,及时掌握信息?
		6	如何获得更好的个人发展?

在绩效沟通的过程中,管理者和员工双方的关注点有一定的共性,也存在一定的差异。因此,可以拟订出共同关注的问题清单,从而促进沟通高效有序,绩效沟通双方关注的重点问题可参见表 2-2-2。

表 2-2-2　　　　　　　　绩效沟通双方关注的重点问题

维度	定期沟通点	管理者思考提示	员工思考提示
计划	上期工作开展的情况怎样?有按照计划开展吗?计划周全合理吗?计划是否需要修正或完善?	是否有需要提醒员工补充的方面?	是否请示领导确认计划的全面性?
执行	哪些地方做得很好?员工付出了怎样的努力和尝试?从中发现员工或团队优秀的特质和潜能是什么?	是否有表达对员工的认可?是否有推广分享员工做得好的经验?	是否汇报做到了什么程度?是否说明有哪些亮点?哪些进步点?哪些困难?
行为	员工在努力实现工作目标吗?偏离目标的话,是什么原因?需要如何干预?哪些地方需要提升、改进或修正?	是否了解到员工的困难?是否需要分享经验以帮助有困难的员工提升或改进工作方法?	是否汇报自己付出了怎样的努力,遇到了什么样的问题,需要什么样的帮助?
态度	员工本身的工作状态如何?员工的意愿或态度、能力、成果等情况如何?	是否及时激励员工突破和调整自己?是否营造良好的团结互助的团队氛围去支持每一个员工?	是否能够判断绩效表现不满意是方法问题还是态度问题?是否愿意与上级沟通,求助给予指导?
环境分析	外界的影响是否导致目标的改变?	是否给予员工提示或心理层面的建设?是否帮助员工调整行动计划以应对变化?	是否表达了对部分客观条件可能影响目标实现的担心,以及为了应对变化需要的资源?
问题解决	市场竞争激烈,企业内部管理环环相扣,是否有潜在/显性的障碍、问题、风险,可能的解决措施有哪些?	是否提前沟通说明员工在完成目标过程中可能存在的不可控因素?是否引导员工关注完成目标的过程中其可控的部分,提升其成就感和责任心?	是否了解到实现目标过程中的影响因素?是否判断出不可控的部分并采取相应措施,并汇报上级?

在绩效管理沟通过程中，除了把握绩效沟通的重点，还要避免以下六种常见的误区，以全面保障绩效沟通的有效性，切实促进员工绩效提升。

误区一：过于强调近期绩效，可能会误导员工忽略重要的事情，而将注意力放在紧急的事情上，应该持续帮助员工聚焦重点。

误区二：根据自我感觉，感情用事，工作不顺利则难以避免产生着急、愤怒等情绪，可能影响到绩效沟通的效果。建议先调整情绪，仔细倾听员工的反馈，再沟通解决问题。

误区三：误解或混淆绩效标准。在实施计划过程中，双方需要不断地以计划表或沟通的方式确认工作需要达到的具体标准，并及时调整确认。

误区四：缺少足够、清晰的绩效记录资料。员工绩效表现过程记录可以保障绩效评价的公平性，并辅以管理者有针对性的辅导，可作为员工未来职业发展的支撑材料。可以借助企业信息系统等信息化工具，形成绩效表现过程记录，提高记录效率，节省时间。

误区五：没有足够的时间进行讨论，管理者说得太多，员工没有机会表达意见，难以形成双向沟通。德鲁克强调，共同的理解来源于"向上沟通"，上级需要听取下属的意见。

误区六：缺少后续的行动和计划。沟通的过程重在探讨解决问题的方法，具体下一步做什么、怎么做、做到什么程度，需要形成书面文件，便于双方确认无遗漏，并有利于后续的跟踪管理。

【管理案例】

绩效沟通的重要性

某企业市场部经理 A 与销售主管 B 关于第一、第二季度末销售总结的对话如下。

第一季度

A："好吧，B 主管，我们来看看你上三个月的销售成果。你和我说好会有显著改善的，对吗？你的总销售量好像是有所增长，但增长的部分多半来自小客户。"

B："我并不想忽略大客户，但我认为提高自己销售量最好的办法是在一些中等的客户上下功夫。这样做可能不是很引人注目，但它确实有效。"

A："但是，无论如何，我还是希望每个人都将精力放在大客户上。这样，一小批客户就能将销售额提高很多。"

B:"哦,你难道是要我提高销售额吗?我还以为要从增加销售给每个客户的产品种类起步呢。"

A:"增加产品种类当然也没错,但这并不能增加销售额。"

B:"那你的意思是我做的这一切毫无价值?"

第二季度

对上个季度的销售业绩,B主管承诺会有所改善,现在我们来看看改善情况。

A:"嗯,你的销售量好像是增加了一点。"

B:"确切地说,是6.7%,我很是引以为傲。"

A:"当然是有了提高,B主管。但我想要的是15%~20%的增长,至少也应该有10%。"

B:"10%?你可知道我干得多苦才达到现在的水平?"

A:"好了,我们就在这儿打住吧……我发觉你在找一些新客户。"

B:"实际上找得不多,但我力争每个星期找一个新客户。"

A:"我想你应该多找一些,比如一周找两到三个。"

B:"两到三个?——再让我多找一个都有问题!"

【思考与讨论】

(1)案例中的经理和主管在绩效沟通中存在哪些问题?

(2)作为市场部经理,针对案例中的绩效表现信息,如何沟通可以更好地帮助该销售主管提升绩效?

(3)作为销售主管,针对案例中市场部经理提到的绩效问题,如何沟通可以更好地获得经理的支持和帮助?

(4)从绩效管理的角度,为了提高下一次的沟通效率,可以采取哪些措施?

(5)针对该绩效案例中存在的问题,制定绩效沟通方案,并在团队中开展模拟沟通。

(三)绩效沟通的方法比较

绩效沟通分为正式沟通和非正式沟通两种方式。

1. 正式的绩效沟通

正式的绩效沟通方式都是事先根据绩效管理需要计划和安排的,正式沟通的重点是定期梳理绩效计划实施过程中的问题、困难等,商讨绩效计划和执行的方式,通过经验分享、绩效辅导,提升员工的绩效水平并促进绩效计划的实施。同时,增强管者的绩效辅导和人才培养意识，帮助员工养成反思改进的习惯。

2. 非正式的绩效沟通

非正式的绩效沟通方式都是在绩效计划实施的过程中，因为工作需要临时开展的，例如随机电话沟通、即时反馈、走动管理、咖啡或午餐时间沟通等。非正式的绩效沟通重点是及时、快速、有重点地反馈绩效问题，通过沟通获得支持或确认，及时消除影响团队完成任务的因素，及时优化调整。因此非正式沟通重在沟通技巧而非沟通程序的规范。

正式的绩效沟通和非正式的绩效沟通各有优势，在绩效沟通中可以灵活结合使用，从而根据实际情况提高沟通效率，推进绩效实施。

二、正式的绩效沟通方法

（一）书面报告沟通

书面报告沟通常以汇报材料的形式说明个人或团队近期的绩效情况。一种是以文字材料的方式汇报，另一种是以日志、周报、月报、季报、年报等报表的形式汇报。书面报告方便管理者了解近期员工的绩效完成情况，并给予评价和指导。书面报告应尽量言简意赅，抓主要问题，有重点地呈现绩效现状和需求。

书面报告沟通可以培养员工理性、系统思考问题的能力，提高工作的逻辑性，提升员工的书面表达能力，也便于不同时空地点的交流。但是书面报告是信息的单向传递，由于书面表达能力差异以及阅读理解能力的差异，可能会造成信息流失以及理解的不一致，且效率相对语言交流偏低，不利于及时获取相关信息。对此，一方面可以适时将书面报告沟通的方式与面谈、会议、电话等口头沟通的方式相结合，提前呈现相关问题和数据；另一方面，也可以充分利用信息化办公系统收集相关的数据和绩效内容，提高沟通效率。

▶【管理案例】

月报为什么交不上来

王一是一家公司的部门经理，在他手下有12名员工，公司要求员工每月月末向主管经理上交一份月报，主管经理再就这份月报的内容与员工进行10分钟左右的绩效沟通。

在最初的一段时间，员工们都能准时将月报交上来。但随着公司的业务进入高峰期，每个人都异常繁忙。这时，王一感到收集每月的月报十分困难，上个月就有5名员工没有按时交月报，而是经过了催促才提交的，这个月到了交月报的日子只有3个人交了上来。

于是王一想到，员工不愿交月报一定是有自己的原因，或许是月报这种沟通的形式本身存在问题。于是，他决定与员工交流这个问题。在与员工的面谈中，当王一问到员工为什么不交月报时，员工们的回复是："我们忙得根本没有时间做。""有些事情当面与您说就很清楚了，没有必要写成报告交给您了吧？""我们每个月做月报至少要花费两个小时，而把这些情况与您讲一下只需要15分钟。"

【思考与讨论】

（1）从王一的角度，希望通过月报达到什么管理效果？

（2）从员工的角度，为什么会把月报当成工作负担？

（3）从绩效管理角度思考，结合管理者和员工双方需求，如何优化改进以月报为核心的绩效沟通方式，可以更好地提高绩效沟通效率及员工认可度呢？

（二）一对一绩效面谈

在绩效实施的过程中，当员工绩效执行情况与绩效计划存在差距时，管理者需要开展一对一绩效面谈，通过面谈寻找差距存在的原因，寻找提升绩效的方法，并制定下一步的工作计划，通过面谈帮助员工改进提升。一对一绩效面谈相比团体绩效例会，会让员工有一种被关注、被尊重的感觉，有利于建立主管和员工之间的融洽关系。但应将面谈的目的和重点放在具体的工作任务和标准上，鼓励员工多谈自己的想法，多倾听员工的意见，以一种开放的、坦诚的方式进行谈话和交流。

一对一绩效面谈的过程通常包括前期准备、开场、员工汇报与自评、沟通绩效表现、上级主管评价、制订改进计划、商讨员工发展计划、讨论下阶段考评内容和目标、确认评估结果以及整理归档等，绩效面谈流程如图2-2-2所示。在绩效面谈中，可以根据实际需求简化流程，有针对性地开展面谈，提高面谈效率。

1. 前期准备

（1）部门准备。部门需要提前确定面谈的时间和地点、员工绩效考评材料、面谈提纲、面谈记录表等。提前发布通知，告知员工绩效面谈的时间、地点、流程以及需要准备的面谈资料。

1）面谈周期。季度考评面谈应在考评结束一周之内安排，面谈时间不少于30分钟；年度考评面谈应在考评结束一个月之内安排，面谈时间应不少于1小时。而每周的绩效面谈可以根据需求，灵活把握时间，重在解决问题。

2）面谈顺序。结合部门岗位绩效目标要求和员工绩效表现，确定面谈顺序。首先梳理出部门重点指标任务的实施情况以及相关岗位承担工作的完成情况，根据团队绩效目标推进需求，确定面谈顺序以及面谈流程。

（2）个人准备。个人需要准备本阶段工作汇报材料，包括本阶段工作的完成情况、是否有亮点和问题点、问题的原因分析、下一步改进计划等，同时需要先行计划下一阶段的工作任务，以及自己计划完成的目标和相应措施，明确需要的资源，或需要上级指导解决的问题等。

总之，个人准备的主要工作包括填写工作完成情况和自我评价表，准备好个人发展计划、向主管提出的问题，将自己的工作安排好。

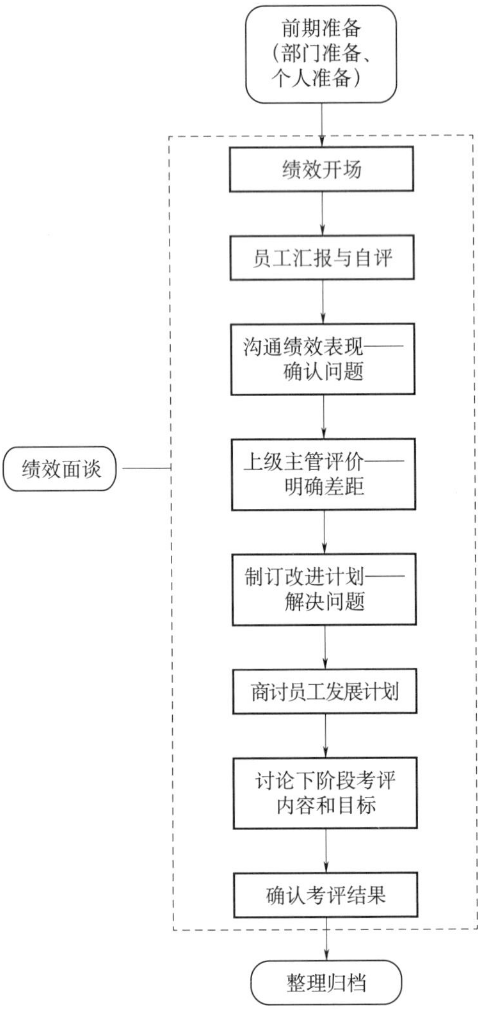

图2-2-2 一对一绩效面谈流程图

2. 绩效面谈

（1）开场。开场需要说明面谈目的，明确绩效面谈是为了帮助员工改进和提升，说明本次面谈的流程以及面谈需要解决的问题和计划形成的结果。开场需要营造舒适的、开放的气氛，使员工放松心情，保持自由轻松的交流环境。

开场的难点在于切入主题。员工对于绩效面谈会存在一定的紧张和偏见，认为面谈是为了考评自己、给自己挑问题，面谈结果会直接影响个人晋升或奖金发放等。因此开场的技巧对于建立信任、顺畅沟通十分重要。

（2）员工汇报与自评。请员工结合近期工作完成情况，进行汇报与自评，包括重点工作完成情况、工作亮点的分享、未完成工作原因阐述、其他需要改进的部分、自评等级,并举证说明,上级主管要注意倾听,对不清楚之处及时发问,但不做任何评价。

汇报与自评环节的难点在于过程控制,提高效率。员工汇报容易出现照本宣科、找不到重点的情况,例如浪费大量时间逐条宣读每一项工作的内容及细节,以期呈现个人工作量。对此,上级主管须提前提出汇报要求,要求只汇报重点、亮点、问题点、改进点,并在员工汇报过程中进行过程控制和汇报指导,以提高面谈效率。

(3)沟通绩效表现——确认问题。上级主管认真倾听汇报,对汇报过程给出积极反应,并诚恳地与员工探讨绩效表现的具体部分,从而确认问题,包括工作中的思想问题、方法问题等,确保双方达成一致,并做好记录。

沟通过程中需要重点确认的内容包括:亮点工作,了解具体实现的效果,并探讨是否有推广的意义;未完成工作,结合绩效考评数据,探讨是否因为标准设置不合理,是客观原因还是主观原因,该工作对部门绩效的影响程度,并寻找有效解决问题的方法;改进工作,根据工作中出现的问题,归纳出需要改进提升的部分。

沟通环节的难点是负面反馈技巧。上级主管对于员工未完成的指标或任务,可以因人而异,采用不同的方式反馈负面问题。切勿妄下结论,采用倾听提问、探讨的方式寻找原因,更能提高员工的自我认识和对于问题的接受度。

(4)上级主管评价——明确差距。针对员工汇报与自评的重点,结合沟通确认的信息,上级主管应给予员工综合评价,并说明原因。这里的评价是直接上级的评价,是结合全年绩效指标、任务的考评结果给出的综合评价,这个评价除了具体的评价等级,还包括个人工作能力、态度等方面的评价,侧重该员工岗位胜任程度,以及在哪些方面还有待改进。上级主管评价内容包括:业绩评价,指出成绩和不足;能力评价,指出优势和劣势;根据事先设定的目标衡量标准进行评价;成绩和不足方面要呈现事实依据。

上级主管评价环节的难点是评价的技巧,即对于不足之处的评价,如何就事论事地帮助员工接受自己的不足是改进的关键。要从员工未来职业发展的角度出发,集中于具体的事和工作提出改进方法并进行指导。

(5)制订改进计划——解决问题。基于以上绩效表现的分析和评价,结合不足、未来工作难点等,确定员工需要改进的方面,提出具有可操作性的改进措施,例如参加培训、自学、工作方式优化等,并形成具体的绩效改进计划,明确下阶段的改进目标和具体改进任务,便于后续对员工绩效改进情况进行周期性的跟踪与评估,充分将绩效改进落实到行动中。绩效改进计划须明确的内容包括改进方向及目标、改进具体措施与任务、改进时间安排和目标成果、改进过程周期性跟踪督导措施。

改进环节的难点在于如何确保绩效改进有效且可操作。在明确绩效改进的问题和目标的基础上，改进的方法是否合适十分重要，如果改进方法过于理想，操作性不强，改进将难以落实和推进。因此，需要结合企业的实际情况、可以提供的学习成长资源等灵活设计改进计划。例如操作实务方面，可通过轮岗或师带徒的培养形式，给予员工参与相关具体工作或项目的机会，获得相关的实践经验和操作技能，推进绩效改进落地。切勿因为现实因素终止绩效改进的步伐，使员工失去绩效提升的积极性。

（6）商讨员工发展计划。上级主管与员工共同探讨本阶段绩效表现与职业发展计划的匹配性，分析是否需要修订员工个人发展计划，使发展计划、员工个体特征和企业发展需求相匹配，持续推进员工的职业发展，主要从以下三个方面进行。

第一，阶段性职业发展分析。结合本周期绩效表现和下阶段的工作计划，分析目前的工作内容、改进方向与目前的职业发展计划是否匹配，进一步思考下一阶段需要积累哪些方面的工作经验、改进哪些工作方法、学习那些知识技能等，才能更有利于个人的职业发展。

第二，职业发展意向探索。结合本阶段绩效考评结果，初步判断原有职业发展规划路径是否需要调整，本阶段达到的目标是否符合职业发展的阶段性要求，目前还有哪些要求未达到标准需要纳入下阶段的工作和提升计划中。

第三，团队人才培养支持。结合需要将员工学习提升计划纳入部门团队建设和人才培养计划中，为员工职业发展提供资源支持，引导员工的发展目标与企业的发展目标相匹配。

商讨员工发展计划环节的难点在于如何引导员工个人发展与企业需求相匹配。在人才队伍建设过程中，企业需要将未来发展对人才的需求和期待传递给员工，以员工发展路径、职业发展通道等方式清晰地呈现给员工，为员工明晰在企业中可以发展的方向，鼓励员工成为企业所需的核心人才，并为核心人才的成长提供资源支持，激发员工的发展动力。

（7）讨论下阶段考评内容和目标。上级主管与员工共同探讨下阶段工作及改进是否需要帮助或支持，结合本阶段绩效表现，首先开展目标商定，沟通确定下阶段工作重点目标、阶段成果、目标完成的时限要求，注意目标的可衡量性和可行性，探讨重点工作任务或指标和标准是否合适，内容和要求是否明确；其次提供工作支持，沟通探讨完成下一阶段重点工作任务所需的资源，包括部门或岗位的配合、人财物资源供给等，来保障工作的完成，以客观条件为主。

讨论下阶段考评内容和目标环节的难点在于如何引导员工勇于承担重点工作任务，并主动思考任务完成过程中的最佳方法和所需的资源和支持，培养员工持续思考改进并行动的良好习惯。

（8）确认考评结果。回顾所有问题和改进、发展计划，确定最终的年度考评等级，备注依据，整理面谈记录并备案，双方签字确认。给予员工鼓励，并感谢员工参与。

3. 整理归档

绩效面谈结束后，应将此过程中的谈话记录、确认的绩效评估结果、商定的下阶段绩效改进计划等材料整理、分类、归档，作为周期绩效考评的依据。同时作为员工下一步岗位调整、晋升、职业发展的参考依据，也便于岗位更换后新的直接上级了解员工。

（三）团体绩效例会

团体绩效面谈一般以团体绩效例会的形式开展，一月或一周安排一次，团队成员坐在一起，就本周期的工作内容进行反馈和沟通协调。团体绩效例会可以满足团队交流的需要，掌握团队成员的工作进展情况。此外，通过例会沟通，员工往往能从上级主管口中获取企业战略或价值导向的信息。

团队绩效例会在组织过程中应明确会议重点、会议的频率，避免召开不必要的会议，合理控制会议时间，关注解决最重要的问题；营造良好的沟通氛围，避免演变成相互指责、一言堂、批评会；做好会议记录并在结束后做书面总结。

团体绩效例会流程如下。

1. 工作梳理与重点明晰

员工多的部门，在团体绩效例会中切忌逐条汇报，避免会议冗长、效率低、占用过多工作时间，导致员工产生逆反心理，要挑选工作重点、难点、亮点等作为员工汇报的核心。操作关键点如下。

在初试期（召开团体绩效例会前 1~3 次），员工逐步梳理清楚工作内容，形成绩效计划，逐步区分重点工作与常规工作，并轮流汇报本期总结、自评结果和下期计划，上级主管耐心倾听、查缺补漏，帮助员工厘清重点，统一自评标准，给予绩效指导和评价。

在稳定期（召开团体绩效例会 3 次之后），常规工作已基本介绍全面，仅须汇报重点工作情况、亮点工作和问题工作，上级主管选择性点评，缩短时间、提高效率，将例会控制在 30 分钟以内。

2. 总结自评与计划分解

员工根据本周期工作完成情况开展本期工作总结与自我评价，并填写自评理由，同时形成下一周期工作计划。操作关键点如下。

（1）绩效计划包括部门级重点工作分解、部门级工作落实情况、业务流程环节落地情况、岗位职责具体化等。

（2）绩效计划是绩效辅导和评价的重要依据。因此，上级主管需要对员工的绩效计划进行审阅、指导、把关，切忌"走形式"。绩效计划制订需要坚持以下两个原则：一是"二八原则"，即区分"重点工作""常规工作"，切忌事无巨细；二是"SMART"原则，即绩效计划制订需"具体""可衡量""可实现""现实""时限明确"。

3. 分析反馈与沟通辅导

在团体绩效例会上，员工汇报本周期工作、反馈问题、确定自评等级，并针对自评有亮点的地方说明理由，自评有问题的地方说明改进计划。操作关键点如下。

（1）员工点评与方法指导。建立以"自我评价"为核心的绩效沟通机制，因为员工的自我总结和评价，相比外部反馈更有助于帮助员工接纳、认识、反思自己的绩效状态。

1）关于亮点类工作。上级主管应真诚地给予认可，鼓励员工分享经验，让团队成员共同学习借鉴。同时可以归纳总结作为年末"卓越贡献"考评申请的基础，鼓励员工敢于担当、挑战自我、突破创新。

2）关于问题类工作。上级主管应仔细倾听员工的分析和改进计划，针对频繁出现的工作问题点、长期绩效欠佳的员工给予重点关注，帮助其分析原因，向其分享经验，持续追踪其后续工作完成情况，不走形式。

（2）角色分析与事前控制。上级主管将部门承担的企业级重点工作分解至岗位，强调工作中的重点和履职关键点，对部分难点工作给予指导，帮助员工厘清工作思路，事前控制，提高员工的工作效率。针对跨岗位或跨部门合作的工作，要明确责任角色，即谁牵头、谁承担、谁配合。会后，员工根据部署完善绩效计划，提交上级主管审核。

4. 监督反馈

人力资源管理部门作为团体绩效例会的执行监督部门，应该持续检查监督各部门团体绩效例会落实情况，进行辅导、反馈，对绩效沟通过程不抓重点、效率不高、人才培养意识不强、绩效辅导效果不佳的部门提出整改建议，鼓励各部门旁听绩效沟通效果较好的部门例会，沟通探讨总结适合本团队的绩效沟通模式，优化改进会议流程。

5. 结果应用

团体绩效例会的过程不仅可以帮助员工提升绩效水平，而且可以为年度绩效考评积累数据，提高绩效考评的公平性和效率。积累的绩效考评数据和亮点工作，可作为薪酬分配、后备选拔、员工职业发展的参考依据。可实现从物质、精神、长远发展等多个角度的员工激励，给予优秀员工尊重和认可，提升全体员工学习成长的积极性。

三、非正式绩效沟通技巧

非正式绩效沟通的内容和形式灵活，不受时间、空间限制，一旦有问题可以马上沟通，具有随机、及时的特点。常见的形式有非正式的会议、开放式办公、空闲聊天、喝咖啡的间歇进行的交谈、走动式管理等。

非正式绩效沟通，因为内容和形式的灵活多样，相比流程规范的正式沟通，双方的沟通技巧、水平对沟通效果的影响更大，因此，管理者应该重视绩效面谈工作，重视训练沟通技巧，有效利用非正式沟通进行绩效监控与管理。

在企业绩效管理过程中，非正式绩效沟通效果不佳的主要原因包括以下五个方面。

（1）管理者不重视绩效面谈，当作例行填表类事务，缺乏准备和技巧训练。

（2）绩效面谈没有充分的考评数据作为依据，空谈或谈直接印象，无法获得员工的认同，员工认为考评结果不公平、主观片面。

（3）管理者在负面反馈方面缺乏技巧，激化了员工情绪。

（4）管理者不擅于或不重视正面反馈，使得员工没有工作积极性或成就感。

（5）管理者不重视倾听，无法理解员工真正关于考评的思考、未来发展的意愿等，无法找到激励员工的关键点，以及留用员工的关键。

基于以上问题，管理者可以充分学习和使用因人而异策略、善于倾听提问原则、真诚称赞原则、建设性批评原则、面谈汉堡原理、面谈 BEST 法则等原则与方法，提升非正式绩效沟通的效率和效果。

（一）因人而异策略

管理生命周期理论认为，管理者的领导方式，应同员工的工作经验相适应。面对不同的员工，管理者应采取灵活的领导风格。在非正式绩效沟通中，管理者应针对不同类型的员工选择不同的非正式沟通策略。例如根据员工的业绩水平和工作态度进行分类，如图 2-2-3 所示，对于不同类型的员工采取不同的沟通策略，来提升绩效面谈效率，帮助员工更好地接纳、认同、提升个人绩效表现。

1. 贡献型（好的工作业绩 + 好的工作态度）

贡献型员工是创造良好团队业绩的主力军，是团队最需要维护和保留的员工。

面谈策略：在了解企业激励政策的前提下予以奖励，提出更高的目标和要求。

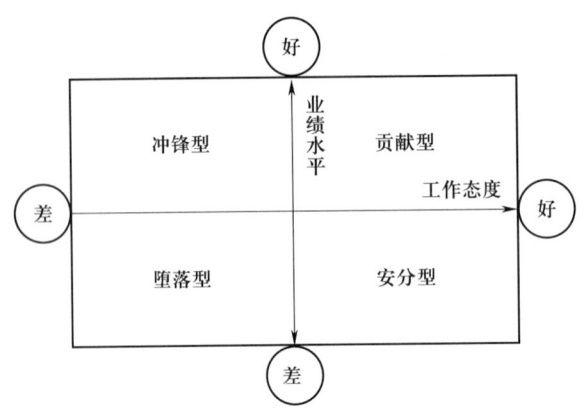

图 2-2-3　绩效面谈策略矩阵图

2. 冲锋型（好的工作业绩 + 差的工作态度）

冲锋型员工的不足之处在于其对待工作忽冷忽热，态度时好时坏。

面谈策略：通过良好的沟通建立信任，了解原因；并通过日常工作中的辅导改善其工作态度，不要将问题都留到下一次绩效面谈中去解决。

3. 安分型（差的工作业绩 + 好的工作态度）

安分型员工的工作态度不错，工作兢兢业业、认认真真，对上司、企业有很高的认同度，可是工作业绩较差。

面谈策略：以制订明确的、严格的绩效改进计划作为绩效面谈的重点；严格按照绩效考评办法予以考评，不能因为态度好代替工作业绩不好，更不能用工作态度掩盖工作业绩。

4. 堕落型（差的工作业绩 + 差的工作态度）

堕落型员工会想尽一切办法来替自己辩解，或找外部因素，或自觉承认工作没做好。

面谈策略：重申工作目标，澄清员工对工作成果的看法。

（二）善于倾听提问原则

管理者需要在面谈过程中，主动地提问并倾听，倾听员工自己分析问题原因比管理者直接指出更有说服力；倾听员工的个人工作困难，可以为下阶段绩效提升提供相关资源；倾听员工的管理体验，可以为管理者个人的绩效提升提供很好的帮助；倾听员工的发展意愿，可以发现员工的需求点，更好地挖掘员工的潜力和激发员工的工作动力，并为员工提供相应的发展支持。只有这样，才能真正激励员工、留住员工，帮助其改进绩效。

1. 培养倾听素质

在非正式绩效沟通中,管理者需要培养自身的倾听素质,以便深入了解员工的想法和需求。倾听素质包括如下内容。

(1) 呈现恰当而肯定的面部表情。作为一个有效的倾听者,管理者应通过自己的身体语言表明对下属谈话内容的兴趣。肯定性点头、适宜的表情并辅之以恰当的目光接触,无不显示出管理者正在用心倾听。

(2) 避免出现隐含消极情绪的动作。看手表、翻报纸、玩弄钢笔等动作表明管理者很厌倦,对交谈不感兴趣,不予关注。

(3) 不要随意打断员工。在员工尚未说完之前,尽量不要做出反应,让员工把话讲完;不要轻易打断员工,一定要鼓励他讲出问题所在;在倾听中保持积极回应,千万不要急于反驳;先不急于下结论,务必听清楚并准确理解员工反馈过来的所有信息。

(4) 沟通确认。再一次与员工核实已掌握的信息,厘清所有问题,使之条理化、系统化,然后迅速做出判断,并表达自己的想法。

2. 磨炼提问技巧

在非正式绩效面谈中,如何提问也是很重要的,高效的管理者通过提出问题,帮助员工思考,让员工自己寻找答案。下面是一些提问的技巧。

(1) 在没有准备好听取回答的时候不要提问。有时候,人们在提出问题时只愿意听到他们心目中的理想答案。比如,如果你确实不愿意听到别人说你是个不好的管理者,那么就不要问"你认为我是个好的管理者还是个不好的管理者"。当提出问题的时候,必须愿意且尊重所听到的任何回答,并且不要有过激反应。

(2) 以"为什么"开头的问题容易让员工产生防御心理。这是语言中的一个特殊现象。可以用不容易引起防御心理的说法来代替"为什么"这个词。比如,与其说"为什么你经常迟到",倒不如试试"是不是在上班的路上发生了什么特别事情,使你不能准时到达"。

(3) 不要用问题来间接表达你的意思。这是父母对孩子经常用的一种技巧,因此被认为带有操纵性,还给人屈尊的感觉。比如,"你不觉得自己应该更加勤奋地完成工作吗"这是反问句,貌似问句,而实际上起到了陈述句的作用。听话人对这句话的理解是"我想要你更加勤奋地工作"。用来起到陈述或要求作用的问句会引起员工的不信任感。

(4) 避免复合问句。复合问句实际上是几个问句合在一个句子里。复合问句让人感到迷惑，并且容易得到低质量的回答。例如，"你为什么周五经常迟到，而周三经常早退呢？"这就是两个问题，而且不容易同时得到两个问题很好的答案。把几件事情分开，让问题变得简单详细会方便员工回答。

（5）员工在回答问题时，不要打断。这是一个总的原则，但也有一些例外。如果员工的回答完全离题了，或者带有侮辱和污蔑性质时，可以打断员工，并重新调整谈话的重心。打断员工时态度要友善，调整谈话重心时不要表现出失望情绪。

（三）真诚称赞原则

作为管理者，应用人所长，善于发现员工的优点。如果管理者专找员工的缺点，必将破坏上下级之间的团结。很多管理者认为，绩效面谈就是为了找员工的错误和缺点，使得员工对绩效管理产生逆反心理。因此，管理者应以员工的长处为中心，以员工能做什么为起点。

德鲁克在《卓有成效的管理者》一书中提到，管理者对员工的工作负有责任，用人所长，不仅可以更好地发掘员工潜能，也可以更高效完成工作。专注人之所短，不仅是愚不可及，更是有亏职守。尽量发挥员工的长处，协助员工得到应有的发展。用人所长，是卓有成效的管理者必备的一种素质，是一个企业工作是否有效的关键，也是知识工作者和社会不可或缺的素质。

"赫洛克效应"指出，及时对工作结果进行评价，能强化工作动机，对工作起到促进作用。适当表扬的效果明显优于批评，而批评的效果比不予任何评价要好。因此管理者须善于表扬，来提高员工的工作积极性。

【管理案例】

怎样表扬员工更有效

有的时候，我们通常认为表扬员工是件很容易的事情，谁不愿意听表扬呢？但是，如果表扬运用得不适当，不但起不到激励作用，反而会有适得其反的效果。

【场景一】市场部做了一份客户市场分析报告，市场部一线管理者小王将报告提交给主管市场部的副总老张，老张高度评价了这份报告。小王说："这个是我们部门员工连续一个星期加班加点做出来的。"老张说："是吗？那你可得好好表扬一下他们！"

【场景二】小王在本部门的例会上说："刚才副总老张表扬了咱们部门，大家上个星期连夜赶做的市场分析报告，领导看了很满意，大家辛苦了！希望大家今后再接再厉，多干点这样的漂亮活！"

（一个月以后）

【场景三】小王被副总老张叫到了办公室，老张将一沓纸摔到桌子上，生气地说："这次的新产品促销活动是今年的重头戏，可是你们的促销方案怎么就写成这个样子？我很不满意！"

【场景四】小王心情沮丧地回到自己的办公室，怎么也想不通：为什么上次刚刚表扬了他们，这次的工作结果就有这么大的差别？

这是怎么回事呢？原来，上次做客户市场分析报告时，每天加班加点到深夜的只有小张和小李两个人，其他人虽然也跟着加班，但是只不过到8点多就回去了。而在表扬的时候，小王却没能突出强调小张和小李的特别贡献，而是将所有人的表现混为一谈。这样小张和小李会怎么想呢？他们可能会想："原来干多干少一个样，那以后我也不那么傻了。"他们两人的热情受到了很大的打击。其他人会怎么想呢？他们想的是："原来不用太辛苦也能受到表扬，那以后还这样做就够了。"经过了这样的表扬之后，大家的工作热情非但没有提升，反倒有所下降。

【思考与讨论】

（1）为什么管理者进行了表扬，反而工作质量下降了，而且员工的工作热情受到了打击？可以结合激励理论谈谈本案例中的表扬过程存在的问题。

（2）从管理者的角度，如果希望大家保持或提升工作质量，应该怎么表扬？

（3）从管理者的角度，如果希望激发员工队伍的工作积极性，应该怎么表扬？

（四）建设性批评原则

批评在职场中被视为不易开展的工作，一方面担心破坏职场关系，另一方面担心引起对方的愤怒。德鲁克强调管理者的重要品质是诚实和正直。管理者有人才培养的责任，因此在发现员工有错误的时候，需要及时指出，不能因为担心破坏人际关系而隐瞒，否则将不能帮助员工真正意识到自己的问题点，无法实现改进提升和发展。

美国心理学家亨得利文辛格对批评做了大量的研究，发现了七个要素能够有效促进建设性的批评：一是建设性批评是战略性的，要抓住影响全局的、关键性的因素；二是建设性批评要维护对方的自尊；三是建设性批评应发生在恰当的环境中；四是建设性批评是以进步为导向的；五是建设性批评是互动式的；六是建设性批评是灵活的；七是建设性批评能够传递帮助的信息。通常，在绩效沟通中，反馈员工需要改进的部分，要注意宽以待人，从观点一致的问题谈起，注意保护员工的尊严，沟通方式要因人而异，批评时要做到对事不对人、不要翻旧账，批评员工的同时也反思自己，做到以理服人而非以权压人，等等。

（五）面谈汉堡原理

汉堡原理是指在进行非正式绩效面谈的时候按照三个步骤层层深入进行：先表扬特定的成就，给予真心的鼓励；然后提出需要改进的行为表现；最后以肯定和支持结束。

【管理案例】

汉堡原理反馈案例——培训专员绩效面谈

第一步 先表扬，真诚鼓励

"小王，上月工作中，你在培训计划编制、培训机构选择、培训教师评估、培训工作组织、培训档案管理等方面做得不错，不但按照考评标准完成了工作，而且还做了不少创新，比如在××工作中提出了××建议，这些建议对我们企业的培训管理起到了很大的帮助作用，值得提倡。"

"前面我们谈的是你工作中表现好的方面，这些优势要继续发扬。"

第二步 提出须改进的行为表现

"另外，我在你的考评中也发现了一些需要改进的地方，比如培训效果评估，这个工作一直是我们企业的难点，以前做得不好。在你的工作中也存在这个问题，比如很多培训没有做效果评估，有的培训做了评估，但都停留在表面，这样就容易使培训流于形式，不利于员工素质的提升，我想听听你对这个问题的看法。"

"我是这么想的，培训效果评估……。"

第三步 肯定与支持

"嗯，不错，我同意你对这个问题的想法，那么我们把它列入你的改进计划，好吗？"

汉堡原理的作用在于提醒管理者，绩效面谈的作用在于帮助员工改善绩效，而不是抓住员工的错误和不足不放，因此，先表扬优点，后指出不足，再肯定和鼓励，才是最佳的面谈路径。

* *

汉堡原理反馈案例——会计岗位绩效面谈

有一位会计，有一段时间总是迟到，财务部经理采用汉堡原理对她进行了面谈批评。

第一步 表扬特定的成就，给予真心的肯定

经理找到会计，笑着说："小王，最近工作做得不错，账目上没有出现什么差错，上级领导很满意。"会计面露喜色。第一步就完成了。

第二步 提出需要改进的特定的行为表现

"但是你最近总是迟到，这个星期已经迟到三次了吧？"会计点头。"销售部的同事找你报销，几次没找到你，对你很有意见。"会计面有歉意。第二步完成了。

第三步 最后以肯定和支持来结束

"你工作一向是很认真的。希望你能改掉迟到的毛病，如果有什么困难可以提出来，大家帮你一起解决。"第三步就完成了。

（六）面谈 BEST 法则

BEST 法则是指在绩效面谈中重点强调四个方面：一是描述行为（Behavior description）；二是表达后果（Express consequence）；三是征求意见（Solicit input）；四是着眼未来（Talk about positive outcomes）。具体实施操作流程如下。

1. 具体地描述员工的行为

管理者应该耐心、具体地描述员工相关的行为；在描述中做到对事不对人，重点描述工作任务完成的情况，而不是对员工个性的主观判断。

2. 表达这种行为带来的后果

管理者应该客观、准确地表达出员工行为带来的绩效结果，不应擅自夸大或隐瞒，不过分指责员工。

3. 征求员工的意见

管理者需要善于倾听，而非一味地猜测或主观判断，认真听取员工的自我评价、自我改善以及对未来发展等方面的想法。从员工的角度来看问题，更容易找到绩效改进的关键点。

4. 着眼未来

管理者可以与员工共同探讨下一步的改进做法和发展方向，针对员工迷惑的地方

提出建议，并阐述清楚这种建议的好处。

【管理案例】

绩效沟通中的 BEST 法则应用

例如某企业员工小王在准备一份提交给客户的资料时，做错了里面的一个数据，一线管理者老肖发现了，打算给小王一个负面的反馈。老肖是怎样做的呢？

首先，向员工描述错误行为的事实。老肖："小王，你做的这份资料里有一个数据错了。"

其次，向员工阐明这种行为可能带来的不良后果。老肖："我们提交给客户的每一份文件都是客户了解我们企业的窗口，如果你是客户，发现企业给你的资料有错误，你会对这家企业形成怎样的印象？所以，我们的每一个行为都会影响我们在客户心中的形象。"

接下来，征求员工对于改正错误的意见。老肖："小王，你说该怎么办呢？"

最后，鼓励员工进行对企业有价值的改进。老肖："对！如果我们每个人每时每刻都能这样做，就会对我们企业产生积极的影响。"

在绩效沟通中，应该避免模糊的反馈。例如一个管理者告诉员工"你的报告内容不够完整"或者"这个报表做得太糟糕了"，这样模糊的信息往往无法起到反馈应有的作用，员工仍然不知道该做出怎样的改正，或者改正的内容并非管理者所期望的。

有时候员工并不知道自己的工作表现得不够好，这时管理者就需要给他们明确的反馈，让他们知道自己的工作表现不令人满意。示例如下。

主管老张："小李，你现在提出的这个计划还非常不具体，还不具备可执行性，许多细节的问题你必须现在就考虑到，否则一旦项目开始，我们大家都将陷入手忙脚乱之中。所以，我希望你能在明天给我一份更具体的计划，至少包括我今天和你讨论过的这些细节，可以吗？"

小李："好的，张经理，我知道了。"

有时，员工在进行一些创新性或探索性的工作时，往往会由于未来的不确定性而缺乏信心，这时管理者积极正面的反馈会起到鼓舞信心的作用。示例如下。

部门经理："小宁，你们小组现在的进展我还是很满意的。我知道这件事情难度比较大，并且以前也没有人做过，有时走些弯路也是难免的。你们大胆干，有什么需要我支持的尽管来找我，进展的情况要及时向我汇报。"

四、绩效咨询辅导技术

绩效咨询辅导是以咨询顾问角色辅导员工提升绩效的过程。管理者可以学习咨询辅导技术以提升日常绩效沟通水平,更高效地帮助员工提升绩效。

(一)绩效咨询辅导环节

当员工没有达到预期的绩效标准时,管理者可借助咨询辅导帮助员工克服工作过程中遇到的障碍,通过确定和理解、授权、提供资源三个环节,开展绩效咨询辅导,帮助员工有效处理已经出现的问题以及潜在的问题,提高员工的绩效水平,从而提升某一领域的业绩表现。

(二)绩效咨询辅导特点

绩效咨询辅导相比日常绩效沟通,更关注人的成长与发展,更重视激发人的潜能,从而发挥员工的主观能动性来解决问题。在绩效咨询辅导的过程中,管理者需要把握以下七个要点。

1. 建立良好的信任关系

管理者首先要信任员工,相信他们愿意把工作做好,且有能力把工作做好。

2. 保持循环状态

绩效咨询辅导应该是持续循环的,而非有了问题再辅导。

3. 挖掘员工的潜能

耐心倾听员工的想法,发现员工的优势并及时支持员工发挥潜能。

4. 鼓励员工勇于挑战

鼓励员工敢于承担风险、突破自我,并对过程中暂时的失误给予包容。

5. 提升员工的能力

绩效咨询辅导不同于传统绩效沟通的关键就是绩效咨询辅导不仅仅关注解决眼前具体的绩效问题,更关注员工个人成长和能力提升,帮助员工提升未来应对新问题的能力。

6. 启发员工自我探索

绩效咨询辅导一般不直接给出改进建议、告诉员工怎么做,而是更注重通过提问、倾听、反馈的方式,启发员工自己思考问题产生的原因,探索解决问题的方法。

7. 认可员工的表现

绩效咨询辅导强调积极关注,管理者真诚的发现员工表现好的方面,并给予肯定,帮助员工发挥个人主观能动性,更好地解决问题。

(三) 绩效咨询辅导方式

绩效咨询辅导方式根据员工的工作经验及咨询需求不同,主要分为以下三种。

1. 具体指示型辅导

重点针对缺乏完成绩效任务所需知识技能的员工,给予其具体方法流程方面的指导,并传授相关的工作技能,跟踪员工的执行情况。

2. 方向引导型辅导

重点针对已经基本掌握完成任务的知识技能但遇到特殊情况无法处理的员工,给予相应的方向性的引导。

3. 鼓励型辅导

重点针对已经具有完备的知识技能的专业人员,在员工需要的时候给予鼓励和适当的建议,支持员工发挥个人主观能动性和创造力。

(四) 绩效咨询辅导时机

绩效咨询辅导重点关注"人"而非具体的"事",因此把握良好的时机更有利于建立良好的信任关系,在人的不同发展阶段给予支持和辅导。结合个人成长阶段,绩效咨询辅导可重点把握以下四个关键时机。

1. 当员工征求意见时

当员工向管理者请教问题,不确定新方法是否有效时,此时员工需要鼓励、肯定以及对潜在问题的预判,可以结合员工需求给予鼓励和分享。

2. 当员工希望得到帮助而解决某个问题时

当员工在绩效计划执行的过程中遇到障碍或者难以解决的问题,希望获得支持和帮助时,可以适时地帮助员工协调相关的资源或提供一些解决问题的技巧,帮助员工提升工作技能。

3. 当员工发现了一个可以改进绩效的机会时

当发现员工在工作过程中使用另一种方式可能更快更好地解决问题时,可以先尝试理解员工当前的选择,并分享提供可参考的方式,呈现两者的优势,供员工参考,切忌直接建议或命令。

4. 当员工掌握新技能并可以应用时

当员工学习了新技能,管理者希望其能及时应用到工作中,巩固发挥新技能时,可以提供相应的挑战性的工作任务或工作机会,从职业发展的角度探讨是否进一步尝试和积累相关经验。

(五) GROW 模型辅导

GROW 模型是使用广泛的绩效咨询辅导模型之一。GROW 代表成长,即帮助员工成长,其模型如图 2-2-4 所示。在管理者与员工进行咨询辅导时,首先应该阐述谈话目标(goal),确认未来想做的事;其次描述现状(reality),发现问题、分析原因,避免盲目下结论,应该设身处地地倾听员工的分析和想法;再次寻找解决方案(options);最后与员工一起商讨行动计划(way forward),约定下一次的咨询辅导时间,并表达你对员工的信心。

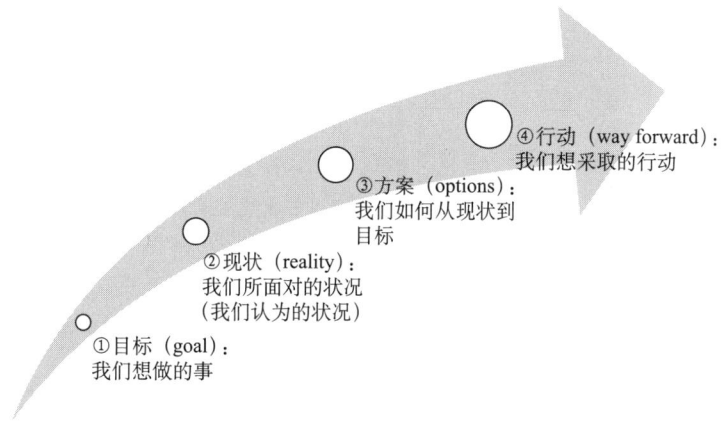

图 2-2-4 GROW 模型

应用 GROW 模型开展绩效咨询辅导,管理者要相信员工有很强的内在学习潜力和解决问题的能力。这种辅导不是给予员工自己认为有效的方法,而是激发员工思考他们认为有效的方法,为他们创造一个安全的环境,消除干扰,使得员工敢于去探索各种可能性,敢于突破和发生转变,并帮助他们分析现状,找出方案并制订有效的行动计划。这种辅导过程是管理者去影响员工主动梳理问题、承担起决策和行动责任的过程。

各阶段需要关注的重点问题参见表 2-2-3。

表 2-2-3　　　　　　　GROW 模型辅导提问参考清单

阶段	主题	思考提问参考清单
G	目标（goal）： 我们想做的事	√ 是否符合 SMART 原则？ √ 你想讨论什么话题？ √ 你想从这次讨论中得到什么？ √ 如果你达不到目标，会产生什么后果？
R	现状（reality）： 我们所面对的状况 （我们认为的状况）	√ 现在的情况？ √ 已做哪些尝试？ √ 结果怎么样？ √ 阻碍是什么？ √ 目标是否实际可行？
O	方案（options）： 我们如何从现状到目标	√ 为排除干扰，你会做什么？ √ 什么问题能引起你的关注？ √ 你自己有什么建议？ √ 你想了解我的建议吗？ √ 你对哪些想法感兴趣，想进一步了解？ √ 如果要做，打算怎么做？
W	行动（way forward）： 我们想采取的行动	√ 这个方案足够吸引你采取行动吗？ √ 你打算怎么做？ √ 阻碍是什么？ √ 打算怎么克服阻碍？ √ 下一步干什么？什么时候开始？

在应用 GROW 模型的过程中，为确保绩效咨询辅导效果，需要重视的关键点如下。

1. 目标

确保符合 SMART 原则（见图 2-2-5）。可以帮助员工更好地处理当前问题，更有助于工作落地。

2. 现状

了解现状要尽量真实准确。现实情况中，我们很难绝对客观地看待问题，因为情绪或偏见影响看待问题的客观程度。建议多用一些时间倾听员工分析自己的想法，并拓宽员工看问题的视角，有助于员工自己找到潜在的方案和实用的行动计划。

3. 方案

要做到真正的头脑风暴，即不做评判，让员工所有的想法都真实地呈现出来。尽

S	M	A	R	T
• 具体的 specific • 重要的 significant • 延展的 stretching	• 可衡量的 measurable • 有意义的 meaningful • 有激励的 motivational	• 同意的 agreed upon • 可获得的 attainable • 可达成的 achievable • 可接受的 acceptable • 行动导向的 action-oriented	• 符合实际的 realistic • 相关的 relevant • 合理的 reasonable • 有报酬的 rewarding • 结果导向的 result-oriented	• 有时限的 time phased • 及时的 timely • 明确的 tangible • 可追踪的 trackable

图 2-2-5 SMART 原则确认参考清单图

量营造一个有助于互相启发的环境，辅助员工排除干扰地去表达自己的想法。

4. 行动

确保符合 SMART 原则。行动计划越具体越有利于将其执行得更好。

【管理案例】

应用 GROW 模型开展绩效咨询辅导示例一

公司一个关键项目的研发工程师突然离职，研发总监为了不影响项目进度，要求人力资源部在 4 周时间内招到替代人选。招聘经理在会议上宣布此事并将该任务列为本周的重点工作时，发现了几个员工面露难色。随后，招聘经理运用了 GROW 模型与员工沟通此事。

第一步　目标确定

√ 我们的目标是在最短时间内招到一名研发工程师，对吗？

√ 在达到这个目标的过程中，我们可以设定哪些阶段性目标？

√ 你们想在什么时间节点完成阶段性目标？

第二步　现状分析

√ 现在的情况是什么样的？有哪些障碍可能会阻碍我们达到目标？

√ 我们目前有多少招聘渠道？有多少相关资源？

√ 如果和竞争对手"抢人"的话，我们公司有哪些优势？

第三步 方案选择

√ 怎么消除这些可能造成阻碍的因素?

√ 如果在这个事情上我们只有很短时间的话,我们可以做些什么尝试?

√ 如何更有效地利用我们现在已有的资源?

第四步 总结与具体行动

√ 我们需要开拓多少新的招聘渠道?如何利用这些招聘渠道?

√ 根据面试录用率,我们需要每天筛选多少简历,面试多少人,才能达到目标?

√ 你们还需要什么样的帮助和支持?

通过这样的咨询辅导,该招聘团队很快确定了目前面临的三大难题。

(1) 时间短。

(2) 职位薪资在市场上没有太大的竞争力。

(3) 招聘该职位的竞争对手多。

根据对资源的分析和优势的把控,确定下列方案。

(1) 确定选择的招聘渠道是:候选人才库+内部推荐+招聘网站搜索+同行互助+微博招聘+微信招聘+QQ招聘。

(2) 确定向候选人"推销"的优势点是该职位的发展空间、该项目在公司的地位,以及公司提供的各种补贴。

最后进行总结并制订行动计划。行动计划包括以下内容。

(1) 研发总监确定职位的核心要求(非核心要求的指标可稍放宽)。

(2) 确定每个招聘渠道的时间分配,每天需要搜集的简历数、面试人数、复试人数等数据指标。

(3) 在这个阶段,也同时确定了跟进流程、核查重点、资源支持以及下一次咨询辅导的时间。

应用GROW模型开展绩效咨询辅导示例二

小王刚刚被提升为专业部门的经理,他面临着专业人员短缺的问题。部门有很多项目亟须启动,却因为人手问题迟迟难以开展,小王心情苦闷而焦虑。老李是小王的上级,在询问部门工作进度时,小王提出人手不足的问题,希望得到老李的帮助。

老李:"小王啊,你最近看起来好像心事重重的,有什么问题?"

小王:"最近部门有很多项目亟须启动,但由于人手问题迟迟难以开展,我的部门专业人员一直短缺!"

老李："哦，看起来你是想解决专业人员缺口这个问题，是吗？"

小王："是啊！"

老李："关于专业人员缺口的问题，你期待的具体目标是什么？"

小王："我希望到月底之前能招到2名程序员。"

老李："看起来在月底前招到2名程序员既重要又紧急！"

小王："是啊，真是急死了！"

老李："关于这个问题，之前你都做过哪些尝试呢？"

小王："我真的费了不少劲儿！我每周都要求人力资源部给我简历，也花了不少时间配合他们面试。"

老李："效果怎么样？"

小王："效果不怎么样。我一直在催人力资源部，可是人力资源部不配合，招聘工作进展得特别慢，好不容易招聘到几个人，但根本就不合适。"

老李："经过这些尝试，你觉得是什么因素使得人力资源部不配合呢？"

小王："不知道啊……"

老李："过去人力资源部招聘有效吗？"

小王："过去在某些岗位上，他们的招聘工作还是不错的，我觉得他们擅长招聘通用岗位的人。对于专业岗位，他们可能没经验，招聘渠道也不行。"

老李："那你觉得人力资源部应该起什么作用？"

小王："本来我觉得招聘就是人力资源部的事情，我们只要把要求告诉他们，剩下的就是他们的工作了。"

老李："你现在怎么看待人力资源部在这个问题上所起的作用？"

小王："坦白说，在专业人员的招聘方面，人力资源部确实帮不上大忙，他们顶多帮忙收集简历、安排面试。我认为可能行业内的朋友可以提供更专业的建议，至少会有一些风评和口碑可以帮助我们做出判断。"

老李："那么，你觉得在解决专业人员缺口的问题上，你还可以做哪些努力呢？"

小王："我应该多帮帮人力资源部，让他们更充分地理解我们需要的是什么样的人才，今天我就和人力资源部沟通一下，把我们的具体要求告诉他们。另外，我还会让我们部门的同事和行业圈子里的人来推荐，争取有10个候选人吧，这样会比人力资源部推荐的合适。"

老李："好的，这样做你觉得能够实现月底前招到2名程序员的目标吗？"

小王："应该可以。"

老李："现在，你马上可以做的是什么呢？"

小王:"嗯,我今天就在行业论坛发布详细的招聘信息,多收集一些简历,希望能得到一些有效的推荐。然后,我会请人力资源部改变招聘渠道,从猎头那里找一找。猎头作为行业内的能手,手上的信息应该也比较多,通过猎头,至少也可以得到5个候选人吧。"

老李:"好的,你可以总结一下我们刚刚交流的内容吗?"

小王:"我本来把招聘没有成效的责任都推给了人力资源部,觉得一点儿办法都没有。现在我发现自己还可以做很多事情,对目标也更明晰了,我觉得通过我的努力可以解决招聘的问题。"

老李:"太好了,期待你实现目标。"

小王:"非常感谢。"

【思考与讨论】

(1) 分析案例中绩效咨询辅导过程,与日常绩效沟通有哪些不同点?

(2) 根据案例,总结应用GROW模型辅导员工的关键步骤。

(3) 团队成员选择一个目前亟须解决的问题,模拟应用GROW模型开展一对一的绩效辅导,其他成员旁观记录,重点关注存在哪些应该避免的常见问题,并沟通探讨对话过程中可以改善的部分,形成提升版绩效辅导方案,并演练评估效果。

【任务要求】

一、任务说明

基本任务

开展绩效沟通

就本周期绩效计划完成情况进行绩效沟通,绩效沟通主要分为以下三个步骤。

第一步,撰写绩效汇报报告(可参考绩效沟通表样例,设计团队绩效沟通表作为汇报文件,个别重大工作需要特别说明的可另附页)。

第二步,模拟召开团队绩效例会,成员汇报个人工作重点、亮点、难点。团队队长开展点评和绩效辅导。

第三步,与个别成员开展一对一绩效面谈。

拓展任务

组织各团队队长召开企业级绩效例会,汇报沟通各团队的整体绩效情况,并形成会议纪要。

二、任务完成常用实际业务工具

(一) 常用绩效月报表和绩效沟通表

企业员工绩效月报（样例）见表 2-2-4，绩效沟通表（样例）见表 2-2-5。

表 2-2-4　　　　　企业员工绩效月报（样例）

目标/工作任务	进度	困难/问题	解决建议	需要的支持/资源	备注

表 2-2-5　　　　　绩效沟通表（样例）

填写时间：_____年_____月_____日

工作类别	工作内容	工作目标或标准	完成时间节点	自评等级	工作实际完成情况及理由说明	上级点评及指导
重点工作	1. 岗位说明书梳理	初稿完成	×月×日前	A+	A公司岗位说明书工作细则已完成梳理，B公司的正在进行中	
	……					
常规工作	1. 社会保险费缴纳	及时准确	×月×日前	A+	已完成	
	……					
追加工作	1. 组织召开三个专题会（推行督导督办）	顺利实施，及时答疑	×月×日前	A	顺利实施，但财务部单据未及时填写	
	……					

说明：
- 自评等级：A/A+/A++。
- 工作目标或标准包括预计工作产出、完成质量及达到的效果。
- 工作实际完成情况及理由说明要求：
1. 总结该工作实际完成情况，如完成时间节点、工作目标完成情况；
2. 自评为 A++ 的自述亮点，对管理创新、提升绩效的方法进行经验分享；
3. 自评 A 的说明未完成原因及对遇到的问题进行描述，并提出改进思路。

(二)常用绩效日报(工作日志)表

企业员工工作日志(简洁版)见表2-2-6,企业员工工作日志(全面版)见表2-2-7。

表2-2-6　　　　企业员工工作日志(简洁版)

姓名		部门		岗位	
目标/工作任务	开始时间	结束时间	工作内容	自评分	问题说明

表2-2-7　　　　企业员工工作日志(全面版)

时间		工作内容				难度系数		质量系数		效率系数		工作饱和度系数		自评得分	上级评得分
		基础项	得分	加分项	得分										
日期	时间段	记录日常工作,包括督导督办工作以及临时增加工作	自评	包括获奖、通报表扬、证书、创新等成果	自评	自评	上级评	自评	上级评	自评	上级评	自评	上级评		

三、任务评价指标与标准

绩效沟通任务评价标准见表2-2-8。

表2-2-8　　　　　　　　绩效沟通任务评价标准

团队名称					
评分标准		优 (5分)	良 (4分)	中 (2分)	差 (1分)
绩效例会流程设计	绩效例会流程设计是否清晰顺畅				
	流程图绘制是否规范				
会议召开与沟通效果	会前准备是否充分（是否填写并提交绩效沟通表）				
	绩效沟通过程是否高效（沟通是否聚焦重点、亮点和难点，时间是否控制在规定时间以内）				
	绩效沟通是否解决成员遇到的问题，并形成可行性方案				
	未完成重点工作是否有进一步的改进计划				
绩效沟通记录与公布	记录是否清晰完整				
	记录是否明确沟通中强调的工作改进和补充计划等内容，具有提示效果				

任务二　建立绩效信息采集机制

▶【知识准备】

一、绩效信息采集的重要意义

绩效信息是开展绩效考评、精准分析问题原因、开展绩效辅导和进行绩效管理决策的重要参考依据。因此，绩效信息采集是绩效管理的重要内容之一，是绩效过程监控与管理的重要工作环节。绩效信息支撑的相关工作如图2-2-6所示。

在企业绩效考评过程中，较强的主观性评价是导致绩效形式化的一个重要原因，而主观性评价的主要原因是绩效数据和信息收集不充分，不能有效支撑绩效考评决策。例如年底评优时的领导"拍脑袋"决策现象，就是因其受到员工近期表现等短期因素影响，难以实现以全年整体绩效表现为依据的客观、公正的绩效考评，从而影响员工的工作积极性。绩效信息的收集、整理和处理是绩效管理的关键步骤，没有绩效信息，各岗位的绩效指标和对员工行为的判断就难以公平。因此，为保障绩效信息采集工作的高效开展，企业需要建立完善科学的绩效信息收集流程和规范。

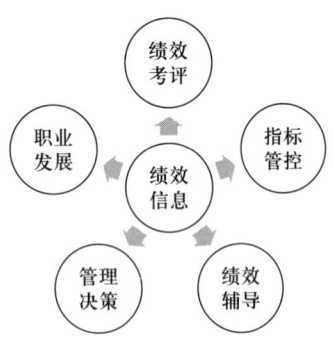

图2-2-6 绩效信息支撑的相关工作

【管理案例】

绩效信息采集会影响工作效果吗

【场景一】一个积极的关键事件

王一是一家企业的销售员，老周是他的领导。一天，老周路过王一的座位时，正巧他在打电话。老周注意到王一正在给买了产品的客户打电话，询问客户使用产品的情况："您觉得用起来怎么样啊？""您觉得我们的产品还有哪些需要改进的方面吗？""除了我们的产品，您还用过其他品牌的产品吗？他们在哪些方面比我们好？"并且看到王一认真地记录下客户的意见。

过了几天，一份整理完好的客户意见调查报告就呈现在老周的办公桌上。老周发现，王一对客户使用产品的意见进行了详细的总结和归类，并且有自己的分析意见，这些意见对于产品的改进很有帮助。

【场景二】一个消极的关键事件

李杨将一份打印精美的月度报告交给了一线管理者高山。高山非常认真地阅读了这份报告，对报告中的有些数据感到怀疑，于是就重新计算了一下，果然发现有错误。高山忽然想到李杨的报告与张三的报告用的是同样的模板，于是他拿出了张三的报告与其对照，结果发现李杨的报告中有些数据由于粗心没有被替换掉，用的还是张三原来的数据，这样就导致了数据的错误。

【思考与讨论】

（1）绩效实施过程中，采集哪些信息有利于绩效目标和计划的完成、绩效水平的提升？

（2）绩效实施过程中，团队或员工可以通过哪些方式及时准确地采集绩效信息？

（3）从绩效管理机制设计的角度，如何规范员工采集绩效信息的行为并帮助员工养成信息积累的工作习惯？如何提高绩效信息采集的及时性和准确性？

二、绩效信息采集的内容

绩效信息的内容按照绩效管理的不同阶段分类，主要包括绩效目标类信息、绩效计划类信息、绩效执行类信息、绩效评价类信息、绩效结果应用类信息等。按照采集对象，绩效信息包括企业内部的信息、绩效执行部门和员工的信息以及企业服务客户的相关信息。绩效收集的信息必须与绩效相关，包括但不限于工作目标或任务完成情况的信息（实现或未达到）、来自客户的积极或消极的反馈信息、工作绩效状况（突出或不足表现）、导致员工工作绩效差异的其他数据、平时就绩效问题的谈话记录等。绩效信息内容范围可参考表2-2-9，并结合企业绩效管理实际需求进行确定。

表2-2-9　　　　　　　　　　绩效信息内容列表

序号	管理阶段	绩效信息	谁提供	为什么
1	绩效目标	绩效指标、重点工作任务的名称、内涵、标准要求等	企业、部门管理决策者	统一团队工作努力的目标方向
2	绩效计划	团队及员工绩效计划内容、时间要求和评价标准	员工（经过上级审定的）	明确团队具体工作内容和对应的标准要求
3	绩效执行	■ 绩效计划执行的进度（顺利的/未完成的）、完成的经验、未完成的问题、执行的方法、所需的资源等 ■ 客户反馈的信息（好的/不好的） ■ 绩效工作汇报材料 ■ 相关业绩数据报表 ■ 绩效谈话记录	员工上报，管理者审核	了解团队进展情况，便于及时给予相关指导帮助、协调资源等，促进绩效改善
4	绩效评价	绩效指标的计算公式、计算标准、计算结果、数据规范	指标任务归口管理部门	计算结果，公平分配，反馈绩效，激励员工
5	绩效结果应用	绩效评价结果、绩效完成的数据、结果与目标的差距等	绩效评价人、绩效管理部门	发现差距，明确下一阶段的改进计划，促进提升

三、绩效信息采集的方法

绩效信息的采集方法包括绩效书面报告、绩效数据报表、日常工作记录、评价反馈面谈记录等。随着信息化水平的提升，目前企业普遍采用信息化办公系统采集过程绩效信息，替代传统的纸质报表或者电子报表的方式，员工登录信息化办公系统即可查询和共享相关绩效信息，为绩效管理提供了便利。数字化转型到位的企业，会设计企业专属的绩效管理信息系统平台，采集和处理绩效管理过程中的信息，包括绩效计划上报、绩效表现评价、绩效结果计算、绩效数据分析等各类功能（见图2-2-7）。员工可登录绩效系统或手机App随时随地提交绩效执行记录和数据，并查看了解本人绩效表现反馈信息，有利于及时调整工作方式，从而提升绩效。不同绩效信息采集方法及对比见表2-2-10。

图2-2-7　绩效系统采集与App显示样例

表2-2-10　　　　　　不同绩效信息采集方法及对比

采集方法	优点/有利的管理意义	缺点/应注意规避的问题
书面报告	便于不同时间、空间的管理者了解员工绩效具体情况，提前发现问题	单向交流，可能存在信息偏差
周报、月报、季报、年报	周期反馈，便于养成良好的绩效信息采集和反馈习惯，便于在过程中及时发现问题、解决问题	占用一定时间，确认周期报告中的总结是否与上月计划一致，可能为避免考评加分或扣分存在多报或少报情况
工作日志	积累过程工作数据，便于管理者了解员工的岗位工作量及岗位效率，判断分工是否合理 便于个人分析各类工作时间占比，及时调整工作重心、提高工作效率	每日每事记录，工作量较大容易遗漏、忘记，较难坚持

续表

采集方法	优点/有利的管理意义	缺点/应注意规避的问题
绩效指标数据报表	包括财务数据，由归口部门提供，进行定量分析，便于各部门直接客观了解企业发展现状和绩效水平	需要进行专业分析，深入挖掘才能发现问题背后的根源
绩效信息系统	便于保存共享等	注意避免数据泄露；需要统一全员思想，培训提高数据处理意识，确保数据提交及时性和规范性
年度工作报告	明确了解企业未来发展大方向，便于思考个人工作价值和企业发展方向	不够具体明确，对具体工作的指导意义不大，需要各部门进行战略分解
年度述职报告	回顾年度整体工作成果，便于确定下年度发展计划	尽量结合各月/季度绩效数据述职，更客观
其他面谈或绩效会议记录等	便于记录关键绩效行为和事件，有利于进行职业发展指导	记录工作量较大，主要以文字为主，较难进行定量分析

绩效信息的采集方法需要结合企业具体的绩效管理模式、管理流程以及日常使用的管理工具等实际情况进行选择，否则可能造成绩效管理成本过高，影响管理效率。在数字化转型的时代，企业必须具备一定的信息化水平，来快速反应以应对市场的变化和激烈的竞争。企业应该帮助员工建立数据思维，培养绩效数据采集的习惯，引导全员参与到数据采集和积累的工作中，培养提升员工通过数据分析发现问题、解决问题、进行精准决策的能力。

管理者为了获得员工绩效的信息，可以考虑从以下工作入手。

（1）定期安排与员工的会面来考评他们的绩效。

（2）对照事先建立的职位说明书或行动计划检查工作进展，考评绩效是否达到目标。

（3）回顾在考评周期开始时形成的报告或者目标列表。

（4）到各处巡视工作的进展情况，并与员工进行非正式的讨论。

（5）从与员工共事的其他人那里得到对员工本人的反馈（正式或非正式的）。

（6）检查工作的产出和结果，以检查其质量或者准确性。

（7）要求员工做工作进展报告。

（8）提出要求后，检查任务完成情况，或者看是否有需要帮助员工解决的问题。

（9）通过分析工作结果、讨论改进方案，评价工作任务或绩效目标完成的情况。

（10）关注客户的投诉和满意度（内部或外部），以便评价、检查员工的绩效。

四、绩效考评报表的设计与填报

设计绩效考评报表是绩效信息采集工作的重要基础，也是企业绩效管理信息化的重要基础，只有设计符合企业绩效管理实际需求的报表，才能通过信息化实现更好的辅助管理。绩效考评报表的设计是否符合管理需求，直接影响管理效率。

绩效报表一般根据企业绩效管理体系、绩效指标体系、绩效考评体系进行设计，确保涵盖企业各层次考评内容、指标的数据需求，具体应该包括各项指标的名称、内涵、数据填报内容说明、填报时间、数据来源、归口部门、计算标准、得分等。考评报表需要严格按照企业报表制度按时、按标准填写，尤其是业绩指标的内容往往很多来源于生产和人力资源部门相关数据的计算，需要严格按照提供的原始数据进行计算和填报，避免误报或编造。绩效考评报表是部门、员工绩效考评和奖金分配的重要依据，填报人员应细心谨慎，明确每一条数据的计算方式和数据来源，以备后续审查确认。

绩效信息的采集必须与绩效考评的各个阶段紧密联系，相互支持。因此，绩效考评报表的设计和报送过程中，需要完成的工作包括：一是界定绩效指标的定义、计算公式、评价标准等指标要素；二是规范每项绩效指标的采集周期、采集流程、统计口径及数据表单；三是明确各部门的数据收集责任，将指标数据采集落实到人；四是建立绩效指标数据管理办法，规范绩效数据的采集、稽查及管理；五是完善企业各项业务流程和管理制度，实现绩效管理系统信息化。

五、绩效信息采集相关机制建立

（一）建立信息采集制度

为了能够全面、客观、真实地反映绩效管理整体状况，为企业经营决策提供科学依据和有力支持，结合企业的实际情况，应该制定绩效信息采集制度，来规范统一指标体系与数据资源，包括按照企业机构层次明确绩效报表的分类，各类报表的填报范围、填报内容、填报要求，不同类数据的归口填报单位或负责部门，不同指标的内涵，年度分析报告要求，定期报表报送要求等，为保障数据质量和数据填报及时性、准确性、决策应用性等奠定良好的基础。

（二）建立业绩考评看板制度

企业可以约定每月固定时间，要求各部门通过信息系统将考评指标执行情况报各考评责任部门；各考评责任部门将审核后的关键业绩指标的执行情况和分析排序情况提交考评办公室，考评办公室汇总分析后编制"企业负责人年度业绩考评看板"，并在企业运营监测（控）中心和内部网站上发布。

看板制度可以有效促进关键绩效信息的收集和共享，引导各部门关注企业重大指标和任务的完成情况，并及时发现问题、解决问题。

（三）建立季度分析制度

企业可以约定每季度的固定时间，各部门将本部门上季度考评指标的执行情况和分析报告，报企业考评办公室；每季度结束后，各考评责任部门就指标季度执行情况和存在问题形成分析报告，报考评办公室，并与相关部门进行沟通辅导，提出改进意见。

企业可结合相关部门的专业分析制定相关绩效决策，落实下一阶段的绩效计划，并明确工作方法。

▶【任务要求】

一、任务说明

基本任务

绩效信息报表设计

为班级团队考评设计一套绩效信息收集表，栏目内容需要全面覆盖团队考评的各个维度，并就最近一个周期的绩效情况进行收集和填写，确保信息数据清晰明确，可以有效支撑团队绩效考评结果计算和绩效反馈应用。

拓展任务

各团队基于绩效信息采集，完成第一阶段的绩效数据核算，形成绩效数据分析报告。

二、任务完成常用实际业务工具

（一）企业绩效指标完成情况报表样例

某企业××××年度××月业绩考评指标完成情况表见表2-2-11。

表 2-2-11 ××××年度××月业绩考评指标完成情况表

序号	考评指标	目标值	当月完成情况 本年	当月完成情况 去年	累计完成情况 本年	累计完成情况 去年	简要分析
1	可控费用/万元						
1.1	业务招待费/万元						
1.2	公务出国费用/万元						
1.3	公务用车费用/万元						
2	人工成本占比/%						
3	培训计划完成率/%						
4	培训质量满意率/%						
5	培训计划完成率/%						
6	人才当量密度						
7	发生生产人身伤亡事故/件						
8	发生设备、火灾事故/件						
9	发生本企业有责任的特大交通事故/件						

（二）人工成本指标数据报表样例

××企业人工成本指标数据报表见表2-2-12。

表 2-2-12 ××企业人工成本指标数据报表

时间	人工成本 本期						人工成本 上年同期					
	职工工资总额/千元	五项补贴/千元	主业用工人工成本总额/千元	职工人工成本总额/千元	营业总收入/万元	全口径人事费用率/%	职工工资总额/千元	五项补贴/千元	主业用工人工成本总额/千元	职工人工成本总额/千元	营业总收入/万元	人事费用率/%	全口径人事费用率/%
1月												
2月												
3月												
4月												

续表

时间	人工成本											
	本期						上年同期					
	职工工资总额/千元	五项补贴/千元	主业用工人工成本总额/千元	职工人工成本总额/千元	营业总收入/万元	人事费用率/%	全口径人事费用率/%	职工工资总额/千元	五项补贴/千元	主业用工人工成本总额/千元	职工人工成本总额/千元	营业总收入/万元	人事费用率/%	全口径人事费用率/%
5月														
6月														
7月														
8月														
9月														
当前月														
累计值														

三、任务评价指标与标准

绩效信息采集评价标准见表2-2-13。

表2-2-13　　　　　　　绩效信息采集评价标准

团队名称					
评分标准		优(5分)	良(4分)	中(2分)	差(1分)
绩效信息采集表设计	采集表栏目内容是否全面覆盖绩效考评内容				
	采集表是否明确、填写规范、通俗易懂				
信息采集	采集信息是否全面无遗漏				
	采集信息是否规范、准确				
信息分析	信息分析报告结构是否全面、清晰				
	绩效分析是否有效结合采集的绩效信息和相关数据				
	是否有效挖掘现存绩效问题并提出合理建议				

任务三　建立过程督导督办与计划调整机制

▶【知识准备】

在绩效计划实施的过程中，难免存在一些重大指标或工作任务未达标的情况，此时不能将任务搁置与拖延，而是需要及时督促相关部门重视并投入时间精力研究推进，分析原因、制定方案并推进落实。同时，如果未达标是客观原因造成的，即原定指标或任务完成标准已不符合实际情况，也可以建立指标任务调整机制，保障计划的灵活性，以免挫败团队或员工的工作积极性。

一、建立过程督导督办机制

为推进企业重大指标、任务的贯彻落实，可以建立过程督导督办机制，制定督导督办管理办法，明确督导督办的工作范围、督办责任分工、督办工作流程、督办的工作时限以及问责机制等，通过提醒、督促、考评激励等方式督促重大指标任务的落地。

督导督办的工作范围主要围绕企业级重大的工作任务或绩效指标、阶段性重点专项工作、临时的重大决策事项等。

督导督办的工作流程主要按以下六个步骤进行。

（一）立项

由企业高层领导商定立项，坚持"少而精"的原则，聚焦重点。

（二）发单

由分管领导与责任部门将督办项目进行责任分解，填写督导督办单，明确具体的承办部门、承办工作任务、工作标准、时间要求等，提交领导审批。

（三）承办

承办部门按照督导要求组织实施，并定期汇报进度。

（四）办结反馈

项目完结后，责任部门、承办部门等填写完成情况及成果说明，提交分管领导审批。

（五）验收汇报

由分管领导进行验收，并汇报企业领导确认通过。

（六）归档

督导归口管理部门收集相关单据归档留存，作为过程绩效管理的依据。

需要注意的是，若督导督办事项未能按照要求的时限和标准完成，则需要纳入该部门绩效考评扣分项。

督导督办制度，一方面采集了绩效重点工作的推进进度和问题，另一方面可以将重点指标工作的完成情况在绩效例会上公布，便于各部门以及高层领导了解关乎企业发展的重点工作的进展，并进一步作出相关指示和指导，确保有布置、有跟踪、有落地，且可以把督导督办的数据信息应用到最终的各部门周期考评结果中去，激励各部门关注本部门承担的重点工作和指标情况。

二、建立计划调整机制

（一）计划调整的必要性

面对市场环境的变化和同行业的竞争，企业需要及时抓住发展机会，满足客户需求，创造竞争优势，推动企业稳定持续发展。因此，企业需要及时沟通调整，确保绩效目标始终符合战略方向、发展现状且具有挑战性，并且在绩效管理的过程中，需要建立良好的目标调整动态管理机制，确保企业的愿景、使命、战略能获得员工的认可和理解。

绩效目标和计划既需要具有挑战性，同时还需要符合现状。目标过低，员工动力不足，目标过高，打击员工信心，同样会使员工失去工作动力。适合的且与企业发展战略相匹配的目标，才能最大程度地激发员工的工作动力和内驱力，推动企业绩效水平提升。

【管理案例】

王一为何离开

M公司为加快发展，在年初制订的销售计划中，将销售目标较上年度提高了近100%。为更好地完成目标，还改变了绩效考评办法，由原来的按季度考评改为按月考评，并实行负激励。虽然很多员工都提出了反对意见，但新办法还是从1月就开始实施了。然而一季度过后，实现的业绩与目标差距较大，员工的绩效奖金也较去年同期大幅减少。大部分员工认为应该结合第一季度的实际执行情况与客观市场环境，进行绩效目标的测算和调整，才能更有动力去完成任务。

王一从大学毕业就加入该公司，已从普通员工做到高级销售经理。他认为是公司制订的计划不切实际，考评目标太高而无法完成，应申请调整销售指标；而公司方面则认为是员工们的干劲不足，认为年初确定的目标，不应该随意调整，必须坚持下去，没有给予目标和计划调整的机会。在数次沟通无效后，王一决定离职。

【思考与讨论】

（1）高级销售经理王一为什么离职？
（2）该公司年初确定的目标是否应该予以调整？
（3）该公司绩效目标调整的依据应该包括哪些方面？
（4）为确保绩效目标的有效性、激励性，绩效调整的常态化管理机制应该如何建立，才能留住王一这样优秀的骨干员工，并激发员工的工作积极性？

为确保绩效目标和计划始终符合企业战略方向和发展现状，企业需要建立动态的目标计划调整机制，保障绩效目标计划调整的规范性和有效性，包括确定调整的周期、调整的流程以及调整的决策依据和方式等。

（二）绩效目标和计划调整的原则与依据

绩效考评指标体系的总目标一般在年初或上一年末制定，在下一年经营的过程中，结合企业战略发展规划、宏观发展环境变化、经济环境变化、行业市场情况、经营效益预测变化、企业发展战略等，开展动态调整，确保目标值的有效性，能够激励考评对象实现绩效目标。

目标调整时间一般设置在当年的第三个季度末，结合前三个季度的指标完成数据，对年度绩效目标值进行分析，判断是否需要调整。考评期内目标值原则上不调整，确需调整的，由相关责任部门会同考评办公室拟定目标值调整方案，报企业领导审定。

经企业领导批准后，考评办公室下发目标值调整通知。

（三）绩效目标和计划调整的流程

绩效目标和计划的调整需要建立规范的机制，保证调整的合理性，制定调整管理办法。绩效目标和计划调整的流程，主要包括发布调整工作通知、申报部门提交调整申报材料、召开绩效目标和计划调整评审会并在研讨决策后发布调整结果、公布绩效目标和计划的调整决策方案。

1. 发布调整工作通知

为避免绩效目标和计划调整的随意性，应全年定期统一开展调整工作，一般在第三季度末发布调整工作通知，说明可以调整的目标和计划范围，明确各部门参考的主要因素，如生产经营情况、计划执行情况、重点工作推进情况以及其他影响因素，并要求填报指标预测情况表。要统筹考虑各调整因素，确保预测数据合理准确，明确报送时间和报送材料要求。可在调整幅度方面给予一定限制，确保调整在可控合理的范围内。例如，申报调整计划超出年底实际完成值8%以上，视为未完成企业年度下达的任务。

2. 申报部门提交调整申报材料

绩效目标和计划调整申报材料一般包括绩效目标和计划预测表以及申请报告。

（1）绩效目标和计划预测。由绩效目标和计划相关部门或责任人根据调整通知要求，针对不合适的绩效目标或计划，整理相关数据，结合实际情况，并结合近年和当年的绩效执行情况，开展绩效分析，形成合理的指标预测数据，作为指标计划调整的支撑材料，见表2-2-14。

表2-2-14　　　　　××指标预测情况表

指标名称	单位	2021年实际	2022年预计	2023年预计	同比增减
人工成本总额	万元				
人事费用率	%				
全员培训率	%				
职工劳动生产率	万元/人·年				
主业在岗职工劳动生产率	万元/人·年				
……					

（2）撰写调整申请报告。绩效目标和计划的调整，一般由被考评部门结合执行情况申报，除提供预测数据以外，还应以报告的形式说明指标调整的理由、指标预测考虑的因素以及其他相关因素，将其作为调整内容评审的支撑材料。

【管理案例】

绩效指标调整申请报告样例

关于人工成本占总成本比目标值调整理由说明

××培训公司于 2022 年全年实际发生工资总额 1 566.4 万元，全年实际发生劳务派遣费用总额 67.1 万元。以 2021 年报表数据为基数测算的人工成本占总成本比为 28.10%，较实际全年预计值明显偏低。

××培训公司 2023 年职工工资总额预计发生 1 850 万元，劳务派遣用工费用为 101 万元，全口径人工成本总额计划为 2 778.61 万元，2023 年营业总成本计划约为 8 345 万元。2023 年人工成本占总成本目标值建议调整为 33.30%。

计算公式：人工成本占总成本比 = 企业人工成本/营业总成本×100%

考评标准：完成目标值得指标分值的 100%，完成值比目标值降低（即完成值 − 目标值<0）每 1%，加指标分值的 1%，最高加 10%；完成值超出目标值（即完成值 − 目标值>0）每 1%，减指标值的 1%，减分最多减至 0 分。

3. 召开绩效目标和计划调整评审会并在研讨决策后发布调整结果

在各部门提交调整申请报告后，企业统一安排绩效指标和计划调整评审会议，组织指标归口管理部门和调整申请部门参加，逐项进行研判决策，整合会议讨论内容形成调整方案，提请绩效管理委员会审核。

4. 公布绩效目标和计划的调整决策方案

绩效管理委员会审核确定的调整计划，应以正式通知的形式公布，各部门根据通知执行新的目标计划方案，年末按照该方案开展考核评价和结果应用。

【任务要求】

一、任务说明

基本任务

团队指标任务调整实训

各团队商讨学期初制定的团队考评指标和重点工作任务是否存在需要调整的内容，

并详细整理调整的原因。设计"绩效目标和计划调整申请书",并填写上报。

拓展任务

模拟召开年度绩效指标任务调整计划评审会,并形成会议纪要和调整方案,明确具体调整的项目和调整原因。

二、任务完成常用实际业务工具

(一) 工作督办表示例

重点工作督办表(样例)见表 2-2-15。

表 2-2-15　　　　　　　重点工作督办表(样例)

序号	责任部门	重点工作	完成时间	配合部门	配合工作	自评	备注

(二) 计划调整表示例

工作计划调整申请表示例见表 2-2-16。

表 2-2-16　　　　　　　工作计划调整申请表

变更类别:			
[ ] 追加	[ ] 删减	[ ] 调整预期目标	[ ] 其他＿＿＿＿

变更内容:

变更原因或理由:

续表

部室负责人签字：	分管领导审批意见：	薪酬与绩效管理领导小组审定意见：
年　月　日	年　月　日	年　月　日

三、任务评价指标与标准

绩效调整任务评价标准见表2-2-17。

表2-2-17　　　　　绩效调整任务评价标准

团队名称					
评分标准		优 (5分)	良 (4分)	中 (2分)	差 (1分)
调整计划表设计与填写	调整计划表栏目内容设计是否符合实际调整需要，是否清晰、通俗易懂、易填写				
	内容填写是否规范、全面				
	指标数据分析是否科学合理				
调整申请报告撰写	报告结构是否规范全面				
	报告申报目标、计划和调整理由是否合情合理				
调整评审会议召开	会议流程是否合理、顺畅				
	调整讨论是否有序、有理、有结果				
	会议纪要及调整方案是否清晰明确、符合讨论实际				

项目三

实施绩效考评

【项目导入】

一、主题案例

MD 公司的绩效考评实施

MD 公司创立于 20 世纪 50 年代,是一家大型国有生产型企业。近几年,企业持续深化改革,并将绩效考评作为企业重要的改革内容,这一举措受到了公司高层的高度关注。

为配合公司战略发展任务的开展,人力资源部于 2022 年年初对年度绩效考评制度进行了修订,将分解后的企业战略指标作为各部室重点考评内容,增加到考评体系当中。同时,成立了独立于人力资源部和被考评部室以外的第三方考评部门,对各指标完成情况实施检查确认,并将结果报给人力资源部进行考评。

调整后的考评制度被公司高层寄予厚望,希望通过新考评制度的实施,引导各部室强化责任意识,上下协同,实现部室目标和公司目标的高度统一。

2022 年年底,由人力资源部牵头,拉开了年度考评的序幕。第三方考评部门按照年初制定的战略目标,对各部室的完成情况进行了检验,并向人力资源部提交了报告。人力资源部收到报告后发现,报告中有十余项指标的检查结果为"待确认"。经了解,"待确认"指标是第三方考评部门与被考评部门存在分歧的指标:第三方考评部门认为这些指标没有完成,但被考评部门却坚称已经完成了目标。

由于考评日期临近,人力资源部决定将"待确认"指标统一按照未完成目标,提请经理办公会审议。经理办公会讨论,在原则上同意人力资源部提交的考评结果。人力资源部随即公布考评结果，并开始着手兑现工作。

不料考评结果公布后，几位被考评部门的部室负责人找到了人力资源部，表示本部门被企业认定"未完成"的几项指标实际已经完成，并提供了相关证据。人力资源部负责人发现，涉及的7项指标都是之前的"待确认"指标，并且从几个部室提供的证据来看，其中的2项指标应该认定为"完成"。但此时考评结果已经履行完了相关决策程序，无奈之下，人力资源部只好向经理办公会提交补充议题，由经理办公会进行二次决策。

尽管最终的结果得到了更改，但公司高层对人力资源部此次的年度考评工作非常不满，认为严重影响了公司决策的权威性和考评的严肃性。被考评部室也同样不满，认为考评不够公正、客观。之前被寄予厚望的年度考评制度，最终没有收获理想的效果。

你认为MD公司的年度考评制度在实施中存在哪些问题？应该如何改进？

二、本项目学习目标

■ 知识目标：了解实施绩效考评的整体流程，熟悉各个环节的内容和作用。

■ 技能目标：掌握绩效考评实施流程及相关工具的设计方法，能够撰写绩效考评通知和绩效考评分析报告。

■ 素质目标：具备绩效管理者的基本业务素质，能够处理绩效面谈、申诉等各种考评情形。

任务一　考评前准备

【知识准备】

一、绩效考评流程

（一）考评周期

1. 考评周期的确定

考评周期，又叫考评期限，是指企业对员工实施绩效考评的时间跨度。一般而言，考评周期分为月度、季度和年度，部分企业根据实际需要，也会有半年度或者其他的考评周期。

影响考评周期的因素主要包括以下四项内容。

（1）考评成本。任何管理行为都要付出一定的成本，绩效考评也不例外。当绩效考评成本小于其为企业带来的收益时，考评行为往往会得到企业的支持；而当绩效考评成本大于其为企业带来的收益时，考评行为就会被视为无效管理行为，并应立即停止。

考评成本与企业确定的考评周期高度相关。周期越短，企业的考评频率会越高，因此而投入的人力、物力及财力等成本往往也就越多。但这并不意味着企业确定的考评周期越长越好。过长的考评周期又可能因为缺乏时效性而影响考评效果。因此，如何兼顾考评成本和考评效果，确定合理的考评周期，是企业需要根据自己的实际情况重点考虑的问题。

（2）考评对象。考评周期会因为考评对象的不同而存在差异。一般而言，考评对象的层级越高，考评周期会越长；考评对象的层级越低，考评周期会越短。员工的考评周期往往以月度为主；而企业中高层管理者的考评周期则以年度为主，甚至针对有些高层管理者，会以三年为一个任期来进行考评。这主要是因为，基层员工的事务性工作较多，工作见效时间短，具备短期考评的条件；而中高层管理者，尤其是高层管理者，他们的工作成效很难在短期内得到体现，需要拉长考评周期进行评估。

另外，由于考评对象工作性质的不同，考评周期也会存在差异。比如有些职位的临时性工作较多，提前预测的难度较大，往往会适合较短的考评周期。有些职位都是重复性的常规工作，完成时间可以准确预测，在这种情况下可以适当拉长考评周期。

（3）任务周期。有时候，考评周期要依据任务完成的时间来确定。如果任务没有完成，就难以根据考评结果进行评价。所以，在确定该类指标的考评周期时，往往遵循考评周期长于或等于任务周期的原则。当然，如果任务周期过长，考虑到考评工作的时效性，实际操作中常常会分解为一些阶段性目标，然后设置周期实施考评。

（4）薪酬计发。薪酬计发也是影响考评周期确定的重要因素。由于薪酬是绩效结果应用的主要形式，因此薪酬计发的周期往往与考评周期相匹配。比如，以月度为周期计发的绩效薪酬，往往需要以月度为周期的绩效考评与之相匹配；同样的，以年度为周期计发的绩效薪酬，也需要以年度为周期的绩效考评与之相匹配。

【管理案例】

胡总的烦恼

胡总是一家大型企业的总经理。年初,企业发生了一起生产安全事故。经过对事故的调查,事故成因较为复杂,涉及多个主管部门。在进行责任界定的时候,由于相关部门各执一词,究竟谁承担主要责任始终没有达成一致。鉴于生产安全事故的考评周期以年度为单位,胡总看到各部门争论非常激烈,于是决定在考评周期末再进行最终的责任认定。

当年 12 月进行年度考评前,该事故的责任认定工作再度被提上日程。胡总发现,年初存在的一些争议点仍然无法达成共识,甚至连年初已经达成的共识在年底也出现了反复。无奈之下,胡总只能亲自召开工作会议,强行进行责任界定,并根据结论对相关部门进行了考评。被考评的各部门都有些愤愤不平,勉强接受了考评结果。

【思考与讨论】
(1) 什么原因导致了这次考评没有达到预期的效果?
(2) 针对考评有哪些好的改进措施?

2. 考评周期与实施流程

无论是月度、季度还是年度的绩效考评,它们的考评流程都需要在制定考评方案时就预先确定下来。但在实施的过程中,由于不同周期考评性质的差异,落实的环节也有所不同。

如月度考评和季度考评,由于考评频次较高,流程也相对固定;无论是考评者还是被考评者,对考评流程都非常熟悉,所以按照方案规定的考评流程就可以顺利实施。

而年度考评则有所不同:一方面,年度考评相关工作要更为复杂,工作环节多、覆盖面广,而且有些节点也难以在方案中明确;另一方面,年度考评一年实施一次,周期长、频次低,各级人员对流程相对没那么熟悉,且在周期内还可能因为工作变动而使没有相关工作经验的员工加入。因此,需要在实施前就相关流程做进一步的设计和明确。我们在本任务讨论的流程,主要涉及需要在实施前进行再明确的年度考评流程。

(二)年度绩效考评实施环节

年度绩效考评实施环节大致可以分为四个阶段,分别是实施准备阶段、收集信息阶段、结果确认阶段和考评兑现阶段。年度绩效考评实施流程见图2-3-1。

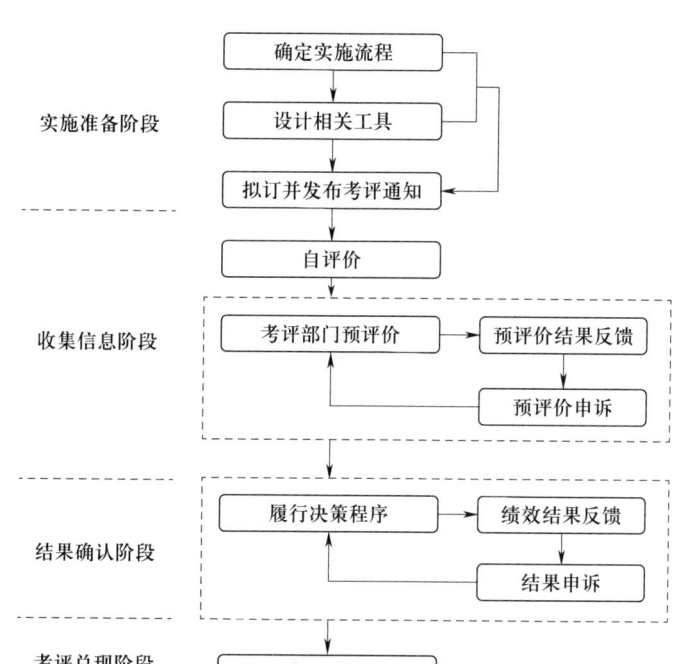

图2-3-1　年度绩效考评实施流程

1. 实施准备阶段

实施准备阶段是实施考评前，就考评各项工作及节点进行安排，设计相关工具，并正式开启考评的过程。主要包括确定实施流程、设计相关工具、拟订并发布考评通知三个步骤。

（1）确定实施流程。按照事先制定的绩效考评方案，根据企业整体工作要求及实际需要，就年度考评各项工作内容和时间节点进行设计。如果实施流程未形成惯例，需将设计方案报主管领导甚至主要领导进行审核，然后才能最终确认。

与方案中预定的考评流程不同的是，实施流程更加具体、准确，是对制定方案时一些无法预计情况的有效补充。比如，由于企业的年度考评工作一般需要在春节之前完成，根据每年春节时间的不同，实施流程将对相关工作和时间节点做进一步的明确。再比如，一些决策程序的实施需要综合考虑企业高层管理者的时间安排，这些也只能在实施流程中予以明确。

（2）设计相关工具。为配合考评工作，需要对相关工具进行设计。比如，配合信息收集的"考核评价表"，配合部室述职的"工作述职表"以及配合申诉环节的"考评申诉表"，等等。这些工具最好作为考评通知的附件，在开启考评工作时一并下发。

（3）拟订并发布考评通知。发布考评通知是开启年度考评工作的标志。在实施流程和相关工具明确以后，就可以着手拟订考评通知。通知在宣布年度考评工作正式开启的同时，应将实施流程中的工作内容、落实主体和时间节点予以明确，并同时发布考评工作需要的工具。如有必要，配合通知发布，可召开考评工作会议对通知内容进行具体安排。

2. 收集信息阶段

绩效信息的收集是年度考评中的一项基础工作。它不仅是帮助企业完成绩效评价的依据，而且可以作为基础数据供企业分析，从而找到绩效改进的方向。

收集信息阶段包括四个步骤，分别为自评价、考评部门预评价、预评价结果反馈、预评价申诉。

（1）自评价。自评价是被考评者针对考评目标，对完成情况的自我评价。自评价不是考评的必要环节，其结果可以作为考评部门的评价依据，但一般不作为最终结果使用。

（2）考评部门预评价。考评部门根据绩效目标，对被考评者的实际完成情况进行评价，给出预评价结论并形成报告。由于未经过最终决策程序，预评价结果尚不具备实际效力，而是作为依据供决策机构审议判断。

在实际操作中，由于考评部门是代表企业具体实施年度考评工作的职能部门，在企业高层管理者眼中具有较高的信任度。因此，预考评结果往往对于最终决策具有决定性的影响。

（3）预评价结果反馈。预评价结果反馈是考评部门在完成预评价之后，向被考评者反馈预评价结果，并规定预评价申诉要求的环节。现实中的很多企业认为没有必要设置这一环节。事实上，这一环节可以有效避免考评争议的出现，尤其是针对自评价与评价结果不一致的情况。

由于预评价工作完成后，考评工作将进入决策环节。如果把争议留到决策过程中甚至决策完成以后，势必会对考评工作及考评部门产生一定的影响。因此在结果尚未发生效力之前，设置沟通反馈环节，可以提前解决问题，最大程度地确保考评工作的顺利推进。如果确有无法达成统一的争论，再将相关材料完整提交决策机构，由决策机构作出最终判断。在主题案例中，MD 公司人力资源部所面临的问题，实际上就是未就预评价结果进行反馈沟通造成的。

（4）预评价申诉。在收到考评部门预评价结果反馈后，被考评者如对结果存在异议，可按照申诉要求提起申诉。被考评者可提供补充证据，并申请考评部门就结果进行复议。如与考评部门仍无法达成一致，被考评者可将完整材料提交决策机构进行审议。

3. 结果确认阶段

结果确认阶段是预考评结果经决策程序、反馈、申诉等环节形成最终考评结果的阶段，包括履行决策程序、绩效结果反馈、结果申诉三个步骤。

（1）履行决策程序。考评部门将预考评结果及辅助材料提交决策机构进行审议，并形成决策后的绩效结果。决策机构由考评方案及相关制度确定，包括但不限于绩效考评委员会、经理办公会、董事会等。

（2）绩效结果反馈。决策后的考评结果，由考评部门向被考评者反馈，并规定申诉的相关要求。考评部门既可以选择以公示的形式反馈，也可以向被考评者发放"考评结果通知单"。

对于被判定未完成目标的被考评者，建议采取通知单的形式予以反馈。如无异议，请当事人签字确认。

（3）结果申诉。在收到结果反馈后，被考评者如对结果存在异议，可按照申诉要求提起申诉。考评部门需根据相关规定，对申诉进行处理，并将最终结果向申诉人反馈。

4. 考评兑现阶段

相关部门应按规定对最终考评结果予以兑现。

二、设计考核评价表

考核评价表是用于绩效目标制定、实施绩效考评以及收集考评信息的常用工具。根据考评周期的不同，考核评价表也分为月度考核评价表、季度考核评价表和年度考核评价表等。

（一）考核评价表的用途

一般而言，考核评价表具有以下三种用途。

1. 用于制定绩效目标

根据实际工作需要，由考评者和被考评者在充分沟通的基础上，利用考核评价表，确定在考评周期内各个考评项目所要达到的目标及评价标准。为满足考评方案的相关要求，在制定项目目标的同时，有时还需要根据工作项目的重要程度，对各项目赋予一定的权重或配予一定的分值。

如考评周期较长，为确保考评的准确性，有些企业还会设置绩效目标过程中的调整环节。比如在年度考评中，有些企业会在年中设置一次目标调整的环节；被考评者如遇到特殊情形，可按照相关程序申请绩效目标调整。待申请通过后，需要对考核评价表进行更新。

过程调整环节是针对考评周期内的特殊情形而设置的，必须制定规范的流程以确保其严肃性，且调整次数不宜过多。

2. 用于实施绩效考评

在考评周期结束以后，由考评者根据考核评价表中的目标及评价标准，完成对各个考评项目的评价。评价完成后，考核评价表的最终结果应及时反馈至被考评者，并最好签字确认。如考评流程中有自评环节，应在评价表的相应位置予以体现。

考核评价表作为实施绩效考评的原始记录，应在一定的时期内予以留存。

3. 用于分析绩效结果

考评完成后，考评部门常常需要对考评结果进行分析，以便找出工作亮点及工作中存在的问题，为下一步制定相应措施以实现绩效改进打下坚实基础。考核评价表是重要的分析材料，它记录所有被考评者在绩效考评中的详细数据，是进行绩效分析的第一手资料。

（二）考核评价表的内容

考核评价表是配合绩效考评实施的重要工具。根据绩效考评方案和实施流程的具体安排，评价表常常有不同的呈现形式。但一般而言，考核评价表包括考评项目及目标、评价标准、权重或配分、评价结果及备注等要素。

1. 考评项目及目标

考评项目及目标是考评内容的具体体现。考评项目中可以包含要实现的目标，也可以设定更高层次的目标。

2. 评价标准

评价标准是实施考核评价的依据，它可以帮助考评者准确把握被考评者完成项目的程度，以及如何给出与之相应的结果。

3. 权重或配分

权重或配分体现了每个考评项目在考评体系中的价值，同时也是形成考评结果的重要依据之一，分别以百分比或分数的形式呈现，设计时要与各考评项目的重要程度相匹配。

4. 评价结果

评价结果是根据项目目标、评价标准以及权重或配分等要素得出的被考评者绩效评价的结论。根据实际需要，可以分为项目结果、总体结果、自评价结果、预评价结果和最终评价结果等类型。

5. 备注

备注是考核评价表附加的注解说明。当有些内容无法在其他项目中体现时，可以在备注中体现。

三、拟订并发布考评通知

拟订并发布考评通知，是实施考评工作的关键环节。在某种意义上，考评通知质量的高低决定着考评工作的成败。

（一）考评通知的功能

根据考评工作的需要，考评通知一般具有以下四项功能。

1. 宣布开启考评工作

考评通知是开启考评工作的重要标志。一旦考评通知发布，也就意味着考评工作正式开始，相关主体开始各司其职，按照通知中的要求有序推进各项考评工作。

2. 明确各项考评工作

考评通知需要将考评准备阶段设计的实施流程明确告知相关主体。也就是说，它可以被视为考评工作的说明书。通过阅读考评通知，员工可以清楚地了解每项考评工作的内容是什么、应该由谁来负责以及需要在什么时间前完成，以便随后工作的开展。

3. 提供相关考评工具

涉及考评工作所需的相关工具，如各类表格、文字模板、制度依据以及信息化系统使用说明等，往往以考评通知附件的形式同时发布。这样可以使通知具有较强的关联性，避免相关主体到处寻找考评工具，增加管理成本，影响考评工作的顺利开展。

4. 提出注意事项和工作要求

考评通知需根据实际工作情况，向相关主体提出考评工作的注意事项和要求，避免在工作开展中产生不必要的问题，影响整体的工作质量和工作进度。

（二）拟订考评通知

根据前面提到的主要功能，拟订的考评通知应包含主题和目的、工作安排、工作要求（注意事项）和附件。

1. 主题和目的

主题和目的部分需要明确考评工作的背景、重要意义以及主要的制度依据。它的作用是引起阅读者的关注和重视，一般篇幅不宜过长，用简洁有力的语言清晰表达即可。

2. 工作安排

工作安排需包含各项考评工作的内容、落实主体以及时间节点等要素。如果工作项目较多，建议分层分类列举，保证安排能够清楚、明确。较为常见的分类方法有按时间前后分类、按落实主体分类、按管理层级分类等。

3. 工作要求（注意事项）

工作要求部分需要进一步强化绩效考评的重要性，提出落实工作的规范和标准，并明确对于出现问题的责任主体进行追责的相关条款。

另外，通知还可以采取注意事项的形式，将落实工作中可能或容易出现的关键问题进行重点提示，有效减少可预测问题的出现，以确保考评工作按进度保质保量完成。

4. 附件

附件主要包括考评工作所需要的相关工具以及针对一些具体工作的详细安排。除了前面提到的工具以外，某些工作项目的安排可能比较复杂，在通知中难以全面展开，也可以采用附件的形式详细阐述。

通知拟完后，一般需要经过主要领导或主管领导的审核，并根据领导意见进行调整修改，审核通过后再行发布。

（三）发布考评通知

发布通知的对象应包含考评工作的所有相关人员，其中既应包含各层级的考评者，也应包含所有被考评者，要确保通知对象的完整。由于有些企业的考评体系较为复杂，内部各模块间也相对独立，考评通知也可分层分类拟订发布。

通知发布后，要确保相关人员接收到位，可通过电子回执、签字、社交软件、电话等形式予以确认。如有必要，可配合通知发布，召开工作部署会，对通知中的考评工作进行详细安排。

通知发布部门要注意保持与接收人的沟通，如有疑问应及时答疑，并进行工作辅导。

▶【管理案例】

考评为何这样难

小李是一家企业新入职的绩效考评专员，他接替了已离职员工张姐的工作。张姐在离职前，很仔细地将所有的考评资料交给了小李，并告诉小李这些资料使用的时间节点、方式等。小李也进行了认真的记录。在他看来，张姐毫无保留的传授是他快速上手工作的保障。他信心满满地准备迎接年度考评的挑战。

11月中旬，小李早早按照张姐留下的模板发布了考评通知，比之前的时间节点足足提前了20天。小李觉得这样可以给各部门留下充足的准备时间，同时也避免因为自己是新人、工作不熟练而影响整体的工作进度。

看着通知中详细的时间节点和工作安排，小李不禁佩服张姐工作有条理并细致周到。按照通知安排，自己只需要等到各个时间节点收集和处理信息即可，小李对工作的信心又得到了进一步的强化。

万万没想到，当第一个时间节点到来时，只有两个部门按时提交了材料，其他部门则无音讯。小李拨通了业务部的电话，业务部的小王表示自己是第一年接手这项工作，有些任务根本不知道怎么去做，并反问小李为什么不给大家搞一次培训？小李只好在电话里详细地向小王讲解了各项工作任务，并请小王务必按时完成。

挂断电话的小李仍然有很大的疑惑：像小王这样的新人毕竟是少数，很多部门的考评负责人已经接触这项工作多年，甚至应该比自己更加了解绩效考评，为什么他们也没有按时提交材料呢？于是小李挨个部门进行联系，结果有些部门反映自己当时看到了通知，但因为时间太长、工作又多，所以忘记了；有些部门则直接告诉小李，根本没有看到通知。

小李用了一天的时间，一对一地进行了联络沟通，感到身心俱疲。但由于已经到了第一项工作的完成时间，整体的工作进度不得不往后推迟三天。部门领导对小李的工作提出了严厉的批评，其他部室的同事由于第一项工作只给了三天的时间，也对小李充满了怨言。小李觉得自己很委屈，但又无可奈何，只能感叹：考评为何这样难？

【思考与讨论】

（1）为什么领导和同事对小李的工作不满意？

(2) 小李发布考评通知的工作存在哪些问题？

(3) 如果你是小李，你会如何发布考评通知？

【任务要求】

一、任务说明

以主题案例"MD 公司的绩效考评实施"为背景，完成以下任务。

基本任务

撰写考评通知

各小组以 MD 公司为背景，以案例中存在的问题为导向，重新设计实施流程及考核评价表等工具，并完成考评通知的撰写。

拓展任务

各实训小组派出代表，扮演人力资源部经理，以考评工作部署会的形式，根据通知向全班同学安排考评工作。

二、任务完成常用实际业务工具

（一）考核评价表示例

1. 月度考核评价表示例

××公司一般管理人员月度考核评价表见表 2-3-1。

表 2-3-1　　××公司一般管理人员月度考核评价表

部门：办公室　　　姓名：×××　　　考评时间：2023 年 1 月

序号	工作项目	目标	配分	自评价	部门评价
1	制定并发布 2023 年集团党政工作要点	完成红头文件发布	15	15	15
2	汇总并下发各部门月度工作计划表	汇总各部门月度工作计划表，报集团领导审核；待领导审核后，向各部门反馈	10	10	8

续表

序号	工作项目	目标	配分	自评价	部门评价
3	编制上年度红头文件目录	完成目录编制并归档	12	12	12
4	撰写部门年度工作总结及工作要点	完成撰写并提交部门领导审阅，修改后形成定稿	10	10	10
5	向上级部门提交月度报告	汇总相关信息，撰写报告并按时上报上级部门	15	15	15
6	修订部门职责与部门内部岗位说明书	按照人力资源部要求，组织修订部室职责和岗位说明书，并按时提交	11	11	11
7	年度党政工作会会务工作	按照年度工作会要求，完成责任书印制、物料筹备等相关工作	9	9	7
8	配合宣传部录制企业贺岁视频	按照宣传部要求，组织部门领导和员工完成贺岁视频的录制	10	10	10
9	配合工会发放部门春节福利	统计部门人数报工会，领取并发放部门春节福利	8	8	8
10	领导交办的临时任务	完成领导交办的临时任务	+X	+3	+2
		结果汇总		103	98
	需要说明的情况				

领导临时委派代替同事接待访问团，自评加 3 分。

部门意见

该员工本月基本完成了各项任务，最终结果评定为 98 分。具体说明如下。
1. 汇总各部门月度计划表时出现归类错误，扣减 2 分。
2. 财务部责任书序号出现问题，导致加急重印，造成工作被动，扣减 2 分。
3. 临时代替同事接待访问团，加 2 分。

部室（盖章）：办公室　　日期：2023 年 1 月 31 日

本人意见

同意。

签字：　　　　　　日期：2023 年 1 月 31 日

2. 年度考核评价表示例

××集团财务部2022年度绩效考核评价表见表2-3-2。

表2-3-2　　××集团___财务___部___2022___年度绩效考核评价表

项目类型	工作项目及目标	责任人	评分标准						评价得分
			5分（优）	4分（良）	3分（中）	2分（较差）	1分（差）	0分（未做）	
制度建设	按照企业要求，完成会计制度、资产管理制度、财务预算管理制度的修订	×××			√				3
	完成财务考评办法的制定	×××		√					4
	制定并实施企业成本核算管理制度	×××	√						5
财务计划	依据集团战略目标，编制企业年度财务计划	×××		√					4
	制订企业年度、季度、月度财务收支计划	×××		√					4
	监督企业财务计划执行情况，并定期向董事会上报	×××			√				3
现金出纳	有效管理并调配企业资金，完成日常收支及记账工作	×××	√						5
	办理各种支票、汇票等收付款业务	×××	√						5
	管理企业库存现金以及发票、空白支票等重要票据	×××	√						5
	完成企业现金及银行结存工作	×××	√						5
会计核算	完成企业日常账务会计处理	×××	√						5
	编制企业财务报表和统计报表	×××	√						5
	按时申报企业日常税费	×××	√						5

续表

项目类型	工作项目及目标	责任人	评分标准						评价得分
			5分(优)	4分(良)	3分(中)	2分(较差)	1分(差)	0分(未做)	
财务分析	定期对企业财务状况进行综合分析和预测，并完成财务分析报告	×××		√					4
	针对问题提出财务控制措施和建议	×××			√				3
	配合企业业务拓展，对新版块进行财务分析和预测	×××				√			2
	对企业投资项目的成本和盈利情况进行分析和预测，参与企业投资项目决策	×××		√					4
财务审计	对企业经营结果的合法合规性进行审计	×××	√						5
	对违反财务纪律的事件及时处理，如遇重大问题应及时上报并提出处理意见	×××	√						5
	协助其他审计机构做好配合工作	×××	√						5
考评得分合计									86

部室自评价

　　2022年度，财务部认真履职，较好地完成了各项工作任务。但在财务计划和财务分析方面，部分工作项目完成质量有待提高，将成为部门下一步的努力方向。

绩效考评办公室预评价

　　经绩效考评办公室综合评定，财务部2022年度绩效考评得分为86分，提交绩效考评管理委员审议。

绩效考评办公室（盖章）
2023年1月5日

绩效考评管理委员会意见

　　原则同意绩效考评办公室意见，财务部2022年度绩效考评得分为86分。

绩效考评管理委员会（盖章）
2023年1月7日

续表

被考评部室意见
同意。

被考核部室（盖章）：财务部
2023 年 1 月 10 日

（二）考评通知示例

××公司关于开展
2022 年度机关部室绩效考评工作的通知

机关各部室：

为了充分调动机关管理人员的工作积极性，发挥绩效管理的激励约束作用，推动集团公司整体工作目标的实现，依据《机关部室管理人员绩效考评办法》的相关要求，现将 2022 年度绩效考评工作部署如下。

一、工作进度安排

（一）准备工作

1. 2022 年 12 月 31 日前，各部室主要负责人组织一般管理人员撰写工作总结，并召开部室年度工作总结会议。会上，各部室宣布年度部室满意率考评结果，进行工作总结，并完成"集团公司机关一般管理人员年度行为绩效评价表"的填写。

2. 2022 年 12 月 31 日前，各部室在对本年度工作完成情况进行总结分析的基础上，填写"集团公司机关部室年度工作计划"中"完成情况"与"部室自评价"内容，经主管领导确认后，提交机关考评办公室。

3. 2023 年 1 月 5 日前，各部室向人力资源部提交"2022 年度机关部室缺勤人员统计表"。

4. 2023 年 1 月 5 日前，纪检监察办将经过纪委书记办公会认定的纪检监察指标考评结果报绩效考评办公室。

（二）考核评价工作

1. 2023 年 1 月 9 日前，召开集团公司机关考评办公室成员会议。机关考评办公室成员就各部室年度工作计划完成情况形成预评价意见，并汇总填写"集团公司机关部室年度工作考评表"。

2. 2023年1月5日前，各部室向人力资源部提交"部室述职表"及年度工作总结。

3. 2023年1月15日前，召开机关部室工作述职会，集团公司领导班子依据述职情况，对照部室年度工作计划，给出部室年度工作最终评价结论，填入"集团公司机关部室年度工作考评表"。

4. 绩效考评办公室将部室年度工作最终评价结论反馈给机关各部室。人力资源部依据"集团公司机关部室年度工作考评表"的内容进行考评兑现。

（三）责任书签订工作

1. 2023年1月20日前，机关各部室完成"集团公司机关部室年度工作计划"的报送。

2. 2023年1月25日前，人力资源部制定"集团公司机关部室年度工作目标责任书"，并在年度工作会上由集团公司主要领导同各部室负责人签订"集团公司机关部室年度工作目标责任书"。

二、工作要求

1. 加强领导，严格落实。机关各部室绩效考核评价工作要由部门主要负责人牵头，要认真组织部室员工学习绩效考评文件，掌握考评的标准、要求和程序，明确年度绩效考评工作的重要意义，做实、做细、做好考评过程中每一环节的工作。

2. 高度重视，严肃纪律。年度绩效考评工作是对机关每一位管理人员在年度工作中数量、质量、效率、效益的总结与评价，同时又与年度工资计发和评价晋升密切相关。各部室要高度重视，考核评价过程要坚持公开、公平、公正的原则，注重细节，认真落实。

3. 统筹兼顾，合理安排。绩效考评有规范的程序，量化的标准和明确的进度。工作内容多，涉及人员广泛，其结果又关系每一名员工的切身利益，需要部室投入较大的精力。请各部室精心谋划，统筹兼顾，保证考评不走过场，按进度要求完成考评各阶段工作。

绩效考评办公室
2022年11月10日

三、任务评价指标与标准

撰写考评通知任务评价标准见表2-3-3。

表 2-3-3　　撰写考评通知任务评价标准

团队名称 评分标准		权重/%	优 (5分)	良 (4分)	中 (2分)	差 (1分)
撰写考评通知	考评通知的完整性	25				
	考评通知的规范性	15				
	各要素设计的合理性	10				
	解决案例问题的针对性	30				
	语言流畅，意思表达清楚	20				
	小计	100				
组织考评工作部署会	现场效果	25				
	时间掌握能力	15				
	控场能力	5				
	语言表达能力	20				
	逻辑思维能力	15				
	团队协作效果	20				
	小计	100				

任务二　组织实施考评

【知识准备】

一、收集考评信息

考评信息的收集是实施绩效管理的关键环节，它常常决定着考评工作的成败。如果考评信息收集得完整、准确且有说服力，后续的考评工作就有了强有力的支撑和依据，也为有效实施绩效管理创造了有利条件；相反，如果考评信息收集不准确、不及时，则有可能对考评工作带来不利影响，甚至会影响绩效管理的公正性、严肃性和权威性。

（一）收集考评信息的目的

收集考评信息的目的主要包括以下四个方面。

1. 获得实施绩效考评的依据

考评信息是连接考评者与被考评者的桥梁。考评者需要通过考评信息对被考评者做出评价,因此,收集考评信息的过程就是考评者获得评价依据的过程。考评信息的质量与最终考评结果的准确性直接相关。

2. 帮助确定绩效改进的方向

完成考评并不是绩效管理的终点,绩效管理需要通过绩效改进环节形成闭环。而绩效改进的方向往往是通过对考评信息的研判,找出里面的亮点和问题后确定的。比如,对于信息中反映出的工作亮点,管理者可设法进行推广,从而达到改进整体绩效的目的;而对于信息中反映出的问题,管理者可进行针对性的绩效辅导,帮助被考评者解决问题,实现绩效改进。

3. 积累绩效管理的基础资料

绩效管理是一项长期性的工作,是企业持续实施的循环往复的管理过程。在这个过程当中,考评体系具有相对稳定性和绝对变化性。所谓相对稳定性,是指在一定时期内,考评体系应保持稳定,以确保其发挥正常的管理作用和导向作用。而绝对变化性,则是将时间周期拉到足够长,强调考评体系应该适应外部环境及企业需求。考评体系的变化需要有充分的依据,除了对外部因素的分析之外,对以往考评情况的总结分析同样也是不可忽视的关键因素。而收集并积累的考评信息,正是完成该项工作的基础资料。

4. 作为解决劳动争议的重要证据

绩效考评的结果常常与被考评者的切身利益息息相关,所以一旦有环节出现问题,极易引发劳动争议。当出现劳动争议时,收集到的考评信息将成为解决争议的重要证据。它既可以很好地保护员工的利益,又可以有效地保护企业的利益,帮助相关机构做出公正的裁决。

▶【管理案例】

房地产中介公司的败诉

去年7月,陈哲入职一家房地产中介公司做销售,双方签订了为期三年的劳动合同。合同规定,陈哲的月工资标准包括基本工资4 000元、绩效工资6 000元以及业务提成。但入职后，陈哲从未足额拿到6 000元的绩效工资，甚至有些月份未获得绩效工资。

今年2月份，陈哲以公司拖欠工资为名提出辞职，并要求公司支付自己绩效工资差额以及经济补偿金等相关费用。公司认为，在陈哲在职期间已足额支付其基本工资，但绩效工资应视其业绩而定，业绩未达到则不应支付其绩效工资；另外，陈哲属于主动辞职，因此公司同意陈哲辞职，但拒绝支付一切相关费用。

随即陈哲向当地劳动争议仲裁机构申请仲裁。仲裁裁决确认了双方自去年7月份到今年2月份的劳动关系，裁决公司应向陈哲支付在职期间工资差额、解除劳动合同经济补偿金等相关费用共计4万余元。

公司不服仲裁裁决，向法院提起诉讼。在一审庭审中，公司主张陈哲未达到发放绩效工资的条件，但未提供证据予以证明。一审法院认为，当事人对自己的主张有责任提供证据予以证明，所提供证据不足以证明自己主张的，应由负有举证责任的一方当事人承担不利的法律后果。因此，用人单位应当按照劳动合同约定和国家规定，向劳动者及时足额支付劳动报酬。最终，房地产中介公司败诉。

【思考与讨论】

（1）从绩效管理的角度，你认为房地产中介公司败诉的根本原因是什么？

（2）作为企业，应通过哪些管理措施避免类似事件的再次发生？

（二）考评信息的内容

在收集信息之前，考评者首先要能够甄别什么样的信息属于考评信息。只有明确了这一点，接下来的收集行为才是有效的。因为无论收集信息还是鉴别信息都需要成本，如果把一些无用的信息当作考评信息收集起来，就会造成资源上的浪费。

甄别考评信息主要是考虑其与考评内容，尤其是关键考评指标的关联性。信息的关联程度越高，它对于考评工作就越重要，在收集过程中就越要引起重视。

一般而言，考评信息主要包括能够直接支持考评者得出评价结论的直接信息，以及为直接信息提供证明、帮助考评决策以及说明其他相关情况的辅助信息。具体内容如下。

1. 直接信息

（1）工作目标的完成情况。

（2）绩效指标的完成情况。

（3）相关考评主体（包括主管、同事、下级、客户、第三方考评机构等）出具的评价结果。

(4) 与奖励条件相关的情形。

(5) 与考评制度相关的负面行为或其他事由。

(6) 出勤表等基础管理数据等。

2. 辅助信息

(1) 工作目标完成情况的证明材料。

(2) 绩效指标完成情况的证明材料。

(3) 相关考评主体出具评价结果的依据。

(4) 构成奖励情形的具体证据。

(5) 出现负面行为或负面事件的具体证据。

(6) 被考评者的关键行为。

(7) 与考评相关的谈话记录或会议记录。

(8) 病假条、事假条、会议通知等证明材料。

(9) 其他需要提交的说明。

（三）收集考评信息的方法

收集考评信息的过程，实际上也是一种调查的过程。因此，很多调查的方法都能够用于收集考评信息，当然也有一些收集考评信息的其他方法。常见的方法主要有直接观察法、访谈法、问卷调查法、关键事件法、生产记录法、抽查法等。

1. 直接观察法

直接观察法是考评者亲自到被考评者的工作场所，观察其工作表现及结果，并通过记录方式收集考评信息的方法。

由于该方法较为直接，运用直接观察法收集到的信息往往具有较高的可信度和较强的时效性。但这种方法的适用范围较为有限，主要适用于生产型或服务型企业中一些容易被直接观察和了解的工作，对于一些复杂性工作效果不佳。而且，直接观察法往往要求观察者具有较高的专业水平。

2. 访谈法

访谈法是指通过与被访谈人的交谈来获取考评信息的方法。根据实际需求的不同，被访谈人的范围也有所不同，包括但不限于企业高层管理者、部门管理者、直接管理者、客户代表以及有密切工作联系的同事等。

由于访谈法是与被访谈人在语言上进行直接接触，很容易把握对方的情绪和感受，因此收集信息的过程较为形象，便于后期的信息处理。但是，通过访谈法所获取的考评信息往往难以量化，分析难度也比较大。而且筛选和鉴别信息所要付出的成本也较高。

3. 问卷调查法

问卷调查法是将所要收集的内容设计成问卷，发给相关人员进行填写，以获取考评信息的方法。

由于问卷形式统一，获得的考评信息比较容易统计汇总。并且这种方法的成本较低，可以大规模开展。但是问卷调查法获得的信息往往缺乏深度，与调查对象的互动性较差。

4. 关键事件法

关键事件法是将对考评结果有重大影响的行为或事件作为考评信息进行记录分析的方法。该方法获取的信息与考评工作相关度较高，往往一条或几条信息就能对考评情形定性，进而影响考评决策和最终结果。但关健事件法只是针对某个时间点信息的收集，所以一般不单独使用。

5. 生产记录法

生产记录法一般适用于生产型企业。它是由基层管理者（如车间主任、班组长）根据考评指标，每天记录被考评者生产任务的完成情况，在考评周期结束后，统一提交给考评者完成考评的过程。这里提及的考评指标往往也是一些生产性指标，如产品数量、质量、时间进度、原材料消耗和工时利用状况等。

生产记录法标准非常明确，记录的信息也较为真实可信。但收集的都是一些结果性数据，不能反映过程，因此有时也较为片面。

6. 抽查法

如果实施考评所要收集的信息过多，为了控制成本，有些企业也会采取抽查法。抽查法，顾名思义，就是在考评对象中选取一部分作为样本检查，从而实现整体考评的方法。

对于检查对象过多的考评行为，抽查法可以很好地控制成本，也可以大幅度地提高效率。可一旦抽查样本缺乏合理性和代表性，就容易出现以偏概全的问题，进而导致结果出现偏差。

（四）注意事项

我们在开展考评信息收集工作时，还应该注意以下三个问题。

1. 采用多种方法、多维度综合收集信息

每种收集信息的方法都有其适用的情形,也各有其优劣势。仅靠一种方法无法获得完整的考评信息,也难以对后续工作提供充分的帮助。另外,过度依赖某个维度收集来的信息,可能会因为信息来源过于单一而造成片面性。因此,要注意运用多种方法、从多个维度综合获取信息,这样才能够保证信息的完整性和公正性,进而为考评决策和绩效分析提供更为有力的支撑。

2. 与考评工作要高度关联

前面已经提到,要甄别哪些信息属于考评信息,最主要的标准就是其与考评工作的关联度。只有与考评工作高度关联的信息,才是要收集的有效信息,否则就是对资源的浪费。要确保信息的关联度,就需要从考评工作的需求出发,以终为始,有目的地开展信息收集工作,避免盲目性。

3. 收集信息要有确认环节

在信息收集完成后,要设置确认环节,避免在信息处理过程中出现偏差。有时候,因为表达问题、理解问题、操作失误或其他技术问题,收集到的信息常常与实际情况并不一致,如果急于进入下一环节,信息就有可能对决策产生误导,进而造成更大的损失。因此,尽可能地设置确认环节,是规避风险的理想做法。常用的确认方式有公示、签字、邮件、电话或办公系统确认等。

二、绩效考评

完成考评信息收集以后,根据既定的考评方案,考评者就可以进行绩效考评了。绩效考评是得出考评结论的必要环节,也是撰写绩效分析报告的基础。绩效考评的方法有很多,根据不同的应用场景,管理者可选择不同的方法来达到考评目的。

(一)绩效考评与绩效等级

1. 绩效考评

绩效考评是企业根据既定的考评方案,选择系统、科学的考评方法,对考评对象的工作能力、工作业绩进行评定和测量的管理过程。

绩效考评是将客观的考评信息进行主观化处理的过程。由于考评结果将与员工的薪酬、晋升等切身利益息息相关,所以考评的方法和标准应该事先确定,否则将影响其公正性和客观性,并可能引发员工对绩效考评工作的质疑。

2. 绩效等级

很多企业在进行绩效考评后,将结果以等级层次的形式进行呈现,这就是所谓的绩效等级。在实践中,绩效等级往往被设置为3~5级,以"优、良、中、差"或英文字母来表示。

绩效等级的设置应该与绩效结果应用的体系高度匹配,否则将因无法应用而导致考评工作失效。

(二)几种常见的绩效考评方法

1. 排序法

排序法是对被考评者绩效表现进行比较,以确定每个人的相对名次或等级的评价方法。在具体操作中又可细分为简单排序法、交替排序法和配对比较法。

(1)简单排序法。简单排序法就是考评者根据员工的整体绩效表现,按照优劣的顺序进行排列的方法。这种排序方法类似于学校的学习成绩排名,既适用于员工名次的排序,也适用于员工等级的排序。

这种方法的特点是简单易行,方便快速且成本较低。但是该方法的主观性较强,尤其对于一些无法进行简单比较的岗位,所得结果往往与实际情况相比存在较大偏差。因此,简单排序法更适用于同一岗位序列,最好是能够量化业绩的考评情形。

(2)交替排序法。交替排序法是由简单排序法衍生出来的一种评价方法,它是将所有的被考评者按照最好和最差进行交替排序,最终确定相对结果的评价方法。

使用交替排序法,首先,要在所有被考评者中选择绩效表现最好者排在第一位,同时选择绩效表现最差者排在最后一位;然后,在剩余被考评者中,选择绩效表现最好者排在第二位,同时选择绩效表现最差者排在倒数第二位;依次类推,直到所有被考评者名次确定。交替排序法示例如图2-3-2所示。

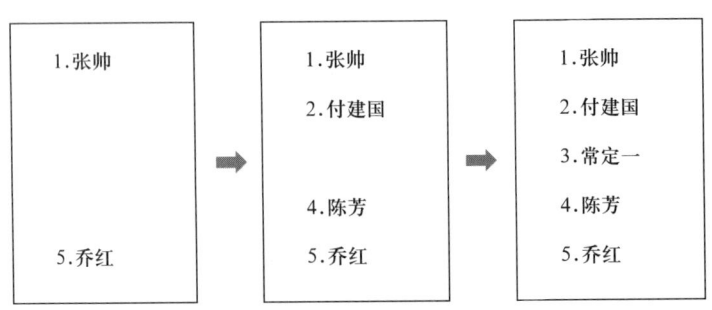

图2-3-2 交替排序法示例

通过方法的改进，交替排序法在一定程度上克服了简单排序法的主观性影响，但仍然存在排序法普遍存在的问题。

（3）配对比较法。配对比较法是将所有被考评者进行逐一配对比较，通过统计计算确定最终排序的方法。配对比较法统计表格示例见表2-3-4。

表2-3-4　　　　　　　　　配对比较法统计表示例

	常定一	陈芳	付建国	乔红	张帅	总分	排名
常定一		1	0	1	0	2	3
陈芳	0		0	1	0	1	4
付建国	1	1		1		3	2
乔红	0	0	0		0	0	5
张帅	1	1	1	1		4	1

表2-3-4是较为典型的配对比较法统计表。该表按照行的方向来进行统计，当列对象比行对象更好时，在空格中填1；而当列对象比行对象更差时，在空格中填0。比如，第一行员工"常定一"与第二列员工"陈芳"相比更好，则在空格中填1；但是，其与第三列员工付建国相比更差，则在空格中填0。最后，按照行统计总分，得分最多者排名第一，依次类推。

配对比较法具有操作简单、成本较低等排序法的普遍优势，但是其仍然无法摆脱主观性的影响。除此之外，该方法适用于企业规模较小、员工数量较少的考评情形，对于大规模的企业则不具操作性。

2. 量表清单法

量表清单法是通过设计并运用量表、清单等工具，对被考评者实施考核评价的方法。根据使用工具的不同，又可分为清单法和量表法。

（1）清单法。清单法是考评者根据考评内容首先拟订考评清单的具体条目，然后根据被考评者的绩效表现逐条对应评价的方法。一般清单法只做出是否符合清单条目的判断，不进行程度的量化。因此这种方法的优点是操作简便，但缺点是不够精细。清单法表格示例见表2-3-5。

表2-3-5　　　　　　　　　　清单法表格示例

序号	考评项目	是	否
1	全面履行岗位职责，对工作认真负责		
2	追求工作效率		

续表

序号	考评项目	是	否
3	能对本岗位工作提出合理化建议并在工作中实施		
4	有较强的事业心和责任心		
5	能够团结同事，具备良好的团队精神		

为了增加使用清单法进行评价的科学性和公平性，一些考评者会将考评项目进行多维度划分，然后结合岗位评价，对不同的维度赋予不同的权重，以此建立起加权考评清单来实施考评。

（2）量表法。与清单法不同，量表法不仅能够对考评项目进行定性的判断，还能够根据被考评者绩效表现的好坏进行程度的量化。考评者将从每一个考评项目中选择与被考评者绩效表现最为符合的分数，然后将被考评者所得的所有分数进行加总，最终得出评价结果。量表法表格示例见表2-3-6。

表2-3-6　　　　　　　　　　量表法表格示例

姓名：　　　　　　岗位：　　　　　　所属部门：

序号	评价项目	评价要点	优秀 (20~25分)	良好 (15~20分)	中等 (5~15分)	较差 (0~5分)
1	工作态度	严格遵守企业规章制度； 充分有效地利用工作时间； 工作积极主动； 忠于职守，爱岗敬业				
2	工作效果	按时完成预定工作任务； 工作质量达到预期要求； 工作成果呈现规范清晰，材料齐备； 能够及时总结				
3	业务能力	能够独立胜任本职工作； 工作方法合理得当； 工作娴熟，效率较高； 能够不断地学习，创新工作方法，提高工作效率				

续表

序号	评价项目	评价要点	优秀 (20~25分)	良好 (15~20分)	中等 (5~15分)	较差 (0~5分)
4	人际关系	具备团队精神，能够很好地协助上级、配合同事； 能够及时沟通，确保工作顺利进行； 有问题及时向上级汇报； 遵守工作秩序，不妨碍他人工作				

1. 通过以上评价，该员工综合得分为____分。
2. 考评者意见：

考评者签字：

评价日期：

量表法不仅具备清单法简单易行的优势，能够让考评者在较短时间得出考评结果，而且实现了程度量化，是较为普遍采用的一种考核评价方法。但是由于标准不够明确，在评价过程中仍存在主观影响因素。

3. 强制分布法

强制分布法是与绩效等级相关的评价方法，考评者按照预先设定的绩效等级以及各等级所设比例，将被考评者按照绩效表现优劣程度列入某一等级的评价方法。该方法一般按照正态分布的原理，遵循"两头小、中间大"的分布规律。

如图2-3-3所示，美国通用电气公司将绩效等级划分为杰出、优秀、中等/合格、不合格和差五等，其中处于"两头"的杰出和优秀各占10%，不合格和差各占5%；而处于"中间"的中等/合格则占到70%。根据这一绩效等级及比例，将员工逐一列入其中，便完成了强制分布评价。

强制分布法在评价结果的呈现方面非常直观明了，无论是针对量化评价还是模糊评价都具有了较强的适用性，也便于最后的结果应用。但是这一方法在诞生之初就饱受争议，主要是员工的实际绩效表现与分布比例之间可能存在较大偏差。比如，在一个优秀的团队里面，考评者可能不得不选择一些不错的员工纳入不合格或较差的档次；相反，在一个糟糕的团队中，考评者也可能不得不在表现普遍一般的员工中选择一些人纳入杰出或优秀的档次。这不仅会影响到考评的公正性和严肃性，还可能会对员工

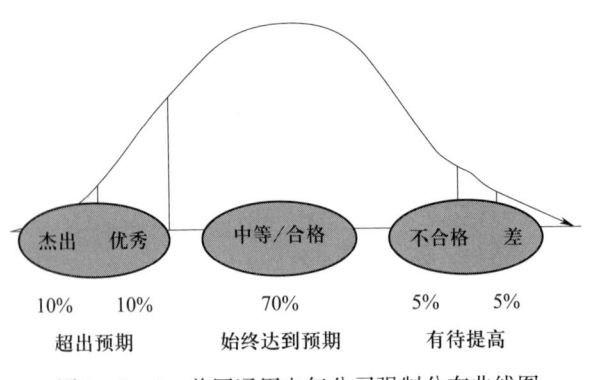

图 2-3-3　美国通用电气公司强制分布曲线图

造成较大的心理压力和负担。在实际操作中,一旦使用不当,就有可能出现轮流坐庄的局面,使考评工作流于形式化。

4. 行为锚定法

行为锚定法是针对关键事件法中记录的关键行为进行考核的评价方法。实际上,行为锚定法是量表法与关键事件法的结合。它将关键行为描述等级进行量化,从而体现了两种方法的优点。某企业中层管理者行为锚定量表见表 2-3-7。

表 2-3-7　　　　　　　某企业中层管理者行为锚定量表

姓名：		职位：	所属部门：	
序号	评价项目	行为描述	等级	得分
1	工作计划	事事有计划,并按照工作计划对部门进行事前管理	优秀（5分）	
		大事有计划,具备对本部门进行事前管理的意识	良好（4分）	
		有时做计划,能够相对及时地履行部门管理职责	中等（3分）	
		偶尔做计划,对部门管理缺乏主动性和前瞻性	较差（2分）	
		从不做计划,部门管理严重拖后	极差（1分）	
2	工作意识	擅长思考,具有前瞻性的工作意识,能够为企业提供有效的建议	优秀（5分）	
		经常思考,具备较强的工作意识,并能将部分想法付诸实践	良好（4分）	
		有时会思考,具备一定的工作意识,有过将想法付诸实践的行为	中等（3分）	
		偶尔会思考,具备基本的工作意识,但思考质量不高	较差（2分）	
		从来不思考,不会对企业或工作本身提出任何建设性意见	极差（1分）	

续表

序号	评价项目	行为描述	等级	得分
3	培养下属	能够按计划主动放权,培养下属,并且严格把控工作质量	优秀(5分)	
		有培养下属的意识,也会相应地下放权力	良好(4分)	
		有时会下放权力,没有主动培养下属的意愿	中等(3分)	
		偶尔下放权力,喜欢凡事亲力亲为	较差(2分)	
		从不下放权力,做事责任界定不清	极差(1分)	

……

在表2-3-7中,对于不同维度的评价项目,考评者预先设定了详细的行为描述以及对应的评分标准。考评时只需要将被考评者的关键行为表现与评价标准相对应,即可得出相对客观的评价分数。

行为锚定法用明确详细的量化标准替代了对关键行为的定性评价,减少了绩效评价的误差,提高了评价的信度。但是,该方法需要花费较长的时间和精力进行评价表的设计,管理成本较高,且对非关键行为的关注较少,影响了评价的全面性。

三、撰写绩效考评分析报告

尽管完成了信息收集和考核评价,我们仍然无法将收集来的信息或者列举了各项指标情况的表格,直接呈现给企业高层管理者或者被考评者。对此常见的做法是,将考评者撰写绩效考评分析报告作为结果呈现、考评决策、绩效改进、体系调整等一系列绩效管理工作的重要依据。

(一)绩效考评分析报告的作用

1. 呈现考核评价结果

绩效考评分析报告首要的作用就是呈现考核评价结果。考评者通过收集、筛选、分析考评信息得出的考评结论,需要以报告的形式展现出来。这样,阅读者不必查阅烦琐、凌乱的考评信息,而是通过阅读报告,就能够直观快速地了解考核评价结果及其他重要信息。

2. 诊断企业管理问题

诊断是绩效管理的重要职能,绩效考评分析报告又是绩效管理最直接的成果。因此，通过报告中对绩效结果的分析，管理者可以诊断出企业管理与员工工作过程中存在哪些问题，并提出有针对性的改进措施。

3. 帮助员工改进绩效

被考评者的上级领导，甚至被考评者本人都可能在绩效考评分析报告提到的代表性问题中找到下属或自己在工作中的薄弱环节，从而确定绩效辅导及改进的方向。

4. 支持高层管理者绩效决策

绩效考评分析报告是对绩效考评工作的全面介绍和深度分析，为企业高层管理者的绩效决策提供了直接依据。如果有些内容难以在报告中完全体现，应将相关材料或证据作为报告的附件，提供给企业高层管理者，以便他们做出更为科学的决策。

5. 完善绩效管理工作

绩效考评分析报告对考评者本身也具有重要的意义。撰写报告的过程，同时也是对绩效考评工作复盘的过程。通过复盘，可以帮助考评者找到企业实施考评工作过程中的亮点和问题，从而不断地完善管理流程，提升管理质量。

（二）绩效考评分析报告的主要内容

根据不同的应用场景，绩效考评分析报告也有不同的分类，从考评周期的角度，可以分为月度分析报告、季度分析报告和年度分析报告等；从考评对象的角度，又可以分为某岗位的分析报告、某层级的分析报告、某部门的分析报告和覆盖全体员工的分析报告。

不同类型的绩效考评分析报告，其结构和内容也略有差异。但一般来说，主要内容涉及八个部分，分别为序言、考评背景、考评目的、考评对象、考评过程、考评结果、存在的问题和改进措施。

1. 序言

序言部分应简要介绍本次考评工作开展的意义、原则、时间跨度、制度依据等信息。如果工作过程中存在关键环节，比如召开专题会议、向主要领导汇报、经过专家论证等，应在序言中予以体现，以便引起被考评者的重视，并且增加报告内容的可信度。

2. 考评背景

考评背景部分应对实施考评的历史、现状以及内外部环境进行综合分析。如果考评工作是配合企业战略目标或者解决企业存在的突出问题而组织实施的，应在背景部分将企业的战略目标或存在的问题进行重点描述，并明确考评工作与之的关联性。

3. 考评目的

考评目的并不是绩效考评分析报告必须体现的部分。对于一些常规性考评，如果考评目的已经在方案中有所体现，则在分析报告中可不予体现。考评目的一般是问题导向、结果导向或者目标导向，可结合实际情况进行表述，篇幅一般不宜过长。

4. 考评对象

考评对象部分要介绍清楚被考评者的所属部门和具体信息。对于针对特定群体的绩效考评，比如针对销售人员、店长、生产部门等的考评，应在此部分予以明确。而对于那些针对全体员工的整体性考评，应按照考评方案，把包含的各类人员介绍清楚。

5. 考评过程

考评过程既是对整个考评工作的复盘，又是考评结果严谨性和公正性的体现。撰写考评过程部分应坚决杜绝"记流水账"，而应该重点突出、逻辑清楚、详略得当，从而帮助读者了解整个工作过程。如果时间跨度较长，可将考评分成几个阶段，分别进行表述。

6. 考评结果

考评结果是绩效考评分析报告的关键部分。它既是对考评结果的整体呈现，也是进行绩效考评分析的开始。因此，除了将考评结果直观、清楚、全面地展示给阅读者之外，还应该从分析目的出发，对考评信息按照不同的角度重新表述，并进行相应的呈现，以便为后续的分析创造条件。

7. 存在的问题

存在的问题部分是绩效考评分析的核心。要写好这一部分，需要透过绩效结果呈现出来的现象，发现隐藏在背后的本质。寻找到的问题是否准确、是否契合企业实际，直接决定了整篇分析报告的质量和价值；也是影响绩效决策、绩效改进等后续工作的重要因素。

8. 改进措施

改进措施是对存在问题的呼应，因此在写作时常常与上一部分呈现一一对应的关系。值得注意的是，如果前面问题没有找准，改进措施部分也就失去了意义；而即使前面问题找准了，改进措施如果缺乏针对性，仍然难以对绩效改进产生实质性的帮助。所以，这一部分的写作要求非常高，它体现出的是考评者解决问题的能力。

> 【管理案例】

KT 公司的问题

KT 公司是一家大型国有企业。在年末的考评工作中,考评者发现在考评过程中存在以下现象值得关注。

一是业务部门扣分的情况较为严重,普遍得分在 60~75 分,个别部门得分未达到 60 分。与之相对应的,行政部门基本上没有扣分。与此同时,承担企业重点任务较多的部门扣分的情况更多。

二是纪律监察部门如稽查、审计等内部满意度明显低于其他部门。而在顾客满意度方面,整体满意度较去年有所下降,其中产品质量和售后服务两项指标得分明显偏低。

三是部分考评指标的目标描述较为模糊,该类指标多为被考评部门年初报送,考评时难以界定指标是否完成,有些部门也无法提供相关证明材料。

四是指标"视同完成"的情况较多,只要未完成指标的部门提供说明材料,基本就会被认定为"视同完成"。

五是安全事故类指标的扣罚情况有所增加,其中针对劳动安全和安全行车的扣罚尤为突出。

【思考与讨论】
(1) 通过绩效考评反映的情况,你认为 KT 公司经营管理方面可能存在哪些问题?
(2) 你认为 KT 公司的绩效考评体系可能存在哪些问题?有哪些改进的措施?

四、绩效考评申诉

如结果反馈后,被考评者对考评结果有异议,考评者应根据相关制度规定,接受被考评者的申诉,以保证员工的合法权益。

(一) 申诉的操作流程

在实施阶段,处理申诉的操作流程一般分为四步,如图 2-3-4 所示。

1. 申请人提交申诉书

被考评者在对结果产生异议以后,按照制度规定,在有效的申诉期内,向考评部

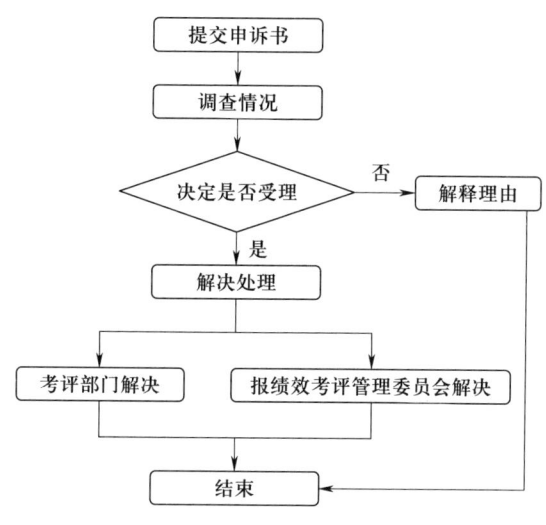

图 2-3-4 考评申诉实施流程

门提交申诉书。

2. 考评部门调查情况

考评部门在接到申诉书后，就申诉事项展开调查。在此期间，可以要求申请人提交补充材料和相关证据，以确保收集到充分的信息，为后续的处理决定提供依据。

3. 做出是否受理的决定

通过调查，如果申请人的申诉事由成立，应向申请人反馈受理决定，并准备进入解决处理阶段；如果申请人的申请事由不成立，应向申请人反馈不予受理的决定，并说明理由，该项申诉的流程结束。

4. 解决处理

如考评部门同意接受申诉，应与申请人协调，并进入解决处理环节。如果处理方案在考评部门权限内，可根据协商意见进行解决；如超出权限，应上报决策机构（一般为本企业设置的绩效考评管理委员会）进行处理。

（二）设计考评申诉表

考评申诉表是考评申诉环节的重要工具，其示例见表 2-3-8。一般来说，考评申诉表应该包括以下信息。

1. 申请人信息

申请人信息包括申请人的姓名、所属部门、职位、主管姓名及考评周期等信息。

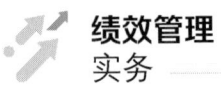

2. 申诉事由

申诉事由指申请人申诉的具体事由,如需提供与申诉事由相关的补充材料或其他证明,可以附件形式体现。

3. 调查结果

调查结果指考评部门经调查后的结论,以及是否受理的决定。

4. 处理意见

处理意见是指考评部门与申请人协商后的处理决定。

5. 考评部门及本人确认

就最终处理结果,考评部门和申请人须签字确认。

表 2-3-8　　　　　　　　考评申诉表示例

接收日期:

申请人		所属部门		职位	
直接上级		考评周期			
申诉事由					
				申请人:	
				申请日期:	
调查结果及确认					
	调查人签字		日期		
	直级上级签字		日期		
	主管领导签字		日期		

续表

处理意见及确认				
	主评人意见		员工意见	
考评部门意见			签字（盖章） 日期：	
备注				

> 【管理案例】

电话专员的申诉

小张和小李都是某公司的电话客服专员，为了更好地对他们的工作进行考评，公司设置了一套绩效指标体系，其中绩效指标为"客户满意度"（即客户在客服解答他们的疑虑后的打分），"客户投诉次数"（即客户对客服的投诉次数）。在绩效考评的第一个月，小张请了一周的假，而小张的一部分工作由小李承担。在出具绩效结果时，小张的绩效结果远远好于小李，于是小李向人事行政部申诉，申诉的理由为：工作做得越多，绩效得分越低，小张休息了一周，这一周不会有投诉，客户不会有不满意的情况，所以分数反而会高。

【思考与讨论】

（1）针对小李的申诉，你认为这次考评工作是否存在问题？存在哪些问题？

（2）如果你作为绩效专员接到了小李的申诉，你会按照怎样的流程处理这次申诉？

绩效管理实务

▶【任务要求】

一、任务说明

基本任务

撰写绩效考评分析报告

以小组为单位,在组长的组织下,完成以下工作。

1. 在小组内划分考评者和被考评者角色,针对上一次实训任务的表现,运用两种以上的方法,完成考评信息的收集。

2. 撰写考评分析报告,要求内容全面,基本包含 8 项主要部分,简明扼要且具有说服力。

3. 各小组根据撰写的绩效考评分析报告,制作 PPT,并派出代表向全班进行汇报。

拓展任务

模拟绩效面谈

各小组内部组织组员两两结合,分别扮演管理者和被考评者角色实施绩效申诉,并填写"绩效考评申诉表"。申诉完成后,进行角色互换,再次完成绩效申诉。

二、任务完成常用实际业务工具

某公司的绩效考评分析报告

为了更加清楚地了解本年度各部门员工的工作成果、能力和工作态度,人力资源部从 2022 年 12 月 14 日开始,分批对中层和部分基层员工进行了一系列的考评。考评结束之后,人力资源部还针对考评结果,分别与被考评对象一一进行了绩效反馈与面谈,以确保被考评者明确自己的绩效改进方向。另外,对于考评成绩不理想者,人力资源部还对其进行了深入的调研活动,以避免考评结果可能出现的偏差,最终确定淘汰的人员名单。接下来,就本次考评的具体过程作如下汇总分析。

一、考评方法的选取背景

鉴于公司目前考评体系尚不健全,员工考评意识淡薄,本次考评主要采用 360 度评估法。360 度评估法又称为多渠道评估法,是指通过收集与被考评者有密切关系的来自不同层级的员工的反馈意见，来全方位地评估被考评者的工作能力、行为准则与合作精神。这种考评方法能够最大限度地避免由单一考评者所造成的不公正，进而保证考评结果的客观性和科学性。在现有的情况下，这样的考评结果员工也比较能够接受，因为考评的具体方式决定了考评不是一个人说了算。故本次绩效考评选取360度评估法。

二、考评目的

对中层管理者和部分基层员工的工作成果进行摸底，并进一步了解他们的工作能力和工作态度，为下一轮的人员配置、员工绩效管理等人力资源工作打下良好基础。

三、考评与被考评对象

（一）被考评对象

中层管理者（14人）、基层员工（14人）。

（二）考评对象

中层管理者（35人）、基层员工（24人）。

四、考评时间

中层管理者：12月14日14：00—12月17日12：00。

基层员工：12月17日12：00—12月19日12：30。

五、考评的具体形式

（一）考评指标的提取（具体考评表参照附件1和附件2）

1. 中层管理者：中层管理者的考评指标主要来源于其业绩成果、执行力、团队影响力、企业文化认同等16个有代表性的方面。

2. 基层员工：……

（二）考评的具体执行

本次考评主要是根据360度评估表进行评分，考评对象主要从被考评者的直接上级、本部门同事、工作关系密切的其他同级同事、客观公正并有责任心的部分员工当中选取，以不记名的方式进行。

被考评者在此次考评中不对自己进行考评。人力资源部在发放考评表的同时，需告知评估人考评目的，返回时间以及填写当中的注意事项，以确保考评的保密性、严肃性和结果的有效性。

六、考评结果说明（参照附件3）

考核评估结果主要包括每项指标的单项总分、单项均分、单项评定等级、综合评定结果、优点与不足之处。

七、绩效反馈与面谈

人力资源部将每个人的考评结果反馈给被考评对象，并分别与之进行了绩效面谈，

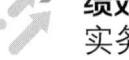

共同制订出绩效改进计划，使被考评对象明确自己的绩效改进方向。

八、绩效考核评估结果

（一）考评方案本身

1. 存在的问题

在本次绩效考评的实际操作过程中，存在以下问题。

（1）由于时间原因，某些考评指标的选取不够科学化，比如中层管理者的考评指标当中，有两项指标为客户管理、市场开拓能力，这两项指标主要针对销售岗位的中层管理者，如果作为非销售岗位的管理者来讲，这两项指标就显得不太科学。

（2）考评内容过于笼统，对所有中层管理者的考评用的是相同的考评表，而非根据岗位的不同，把考评内容进行区分。这种情况在基层员工的考评表中有所避免，但是做得还不够细致。

（3）考评实施之前，没有对绩效考评相关事宜进行培训，造成部分员工对此次考评的不理解，并产生排斥心理。员工的考评意识比较淡薄，再加上后期缺乏相关的培训引导，给本次的考评工作造成一定的困难。

（4）从返回的考评表中发现，对于考评表中的优点与不足之处，评语显得比较空泛，没有落实在具体行为当中。这就让被考评者看到考评结果时，不太明白自己究竟在哪些方面做得不到位。

2. 绩效考评方案改进措施

（1）确定考评指标前，根据各个岗位的具体要求，充分展开调研工作，和各部门员工配合，制定出个性化、科学化的考评指标，确保考评内容的有效性。人力资源部根据此次考评当中存在的问题，在接下来的考评工作中，应尽可能地做到规范化。服务部的考评表（参照附件4）和仓库员工的考评表（参照附件5）正在进行不断优化，以避免出现类似问题。

（2）针对前期员工对本次考评的反映，以后在实施新的考评方案之前，都会对考评者与被考评者进行相关的培训，确保评估人充分理解考评的目的和考评当中的注意事项，同样也使被考评者明白企业的期望，确定自己在工作当中的努力方向，以便使员工由现在的被动管理逐渐转变为员工的自我管理。

（二）考评者的绩效改进计划

本次绩效考评后，由人力资源部和被考评者的直接上级根据绩效考评结果，共同对其进行绩效面谈，确保其明确目前自身所存在的不足，并与被考评者共同制订下一步的绩效改进计划，让被考评者认识到下一阶段自己在工作当中的努力方向和注意事项。

此次考评，虽然存在一些方面的不足之处，但因为考评方法和考评对象的选取比较科学，在一定程度上弥补了考评本身存在的不足。就考评结果来说，还是相当有效的，能够反映中层管理者和部分基层员工的工作业绩、能力和工作态度，而且在进行绩效面谈时，被考评者也比较愿意接受。总之，员工对此次考评工作的结果还是认可的。人力资源部也会继续努力，使企业的绩效管理工作更上一个台阶。

附件1：中层考评表（略）

附件2：基层考评表（略）

附件3：考评结果说明（略）

附件4：服务部员工考评表（略）

附件5：仓库员工考评表（略）

三、任务评价指标与标准

（一）撰写绩效考评分析报告

撰写绩效考评分析报告评价标准见表2-3-9。

表2-3-9　　　　　　撰写绩效考评分析报告评价标准

	团队名称					
	评分标准	权重/%	优（5分）	良（4分）	中（2分）	差（1分）
撰写绩效考评分析报告	报告的完整性	12				
	报告的规范性	8				
	考评结果呈现直观清楚	7				
	考评问题查找准确	13				
	改进措施有针对性	10				
	小计	50				
展示汇报	现场效果	12				
	时间掌握能力	5				
	PPT质量	5				
	语言表达	10				
	逻辑思维能力	8				
	团队协作效果	10				
	小计	50				

(二) 模拟绩效申诉

模拟绩效申诉评价标准见表2-3-10。

表2-3-10　　　　　模拟绩效申诉评价标准

团队名称						
	评分标准	权重/%	优(5分)	良(4分)	中(2分)	差(1分)
模拟绩效申诉	全体组员参与	25				
	申诉流程规范	20				
	申诉质量	20				
	申诉记录完整规范	25				
	组织有序	10				
	小计	100				

项目四

绩效反馈及结果运用

▶【项目导入】

一、主题案例

绩效考评的终极目标是考评还是激励?

今年夏天,刚大学毕业的杜明经过一番寻找,最终他被鼓楼区一家保险公司录取,成了一位保险营销员。完成了公司的培训后,11月1日,杜明正式上班。就在杜明信心满满想大干一番时,老员工的一番话像一盆冷水一样,浇灭了他所有的激情。

"按照公司的约定,营销员每月的保底工资只有1 000元,而绩效考评量为10单,每单可抽成200元。"老员工告诉杜明,别看考评量只有10单,刚进公司的新人由于人脉有限,销售经验不足,有相当一部分新人都难以完成考评。

更让杜明难以接受的是,为了督促员工完成考评,该公司实行绩效考评倒扣制。即绩效考评不达标,扣完绩效还得倒扣基本工资,直至扣完为止。此外,老员工还告诉杜明,在公司工作满一年后,连1 000元的基本工资都要取消,完全靠业务量发放工资,而且每月的业务考评量还会再增加。

"基本工资本来就低,如果还实行倒扣制度,真的是一点干劲都没有了。"杜明算了一笔账,他说:"每个月考评量为10单,假如我只能完成4单,按公司的规定,要倒扣我6单,这相当于我这4单白干,还要赔给公司2单的钱,一个月只能拿600元钱。"

经过一番思想挣扎,杜明决定离开这家保险公司。由于杜明业务量一单都没有完成,按规定他当月的工资为零。经过协商之后,公司给他发了500元,权当"遣散费"。

你认为这家保险公司的绩效考评机制存在问题吗，如何改进？

二、本项目学习目标

- 知识目标：了解绩效反馈、绩效改进的作用和目的；熟悉绩效结果的运用范围。
- 技能目标：掌握绩效反馈、绩效改进的流程及主要方法；能够分析和运用绩效考评的结果。
- 素质目标：树立绩效考评的共赢思维，意识到绩效考评不是目的，而是一种重要的激励手段。

任务一　绩效反馈

【知识准备】

一、绩效反馈认知

（一）绩效反馈及其方式

管理学家彼得·德鲁克指出，一个企业在管理上的成就，并不在于他有多少天才员工，而在于这个企业如何使普通员工取得更好的绩效，能否充分发挥每位员工的优势，并利用这些优势来帮助其他人提升绩效。有效的绩效管理一定不是以考评为目的，而是通过考评的手段激励员工改进工作绩效，促进员工与企业的双赢。人类行为心理学家研究发现，如果缺少经常性的具体反馈，人类行为将会陷入混乱之中，因而要想取得持续的、高水平的绩效，反馈是必不可少的关键要素。经济学家迪安·罗森伯格指出，人事考评最主要的目的，就是要帮助员工个人和组织改进绩效。而能够及时妥善地对考评的结果进行反馈，将直接影响到整个考评工作的成效。可见，绩效反馈是绩效管理流程中的重要一环，不仅能为员工的努力指明方向，还可以激发员工的上进心和工作积极性，从而提高企业的整体绩效。

绩效反馈是将绩效考评结果反馈给被考评者，其最为有效的反馈方式即绩效反馈面谈。绩效反馈面谈是绩效管理中一种非常正式的管理者与员工面对面的沟通方式，指管理者根据员工的本期绩效考评结果，在与员工就绩效考评结果达成一致的基础上，针对员工在绩效完成过程中存在的问题提出建设性意见，并与员工共同制订绩效改进计划，帮助员工提升绩效的沟通过程。绩效反馈面谈是绩效管理过程中的重要环节，可以贯穿整个管理过程，比如在考评开始时的计划面谈，考评过程中的指导面谈和考评结束后的反馈面谈等。但在实际操作中，绩效反馈面谈却常常被管理者忽略或因缺乏重视而陷入形式化。

（二）绩效反馈的主体

绩效反馈是绩效管理的最后环节，也是最为关键的一环，即针对员工在绩效考评中取得的进展和存在的问题达成共识，并协商改进措施，从而促进员工实现卓越绩效的管理过程。显而易见，绩效反馈面谈应当是一个双向沟通的过程，需要明确沟通的主体与客体，即信息的发送者和接受者。绩效反馈面谈的客体很好理解，必然是被考评者，而主体不是企业管理者，更不是人力资源部，而应是被考评者的直接上级。需要注意的是，双向沟通中主体与客体的位置应不断交换，信息发送者是以协商和讨论的姿态面对接受者，信息发出后还需及时听取反馈意见，因而绩效反馈面谈绝不是主体对客体的单向批评和发号施令，而是主体与客体间多轮反复商谈，直至双方达成共识的过程。一般而言，团队或部门绩效反馈面谈要求团队或部门成员集体到场，而个人绩效反馈面谈多采用一对一的形式，如果管理者认为反馈面谈难度较大，还可以要求高级别的越级主管或经验丰富的人力资源管理者一起参加，以便面谈顺利进行。

绩效反馈面谈提供了管理者和被考评者进行深度交流的机会，双方可以就表现中的亮点、问题、产生原因、改进方法以及下一阶段的目标进行探讨。由于面谈具有相对私密性，双方可以谈论一些其他场合不便公开谈论的话题，员工的接受程度较高。良好的反馈面谈效果对于实现绩效管理目标能够起到积极的促进作用。

绩效反馈面谈要想取得良好的效果，一般需要遵循以下原则。

1. 营造融洽的谈话氛围

融洽的氛围是绩效反馈面谈成功的前提，它可以使双方在谈话中保持积极的心态和良好的情绪。管理者需避免利用面谈机会对被考评者进行批评、责备或教训。

2. 时刻保持双向沟通，避免"一言堂"

在绩效反馈面谈的过程中，要时刻注意双方都在参与讨论、陈述观点。要坚决避免出现一方滔滔不绝，而另一方只听不说的局面。

3. 用数据和事实说话

绩效反馈面谈过程中，讨论应围绕着客观数据和事实展开，不要泛泛空谈。同时，要注意对事不对人，避免因主观因素影响谈话的公正性和客观性。

4. 要有具体的行动计划

行动计划应被视为绩效反馈面谈重要的产出和成果。如果面谈不涉及行动部分，其绩效转化率就难以保证。员工可能当时很信服，但是回到工作场景后，依然按照固有模式行动，无法实现绩效改进的目标。

（三）绩效反馈的目的

现在，几乎每个企业都有绩效考评，但在管理实践中企业经常是管理者抱怨考评实施效果不好，业务部门抱怨考评过程烦琐，员工抱怨考评流于形式。一些企业家也对绩效考评颇有微词，索尼前常务董事曾在《绩效主义毁了索尼》一文中指出，绩效主义让索尼丧失了激情、挑战精神和创新精神，让创新先锋沦为落伍者。万科创始人王石认为，绩效主义是企业的脓包，看似公平，但缺少内涵。为什么很多企业的绩效考评变成了"认认真真地走过场"？绩效考评到底为什么而存在？考评的终极目的又是什么？是为了得到考评分数，还是为了约束员工行为，抑或是扣罚员工工资？绩效反馈并不仅仅是将绩效考评结果反馈给员工，更重要的是上级与员工共同探讨绩效不佳的原因，并制订有效的改进计划，进而提高员工及企业绩效，是绩效持续改进的重要动力。具体而言，绩效反馈的目的主要有以下四点，如图2-4-1所示。

1. 对被考评者的表现达成一致看法

对被考评者的绩效表现达成一致的看法是开展绩效反馈的基础和前提。人们在评估同一事物时，由于立场不同往往会采取不同的评价标准和方法，管理者看待员工的绩效表现是这样的，员工则认为自己的绩效表现是那样的，双方各执一词、互不认同。此种情况下，开展深度沟通的绩效反馈面谈就非常必要，只有给予员工充分表达自己意见的权利和机会，双方达成一致认识才能顺利制订下一步的绩效改进计划。

2. 使员工客观认识自己的成就和不足

人具有被认可的心理需求和精神需要，在员工取得成就时需要其他人的肯定和关注，因而绩效反馈很重要的一个目的就是让员工认识到自己的成就和优势，从而达到积极的激励效果。此外，不论员工的工作绩效是否优秀，都存在持续改进的空间。员工需要被认可，同时也应当中肯指出其有待改进的方面和可提升的空间，帮助员工客

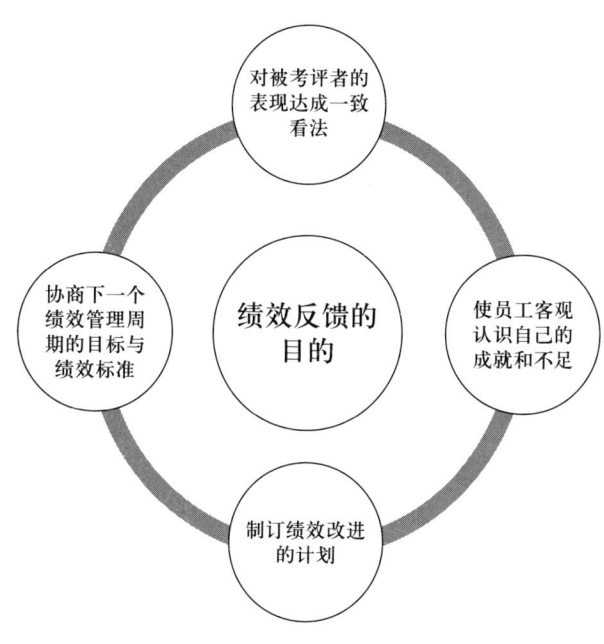

图 2-4-1 绩效反馈的目的

观而全面认识自己的成就和不足。

3. 制订绩效改进的计划

在双方达成一致意见和明确员工成就及不足的基础上,管理者与员工需要在绩效反馈中共同制订绩效改进计划,明确改进的措施和方法,以及必要的资源支持,以确保改进计划能够付诸实施。

4. 协商下一个绩效管理周期的目标与绩效标准

绩效管理是一个循环往复的过程,一个绩效考评周期的结束同时意味着下一个绩效考评周期的开启。绩效反馈面谈讨论了员工上一个考评周期的绩效表现、考评结果和改进计划,双方可以参照员工的考评结果和存在的问题商定下一个周期的目标和绩效标准,确保绩效管理过程的连贯性。

【管理案例】

反馈的价值

"管理之父"亨利·法约尔曾做过一个试验:他在企业挑选了 20 个技术相近的员工,每 10 人一组,在相同条件下,让两组同时进行生产。每隔一小时,他会检查一下员工们的生产情况。对第一组，法约尔只是记录下他们各自生产的数量，但不告诉员工他们的工作进度。对第二组，法约尔不但将生产数量记录下来，而且让每个员工了解他们的工作进度。每次考评完毕，法约尔会在生产速度最快的 2 个员工的机器上插上红旗；速度居中的 4 个员工的机器上插上绿旗；最后的 4 个员工的机器上插上黄旗。如此一来，每个员工对自己的进度一目了然。试验结果是：第二组员工的生产效率远远高于第一组。

二、绩效反馈的实施

（一）绩效反馈面谈的程序

绩效反馈以绩效反馈面谈为最直接有效的沟通方式，其程序大致可分为面谈准备和面谈实施。

1. 面谈准备

绩效反馈面谈是直接管理者和员工共同参与完成的管理过程，一次成功的面谈需要多方面收集资料，做好充分的准备。

（1）管理者的准备事项。管理者应从以下三个方面着手准备。

1）收集资料。绩效反馈面谈应围绕客观数据和事实开展，这就要求管理者在面谈开始前，根据其目的全面收集相关资料。只有这样，管理者才可以掌控谈话的局面，避免陷入尴尬的僵局或争吵。面谈资料包括但不限于企业和部门业绩达成情况、员工的绩效指标和考评结果、职位说明书、员工过往绩效表现数据、员工优势与不足评估报告、面谈记录表等，为全面客观分析员工的绩效表现奠定基础。

2）拟定提纲。凡事预则立，不预则废。在实施绩效反馈面谈前，周密翔实的计划必不可少。管理者应提前规划面谈的目标、内容框架、实施流程、需注意的问题等，编制反馈面谈表，并对面谈中员工可能出现的情绪和行为做出分析预判，预想应对员工过激反应的处理方式，从而保障反馈面谈的效果。

3）提前通知。在征求员工意见的前提下，选择彼此合适的绩效反馈面谈的时间和地点，提前通知面谈对象，并请其在谈话前做好相应的准备。面谈时间尽量避免临近开会、用餐、上下班的时间，持续时间要安排适宜，一般 30 分钟至 1 小时为宜，过长易引起疲惫及无谓的话题重复，过短又不利于深入沟通交流和充分获取信息，使面谈陷入形式化。面谈地点的选择要注意私密性，适合选择不受干扰的独立办公室、小型会议室等，尽量不要选择空间过大或过于空旷的环境，这样可能破坏谈话双方的亲和关系。管理者应暂停安排接待访客,远离电话、传真,确保面谈不被干扰或中断。此外,还要合理安排面谈座位布局。如果面谈场地为方桌,应避免采用图2-4-2的三种布局方式。面对面为典型的谈判竞争型座位安排,第一种布局中管理者和员工近距离面对面,目光直视容易造成较大心理压力,引发敌对情绪,不利于营造和谐宽松的沟通氛围;第二种布局中管理者与员工的距离过远,拉大了彼此的心理距离,不利于亲切的交流和合作;第三种布局中管理者和员工同侧就座,不易于观察对方的表情和动作,有可能感到拘谨和压力。合理的座位布局应按照图2-4-3所示,管理者和员工成一定角度就座,保持适当的面谈距离,避免目光对视,也有利于观察对方的表情和非语言行为。

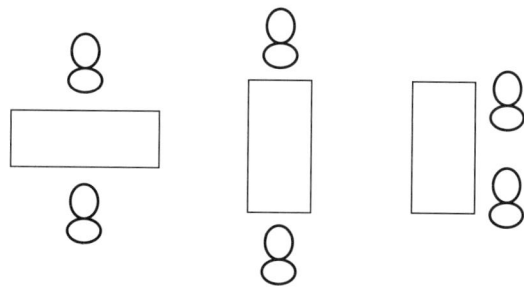

图2-4-2 不合适的绩效反馈面谈座位布局图

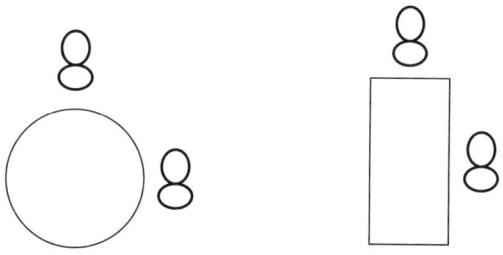

图2-4-3 合适的绩效反馈面谈座位布局图

(2)员工的准备事项。员工应从以下两个方面着手准备。

1)收集资料。在绩效反馈面谈之前,员工同样需要准备相关材料,包括绩效自评表、工作总结及反思改进等,如果对绩效考评结果存在疑问,还应准备工作日志等充分的事实依据。此外,员工应当明确自身的工作期望和发展规划,以期在面谈过程中获得管理者的指导与支持。

2)发现问题。除此以外,员工还可以提前准备自己较为关心的问题,如考评指标、过程、结果等方面的疑问,完成绩效目标过程中需要的资源支持和指导培训等,在面谈过程中尽量做到与上级充分沟通,共同协商解决这些问题。

2. 面谈实施

如图2-4-4所示，绩效反馈面谈大体分为以下七个步骤。

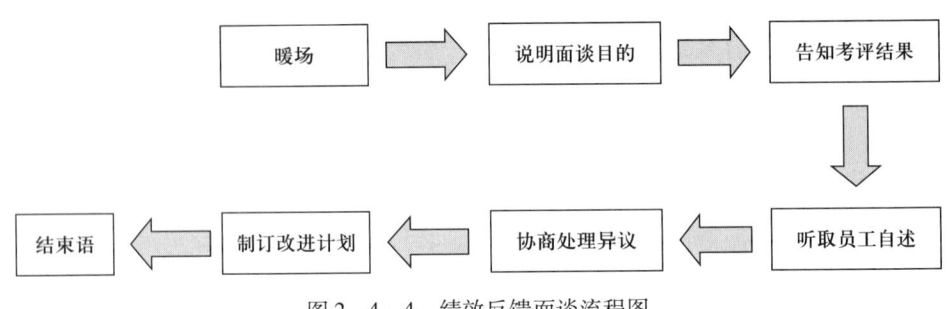

图2-4-4 绩效反馈面谈流程图

（1）暖场。绩效反馈面谈不是演讲，更不是说教，而是沟通，首要的是营造自在而不拘束的沟通氛围，建立坦诚交流的彼此信赖关系。以适当的开场白暖场可以消除员工紧张防卫的心理，至于如何开场并无固定模式，要视情形而定。常见的暖场方式有以下两种。

1）肯定员工的努力。管理者的正面评价与肯定对员工而言是莫大的鼓舞，管理者绝不能吝惜对员工的赞赏。这种赞赏不必专属于丰功伟绩，即使是很细微的进步和成绩也值得肯定。只要管理者细心观察员工的行为，一定可以发现值得赞赏的闪光点，示例如下：

"你上周提的策划方案很不错，应该是花了很多时间和精力！"

"你最近工作表现很积极，我们部门就需要像你这样有干劲的员工。"

"上次你的会议报告很翔实，准备十分充分，经理很欣赏。"

2）开启轻松的话题。以员工不必考虑即可答复的问话、闲谈开始，轻松融洽的话题容易消除戒备的心理，调动员工参与沟通的积极性，营造良好的沟通合作氛围。如员工的兴趣爱好、亲属朋友、热点新闻报道、旅游观光、健康休闲、衣食住行等，示例如下：

"听说周末去钓鱼了，那地方怎么样？"

"孩子的感冒好些了吗？"

"孩子今年该中考了？"

（2）说明面谈目的。清楚说明此次反馈面谈的目的、流程和作用，避免员工不必要的猜测，消除双方的紧张情绪，同时也便于双方控制面谈的进程。表达方式以积极的正面表述为主，示例如下：

"今天反馈面谈的目的是希望我们一起讨论下你的工作成效，并达成一致的看法。

一是肯定你的成绩和优点,二是找出可以继续进步的空间。希望通过这次面谈,我们能共同努力,合作完成既定的工作目标,使你在企业获得更好的发展。"

"今天我们共同研究下部门能为你提供的资源支持,看怎么帮助你取得更好的绩效表现。首先请你先谈谈过去这段时期的工作心得,或者工作上有没有遇到什么困难。"

(3) 告知考评结果。这个环节的要点是简明、真实、准确,要围绕被考评者的绩效目标和考评周期内的绩效事实展开,运用客观数据说话,支撑考评结果,避免加入过多的主观因素,示例如下:

"经过考评,你的整体表现非常好。根据数据资料,这个月的生产量比前一个月增长了 3 000 件。"

"但是在生产质量方面还是有一些问题,产品不合格率从 4% 增加到 9%,在你努力达成生产工作目标的同时是不是有什么没有注意到的地方?是不是有什么困难和问题?相信你如果将产品不合格率再降低,你的业绩将会有更大的提升,你个人认为如何?"

(4) 听取员工自述。面谈是双向的沟通过程,一定要调动员工参与的积极性,管理者要通过提问引导,鼓励员工充分表达意见,多倾听少表达,让下属有机会针对考评结果陈述自己的理由,以进一步发现问题,示例如下:

"让我们来一起分析一下你的指标完成情况。"

"你认为哪些是你做得好的,哪些是需要改进的?"

"你似乎对这个问题感到担忧。"

"我以前也遇到过同样的问题,所以很明白你的感受。"

"发生这样的事,必定会感到难过。"

(5) 协商处理异议。管理者和员工共同分析讨论问题产生的原因,在考评结果中存在异议是正常现象,异议不代表矛盾,不要刻意逃避,应当开诚布公、积极协商、正面处理。这个环节要避免与员工进行情绪化的辩论,避免使用极端化的字眼激化矛盾,如"你总是……、你经常……、你从来……",可以先从双方看法一致或分歧点不大的内容开始,摆事实讲数据、对事不对人,扮演好辅导员和教练员的角色,示例如下:

"对于没能完成的工作目标,你认为是什么原因呢?"

"拿出你的绩效自评表(见表 2-4-1)和我这张绩效分析表(见表 2-4-2),对比一下,让我们一起看看有哪些意见相同、哪些相反。我们先从彼此意见相同的地方谈起,再看意见不一致的部分,大家都谈谈自己的看法和解释,寻找问题出在哪里。"

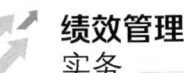

表 2-4-1　　　　　　　　　　　绩效自评表

| 部门： | 姓名： | 日期： | 年 月 日 |

1. 绩效整体表现自评。

2. 绩效衡量的标准是什么？

3. 绩效目标与工作实际的差距有多少？

4. 可能的原因有哪些？如何改进？

5. 哪些工作绩效对本岗位而言是重要的？

表 2-4-2　　　　　　　　　　　绩效分析表

| 姓名： | 填写人： | 日期： | 年 月 日 |

1. 员工绩效整体表现评价。

2. 绩效衡量的标准是什么？

3. 绩效目标与工作实际的差距有多少？

4. 可能的原因有哪些？如何改进？

5. 哪些工作绩效对所属部门而言是重要的？

（6）制订改进计划。在分析绩效不佳原因的基础上，下一步要思考如何帮助员工解决问题，指导员工的工作绩效。首先，绩效改进计划应明确目标、行动计划、阶段成果、责任人和完成时限，并注意将目标进行分解细化。其次，管理者应与员工共同寻找完成目标过程中可能面临的潜在障碍，并商讨清除这些障碍需要提供的资源及协助，支持员工完成既定改进目标。最后，要再次肯定员工的贡献和价值，向员工传递企业的期望，重申对他们绩效改进的信心，助力员工的职业规划和发展。示例如下：

"如果再做一次，你觉得有哪些方面可以改进？"

"你觉得如果我们这样做，会不会更好呢？"

"你希望部门提供什么资源和支持？"

"你认为我们需要多少时间？"

"从这个月起，我们就把这项工作做起来。"

"总的来说，你的表现已经有很大进步，通过这次面谈我们也达成了一致意见，我相信你下一次一定会做得更好。"

在反馈面谈结束后，应明确未来行动的内容、步骤、完成时间、各方责任以及未完成应承担的后果等，认真填写面谈记录表，详细记录绩效面谈的过程，并由双方签字确认。

（7）结束语。结束语应肯定被考评者的贡献，无论过程中讨论了多少不足，此时都应给予员工信心和希望，以正能量收场。

【管理案例】

一场不欢而散的面谈

在上月的考评结束后，张义被评定为 C 档，这让他很不理解。于是，他敲开了主管王经理的办公室。

此时，王经理正在跟小李讨论其他的事情。知道张义的来历之后，王经理让小李先坐在一边，然后对张义说："部门也是按照制度考评的，上个月你有一次向上级部门报送材料不及时，按规定给你评定为 C。"张义反驳说："那是因为总经理出差，等回来签字再报送已经晚了，不是我的原因。"王经理说："这样的事情已经不是一次两次了，所以根本不是偶然的原因，还是你的工作安排有问题。"张义说："可这次就是因为总经理出差的原因才报晚的，为什么要给我打 C 呢？"王经理听到后有些生气，对张义说："这是你多次失误累积的结果，你不要老拿着这一次说事！我跟小李还有事要谈，如果你不服，可以申诉。你先出去吧。"

张义也怒气冲冲地离开了王经理的办公室，决定开始填写申诉材料。

【思考与讨论】

（1）这次面谈不欢而散的原因是什么？你认为谁应该承担主要的责任？

（2）结合你所学到的知识，请梳理本次面谈中存在的问题。

（3）如果你是王经理，请重新设计这次面谈。

（二）绩效反馈的策略

1. 绩效反馈的技巧

（1）汉堡原理。绩效反馈应兼顾员工的优点和缺点，帮助员工了解自己的发展方向。批评心理学认为，将批评的内容夹在表扬之间，有利于对方认识错误、接受批评，这种现象称为"汉堡原理"或"三明治效应"。如图2-4-5所示，第一层是认同和赞赏，在面谈中首先表扬员工取得的特定成就，积极肯定员工的闪光点；中间层是批评、建议或不同观点，在肯定成绩的基础上中肯地指出员工需要改进的行为表现，并共同分析原因及提出整改策略；第三层是鼓励和希望，给予员工充分的信任、支持和帮助，表示愿意提供学习或培训的机会，相信员工愿意改进，有能力达到绩效考评标准。这样的绩效反馈不但不会挫伤员工的自尊心和积极性，还会使其愉快地接受批评并树立信心，积极改正错误。

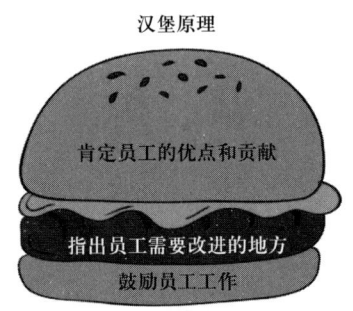

图2-4-5　绩效反馈汉堡原理示意图

（2）BEST反馈。BEST反馈又名"刹车"原理，是指管理者指出问题并描述可能的后果之后，在征询员工意见时不要打断员工，适时地"刹车"，以聆听者的姿态鼓励员工充分表达自己的见解，引导员工发挥主动性，积极寻求解决办法，最后管理者再做点评总结。这一方法可以灵活运用在绩效反馈面谈的各个环节中，可以按照以下步骤进行。

第一步，描述行为（Behavior description）。经理："小张，这次你做的会议报告文档有两处数据错误。"

第二步，表达结果（Express consequence）。经理："这让我在汇报的时候很难堪，给公司领导和各部门经理留下了不好的印象，对咱们部门年终的考评很不利。"

第三步，征求意见（Solicit input）。经理："你觉得问题可能出在哪里？完成报告的时候是不是有什么困难？咱们怎么一起改进？"小张："是的，……我准备……"

第四步，着眼未来（Talk about positive outcomes）。经理："很好，我同意你的看法，我也会给你安排相关的学习和培训机会，希望以后你能有更大的进步和提升。"

（3）操作要点。第一，看数据也看事实。对员工的绩效评价要用具体数据和事例说话，具体到成绩数据、考评指标、日常行为表现等，摆事实讲数据，避免由双方的认知偏差而引发异议和冲突。

第二，重结果更重反思。管理者的关注点不应仅在考评结果上，更应着眼未来而非过去，从过往的业绩完成过程发现问题、反思改进，将更多的精力放在如何辅导员工在未来达成绩效目标。

第三，关注事情也关注心情。有些绩效反馈面谈在中途谈不下去，甚至引发了双方的冲突而以失败告终，这其中的原因往往都是情绪在"作怪"。在绩效反馈面谈中，除了关注面谈的内容，还要观察员工的情绪状态，控制好自己的情绪，也理解对方的情绪，建立和维护彼此之间的良好沟通关系。

第四，重视自我评估和参与意识。绩效反馈面谈不能是管理者唱独角戏，要充分调动员工参与的积极性，强调双向沟通、共同商谈、资源互助、责任共担，多引导员工自我评价，多问问员工的想法，多为员工提供必要的资源和支持，所有问题大家一起讨论、一起解决。

2. 绩效反馈的注意事项

（1）改变行为而非个性。绩效反馈要坚持对事不对人的原则，侧重于谈员工的具体事实行为，目的是帮助员工改变绩效不佳的行为方式，而不是试图改变员工的个性。如果管理者认为员工的工作态度或工作能力有问题，需要做出调整，应该先谈谈这种态度或能力表现出的具体行为，以及行为带来的负面影响，这样员工更易于接受。

错误示例："你这个慢慢悠悠的性格什么时候能改一改，上班不能再迟到了。"

（2）表达客观结果而非主观判断。在绩效反馈中，对员工的评价一定是基于客观数据和具体事例的公平公正的结果，而不是管理者凭借个人经验和表面现象做出的主观臆断。在员工存在不满或质疑而提出申辩的情况下，管理者如果有该做而没做好的地方也应敢于认错、勇于担责，如果需要解释也需要以客观事实为基础和支撑，使员工清晰明白自己的差距与劣势。

错误示例："我觉得你就是太粗心才把报告的数据搞错了。"

（3）征求意见而非发号施令。为了获得员工的真实想法，绩效反馈应是管理者与员工的平等对话。管理者应当鼓励员工多发言、多表达，充分表达自己的观点。因为思维习惯的局限性，管理者在工作中常常处于发命令、下指令的角色，而员工则是被动接受者。在绩效反馈面谈中，管理者应格外注意打破这种思维定势，有时单方的信息不一定反映真实情况，应允许员工申辩和解释，管理者不应打断与压制。对员工提出的建设性意见应充分肯定，也要承认自己有待改进的地方，共同商定双方发展改进的目标。

错误示例："不用解释了，你就听我的，以后这么做就行了。"

（4）"不甩锅""不卖惨""不轮流坐庄"。直接管理者是员工绩效管理的第一责任人，应厘清权责边界，多反思如何在管理上做出改进和提升，而不是轻易将责任推卸给其他人。

错误示例："其实我给你打的分还挺高的，但是公司要求强制分布，所以提交给领导之后给你改了。"

绩效是和考评目标、和标杆、和自己以往表现分别比对，绩效反馈不要通过让其他人"躺枪卖惨"来换取员工的心理安慰。

错误示例："那个某某某，你看比你来得还早，干得比你也不差，比你绩效还低，拿的也比你少。"

绩效考评是以客观结果和行为表现为基础，轮流坐庄不会提升员工的认同感，反而会破坏考评的公平性和激励性，使考评流于形式，最终导致优秀人才留不住，平庸员工开不掉的局面。

错误示例："这次给你的绩效是低了些，但也没办法，大家水平都差不多，这次你得 C，下次再换其他人，明年我给你一些补偿。"

3. 特殊情况的处理

（1）冷漠。在绩效反馈面谈中，有些员工可能会出现消极的抵触情绪，态度冷漠不配合，管理者此时应当重申绩效反馈面谈的目的和意义，拿出聆听者的姿态，善于提出开放性的问题，引导员工无所顾忌地表达真实想法。

员工："反正你们都评完了，就是告诉我个结果，胳膊拧不过大腿，没什么好说的。"

管理者："这个谈话很重要，面谈的目的不是告知结果，而是总结反思、展望未来，希望你明年能取得更好的绩效，获得更多的发展机会。看你的表情，对这事应该是有自己的想法，我们今天就把问题都放到桌面上来，说说你是怎么想的。"

（2）愤怒。在绩效反馈面谈中，遇到员工激动甚至愤怒的时候，管理者先要控制好自己的情绪，耐心听员工把话说完，不急于争辩，避免硬碰硬激化冲突。然后要善于化解员工的情绪，通过适当的时间暂停或环境切换将紧张气氛缓和下来，待情绪冷静后再继续面谈。

员工："目标我都达成了啊，凭什么给我这么低的分数？"

管理者："我理解你觉得不公平，知道你觉得自己委屈了。"待双方情绪冷静后再说明原因："在行业飞速发展的大背景下，公司也期待所有员工追求卓越，因此卓越的标准不仅是自己和自己比，还要和行业比。虽然你这次绩效有了很大进步，但是公司还是希望你能排在行业的领先位置。"

（3）抱怨。在绩效反馈面谈中，有些员工会将绩效不佳的原因归咎于团队中的其他成员，埋怨他人影响了自己的绩效表现，管理者在化解员工负面情绪的基础上，要进一步明确团队内部的责任边界，引导员工认识到自身的不足而持续改进绩效。

员工："该做的我都做了，别人做不好完不成，影响到我，我有什么办法。"

管理者："我知道产品价值链很长，每个环节都会相互影响，上一个环节做不好，就会影响后面的产出。首先这事你做得挺好的，你没有等靠要，你想了不少办法去推动对方，这个值得表扬。因为如果大家都等着别人来做好，公司也就无法运转了。但是，如果有困难推不动了，你是不是想了所有的办法去解决？"

（4）无力。在绩效反馈面谈中，探讨员工的绩效成果时，某些员工可能认为绩效指标设定过高，自己无力达成。管理者应当摆事实讲道理，共同讨论、解决困难，指导帮助员工持续改进绩效。

员工："这次考评定的目标太高了，根本做不到啊！"

管理者："我先说说为什么要定这个目标，目前的市场状况是……我知道达成这个目标不容易，我们一起讨论可能会遇到什么困难，怎么解决这些问题吧。"

【管理案例】

绩效反馈面谈现场示例

吴总："小王，这两天我想就你近来的绩效考评结果和你聊一聊，你什么时候比较方便？"

王明："吴总，我星期一、星期二、星期三准备接待公司的一批重要客户，星期四以后事不多,您定吧。"

吴总:"我星期五也没有其他重要安排,那就星期五?上午九点怎样?"

王明:"没问题。"

星期五之前,吴总认真准备了面谈可能用到的资料,他侧面向王明的同事了解了王明的个性,并对面谈中可能会遇到的情况进行了思考。在这期间,王明也对自己一年的工作情况对照考评结果进行了反思,并草拟了一份工作总结和未来发展计划。

(星期五上午九点,公司小会议室,宽敞明亮,吴总顺手关上了房门,在会议桌旁坐下,王明侧坐在吴总右侧。)

吴总:"小王,今天我们打算用大约一个到一个半小时的时间对你在过去半年中的工作情况做一个回顾。在开始之前,我想还是先请你谈一谈,你认为我们做绩效考评的目的是什么?"

王明:"我觉得绩效考评有利于对优秀的员工进行奖励,特别是在年底作为发放奖金的依据。不知我说的对不对,吴总?"

吴总:"你的理解与我们做绩效考评的真正目的有些偏差,这可能主要是由于我们给大家解释得不够清楚。事实上,我们实行绩效考评,最终是希望在绩效考评后,能通过绩效反馈,将员工的绩效表现、优点和差距反馈给员工,使员工了解在过去工作上的得与失,以明确下一步改进的方向;也提供一个沟通的机会,使领导了解所部属工作的实际情况或困难,以确定可以提供哪些帮助。"

王明(不好意思地):"吴总,看来我理解得有些狭隘了。"

吴总(宽容地笑笑):"我们现在不又取得一致了吗?我们现在逐项讨论一下。你先做一下自我评价,看看我们的看法是否一致。"

王明:"去年我的主要工作是领导客户服务团队为客户提供服务,但是效果不是很令人满意。我们制定了一系列的标准(双手把文件递给吴总),但满意客户的数量增幅仅为55%,距离我们80%的目标相去甚远。这一项我给自己合格。"

吴总:"事实上我觉得你们的这项举措是很值得鼓励的。虽然结果不是很理想,我想可能是由于你们没有征询客户建议的缘故,但想法和方向都没有问题。我们可以逐步完善,这项我给你优。"

王明:"谢谢吴总鼓励,我们一定努力。"

吴总:"下一个。"

王明:"在为领导和相关人员提供数据方面,我觉得做得还是不错的。我们从未提供不正确的数据,别的部门想得到的数据我们都会及时送到。这一项我给自己优秀。"

吴总:"你们提供数据的准确性较高,这一点是值得肯定的。但我觉得还有一些有待改善的地方，比如，你们的信息有时滞后。我认为这一项还达不到优秀的等级，可以给良。你认为呢？……我想总的给你的评价应该是B+，你觉得呢？"

王明："谢谢，我一定会更加努力的。"

吴总："下面我们来讨论你今后需要继续保持和需要改进的地方，对此你有什么看法？"

王明："我觉得我最大的优点是比较富有创造性，注重对下属的人性化管理，喜欢并用心培养新人。最大的缺点是不太注重向上级及时汇报工作，缺乏有效的沟通。我今后的发展方向是做一个优秀的客服经理，培养一个坚强有力的团队，为公司创造更好的业绩。"

吴总："我觉得你还有一个长处，就是懂得如何有效授权，知人善任；但有待改进的是你在授权后缺乏有力和有效的控制。我相信，你是一个有领导潜力的年轻人，你今后一定会成为公司的中坚力量。"

王明："好的，谢谢吴总。"

【任务要求】

一、任务说明

基本任务

1. 分配绩效反馈面谈角色

各小组在本组成员中指定一位"管理者"和一位"下属"，以"下属"上学期在校的绩效表现为基础，由"管理者"与其开展绩效反馈面谈。

2. 绩效反馈面谈准备

团队讨论绩效反馈面谈前的准备工作，如面谈提纲、面谈记录表、面谈时间和地点等，并按照"管理者"和"下属"的不同角色进行个性化准备。

3. 绩效反馈面谈实施

"管理者"与"下属"进行绩效反馈面谈，其他小组成员现场观摩学习，观察记录反馈面谈过程中的情况和突发事件。

4. 绩效反馈面谈评价

面谈结束后，小组全体成员集体复盘讨论面谈过程，指出面谈中存在的问题及不

足,并对面谈提纲、工作安排等进行评价与修订。

5. 绩效反馈面谈记录

要求形成完整的面谈记录,并由双方签字确认。面谈过程应留存相应的音视频文件备查。

拓展任务

组织各团队队长召开管理者绩效反馈面谈交流会,汇报各团队的绩效面谈实施情况,交流绩效面谈技巧及经验,并形成会议纪要。

二、任务完成常用实际业务工具

(一) 绩效反馈面谈记录表

绩效反馈面谈记录表见表2-4-3。

表2-4-3　　　　　　　　　绩效反馈面谈记录表

基本信息			
员工姓名		所在部门	
岗位名称		面谈日期	
员工在考评周期内完成工作情况的回顾与评价(工作内容、进展及成果、不足与改进、未完成的工作内容及原因分析)			
员工在下一个考评周期的工作目标、工作内容及安排、上级期望			
员工对部门或公司工作的建议/意见,工作/生活中面临的困难,希望得到的支持或指导			

续表

其他面谈内容

绩效反馈面谈确认	
员工签字：	日期：
直接上级签字：	日期：
分管领导签字：	日期：

（二）绩效反馈全过程

绩效反馈全过程示例

Q公司是一家生产电子设备的外商独资企业，整体销售水平一直不尽如人意，财务状况令公司高层管理者很是不满意。为了尽快扭转局面，Q公司决定让一直负责营销的外方副总经理转为担任物流和营销的总经理，并聘请一位具有深厚营销经验并熟悉中国市场的李军来做营销总经理。李军到公司后不久，就分别在广州、北京设立了两个营销部，这两个营销部由他过去的"老部下"担任，而上海营销部经理由原来的一位营销员担任。随后，他又陆续地从社会上招聘人员，尤其注重招自己的"老部下"，并在进公司不久后制定人员激励机制，他本着一个基本原则，即队伍扩大、待遇降低、成本不变。

对李军的新政，营销组织成员大多数保持沉默。老员工明显感觉自己的收入降低了，即使考评能够顺利地拿到平均分，仍然不如过去的工资高，心里颇有怨言。新员工也感觉自己的收入和公司当初承诺的相差甚远，认为公司开的是空头支票，自己上当了。大家把唯一的希望寄托在能够创造营销奇迹上。两个月后，北京和广州营销部的经理分别辞职，这是李军比较看重的两个人。因此，人力资源部决定对这些员工进行一对一的绩效反馈面谈，首先从李军开始。

1. 面谈的目的

（1）希望李军更好地引导员工行为，加强员工的自我管理，提高工作绩效、发掘员工潜能。同时实现员工与上级更好地沟通，创建一个具有发展潜力和创造力的优秀团队，推动公司总体战略目标的实现。

（2）希望李军更确切地了解员工队伍的工作态度、个性、能力状况、工作绩效等

基本状况，为公司的人员选拔、岗位调动、奖惩、培训及职业规划等提供信息依据。

2. 面谈的时间和地点

面谈时间：××××年6月14日14：00—16：00。

面谈地点：公司人力资源部五楼会议室。

3. 面谈前的准备

（1）收集并填写好有关绩效考评的资料。

（2）总结李军近两个月来的业绩及工作表现。

（3）准备李军以往工作优秀表现历史绩效档案数据。

（4）列出李军工作表现中的缺陷及不足之处。

（5）制订切实合理的个人职业发展计划。

4. 面谈的过程

（1）公司副总经理听李军讲他最近的工作业绩和工作表现，询问李军是否在工作中遇到了瓶颈。

（2）李军叙述工作中遇到的问题及个人发展方面的计划。

（3）公司副总经理与李军一起讨论出现问题的原因，提出有待发展的项目、发展这些项目的意义和可行性、这些项目目前的绩效水平以及预期达到的水平、发展这些项目的方式途径以及需要的资源支持、完成这些项目的时间期限等方面的内容。

5. 制订绩效提升计划

公司副总经理根据与李军的面谈结果，整理并将其反馈给李军，指出其自身所存在的不足，制订下一步的绩效改进计划，让李军认识到下一阶段自己在工作当中的努力方向和注意事项。

三、任务评价指标与标准

绩效反馈组织实施评价表见表2-4-4。

表2-4-4　　　　　　　　绩效反馈组织实施评价表

	团队名称				
	评分标准	优 （5分）	良 （4分）	中 （2分）	差 （1分）
绩效反馈 面谈组织	面谈前准备				
	面谈流程控制				
	突发状况应对				

续表

评分标准		优 (5分)	良 (4分)	中 (2分)	差 (1分)
绩效反馈 面谈实施	面谈内容是否合理				
	面谈用语技巧				
	面谈记录是否全面				

任务二　绩效诊断与改进

▶【知识准备】

一、绩效诊断

绩效管理的最终目的是员工绩效的持续改进，合理的改进方案必然是以恰当分析绩效的原因为前提的。绩效诊断就是通过分析考评结果，找出引发各种绩效问题的原因，通过沟通寻求支持的过程。

（一）绩效诊断的内容

绩效诊断要解决三个问题：员工是否愿意把工作做好？员工是否有能力（知识和技能）把工作做好？企业是否为员工做好工作提供了必要支持？管理者往往将员工绩效归因于个体因素，尤其是当员工绩效不佳时更是如此，但实际上影响员工绩效的除了个体因素外还包括外部环境因素，这都是进行绩效诊断需要考虑的方面。

此外，绩效诊断不仅要探究绩效不佳的原因，还要剖析绩效优秀的影响因素，这样一方面可以使绩效优秀者明白在哪些方面继续保持，另一方面也为绩效不佳者指明了努力的方向。

▶【管理案例】

张某是某知名软件公司开发部的高级工程师，自进入公司以来，表现十分出色，接到任务时总能在规定时间内按要求完成,并时常受到客户方的表扬。在项目进行时还常常主动提出建议、调整计划,既缩短了开发周期,又节约了开发成本。但在最近的几个月里,情况发生了变化,张某对新上任的方经理的领导方法不满意,同时认为自己是公司的老员工,不论是工作能力还是技术能力都可以胜任部门经理的工作,但公司却没有给他晋升的机会。他不再精神饱满地接受任务了,他负责的几个开发项目均未能按客户要求完成,工作绩效明显下降。根据经验判断,新上任的方经理认为导致张某业绩下降的原因是知识结构老化,不能胜任现在的工作岗位,于是立即向人力资源部提交了培训申请,希望人力资源部能尽快安排张某参加相关的业务知识培训,让张某开阔一下思路。人力资源部接到申请后,当即安排张某参加了为期一周的关于编程方面的培训研讨会。张某在培训结束回到公司后,工作绩效状况没有出现任何改变。

(二)绩效诊断的方法

员工绩效往往受到多方面因素的影响,常见的绩效诊断方法有四因素法和三因素法。

1. 四因素法

四因素法认为,主要有知识、技能、态度和外部障碍四个方面的原因影响员工完成其所承担的任务和履行的责任,这四个方面也可以用来预测员工从事新工作时可能面临的问题,如图2-4-6所示。

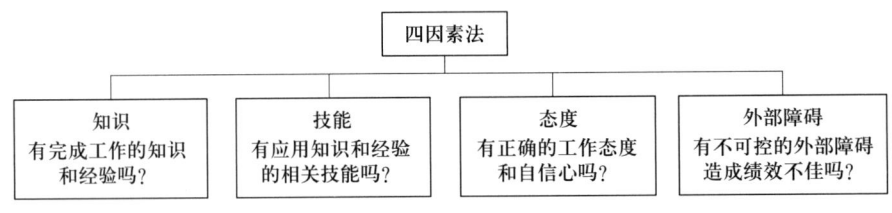

图2-4-6 绩效诊断四因素法

在对员工的绩效进行科学诊断的基础上,管理者可以进行战略思考,思考寻求改善员工绩效的解决办法,如何帮助员工实现预期目标。在四因素法的框架下,解决员工绩效问题的策略可以分为两类:一是管理策略,着重于改变员工的工作态度或工作环境;二是发展策略,着重于提高员工各方面的知识、技能,一般会选择通过培训、学习等方式。

图2-4-7提供了一些可供选择的绩效改进解决方法,如果绩效问题是由四因素

中的某一种造成的，管理人员可以很有把握地选择适宜的管理策略，如让下属参加培训或运用奖罚等管理手段。但在管理实践中，产生绩效问题的原因往往不止一个，而是多种复杂原因共同作用的结果，此时我们应当思考各类解决方法的优先顺序，一般要遵循以下三个原则。

（1）排查外部障碍。如果存在影响员工绩效的外部障碍，管理者应考虑在自己的权限范围内能否排除此障碍，或者至少削弱其影响，甚至寻求更上级领导的帮助，积极采取管理措施，在最大限度内降低外部障碍的负面影响。

（2）排除态度问题。如果员工存在态度问题，必须在解决知识、技能等发展问题之前首先对此加以解决，如果态度问题不解决，一切预期的变化都不会发生。发展策略可以同时进行，但不能替代对态度问题的解决。

（3）如果员工既缺乏知识和经验又缺乏技能，则最好优先解决知识和经验问题，在掌握必备的知识经验后再逐步提升技能水平。

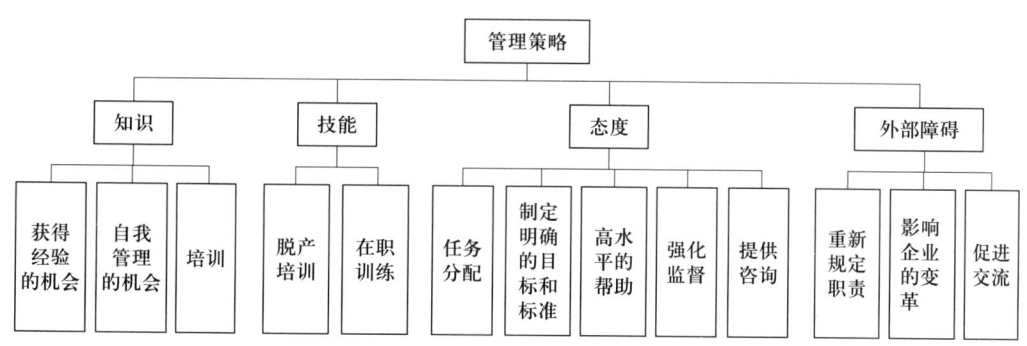

图 2-4-7 绩效四因素问题的解决方法

2. 三因素法

绩效诊断的三因素法认为员工的绩效好坏取决于三个方面，分别是员工、管理者和环境。

（1）员工。绩效未达到预期可能是员工本身的原因，如员工的知识、经验或技能有所欠缺，又或是工作态度不端正、缺乏工作动机等。

（2）管理者。在管理者方面，通常从两个方面进行分析：一是管理者做了不该做的事情，比如奖惩不公、施加不当压力等；二是管理者未做该做的事情，如工作要求不明确，未提供必要的教育培训机会，没有给予及时有效的工作反馈，缺乏管理授权，不鼓励下属尝试新方法或新技术等。

（3）环境。在环境方面，可能对员工绩效产生影响的主要有工具或设备不良、人际关系紧张、生产资料短缺、不良的工作条件（噪声、光线阴暗、空间不符合标准）

等，或者工作流程的更新、工作方法或设备的改变等，这些因素都会造成员工的工作困难。

以上两种绩效诊断方法各有特点，四因素法以完成工作的员工主体为研究视角，从员工是否具备承担此项工作的能力和态度方面来分析绩效问题，容易造成管理缺位，即把绩效问题产生的原因归结于员工自身因素，而忽视了管理者的责任，这样不利于全面剖析和诊断绩效问题，也不易于被员工接受；三因素法的分析视角更宏观，能够把握产生绩效问题的几个主要方面，认识到管理者在其中的责任，但是在每个方面的细化和深化程度还有所不足。实践中一般将两种方法综合使用，兼顾诊断的广度和深度，以便更加全面、透彻地分析绩效问题。完成绩效诊断后应填写绩效诊断表（见表2-4-5），为下一步制订绩效改进计划提供依据。

表2-4-5　　　　　　　　　　绩效诊断表

影响绩效的维度		绩效不良的原因	备注
员工	知识		
	技能		
	态度		
主管	辅导		
	其他		
环境	内部		
	外部		

二、绩效改进

在管理者与员工对考评期内员工所存在不足达成共识后，下一步应共同协商制订有针对性的绩效改进计划，明确将做什么、何时完成、责任人等。这样一方面帮助员工提高能力，另一方面为下一个绩效周期做好准备，使人力资本的功能得到充分的发挥。

在这个过程中，管理者作为员工的绩效合作伙伴，以"帮助者"和"支持者"的身份与员工一起共同制定绩效目标，共同探讨成功的办法，共同分析实现目标的障碍和困难并将其排除，最终实现"投资于人"的目标，使绩效管理落到实处。

（一）制订绩效改进计划的步骤

绩效改进计划是针对员工有待发展提高的方面，在指定时期内完成的有关工作绩效和工作能力提升的系统计划。绩效改进计划通常是在管理者的帮助下由员工本人制订，并与管理者讨论达成一致意见。管理者应承诺提供员工实现计划所需的各种资源和帮助。绩效改进计划通常包括以下五个步骤。

1. 选择需要改进的项目

需要改进的项目通常是指在工作能力、方法、态度等方面有待提高的项目。这些需要改进的项目可能是员工现在水平不足的项目，也可能是现在水平尚可但工作需要更高水平的项目，是需要通过努力进一步改善和提高的方面。选择绩效改进项目可以按照难易程度、缓急程度二维表来确定，见表 2-4-6。

表 2-4-6　　　　　　　　　绩效改进项目选择表

缓急程度	难易程度	
	不易改变	容易改变
急需改进	列入长期改进计划或寻求外部资源支持	优先列入改进计划
不急需改进	暂时不列入改进计划	选作第二改进项目

2. 说明改进和发展的原因

选择某些项目列入绩效改进计划是有客观依据和原因的。通常是由于员工在这些项目上的表现不佳而完成工作又需要在这些方面具备较高的水平。

3. 明确目前水平和期望达到的标准

绩效改进计划应明确清晰的目标，指出在需要提高的项目上目前员工表现的水平是怎样的，期望达到的水平又是怎样的。期望目标是管理者与员工共同讨论制定的，同绩效目标的设定一样，绩效改进目标同样应遵循 SMART 原则。

4. 确定改进措施和责任人

将某种待改进或发展的项目从目前水平提升到期望水平可能通过培训、学习等多种方式，对一个项目进行改进可以采用一种方式，也可以采取多种方式。同时，还应当确定责任部门或责任人，以便更好地帮助员工并跟踪其改进的效果。根据绩效诊断的问题及成因，可以从三个维度思考解决方案。

（1）员工维度。知识与技能方面的能力可以通过自主学习、内外部培训、参加行业研讨会等方式提升；操作经验与工作习惯方面的能力可以通过向绩效优秀的同事学习，观摩他人做法，进行一对一的在职辅导，或者在他人指导下选择一个实际工作项目进行训练。

(2) 主管维度。参加企业内外部关于人力资源管理、绩效管理等的培训，向企业内有经验的管理者学习，向人力资源管理专家咨询，提升自身管理水平；做好员工的绩效辅导，为员工争取资源和培训机会，促进跨部门的资源协调，收集和分享内外部客户反馈，提醒员工改进效果与进度。

(3) 环境维度。管理者可以适当调整部门人员分工和职责，加强团队交流沟通，改善人际氛围，在企业资源允许的情况下尽可能改善工作环境和工作条件，为员工提供方法工具支持。

5. 设定达到目标的期限

达到目标的期限是指预期在多长时间内能够将有待发展的项目提升到期望水平，设定明确的完成时限，并配以检查与反馈节点，具体示例详见表2-4-7。

表2-4-7   绩效改进目标期限表示例

绩效改进项目：客户沟通技巧

完成期限	方法工具	由主管完成	由下属完成
2月1日—2月28日	资料学习	推荐人际沟通技能书籍和产品等相关资料	学习巩固人际沟通知识，提高产品熟悉度
3月1日—4月15日	培训项目	为员工报名"有效客户沟通技巧"培训	参加培训，学习销售话术并增强与客户沟通的能力
4月16日—5月31日	在工作现场的辅导	邀请资深销售代表对员工进行一对一辅导，一同会见客户	观察和学习优秀销售人员与客户的沟通技巧

(二) 绩效改进计划的内容

通过以上流程可以形成最终的绩效改进计划，具体示例见表2-4-8。一份完整的绩效改进计划大体应包括以下内容。

(1) 基本信息。员工基本情况、直接上级基本情况以及该计划的制订时间和实施时间。

(2) 改进项目。根据上个绩效评价周期的绩效评价结果和绩效反馈结果，确定该员工工作中存在的问题，并明确需要改进和发展的原因。

(3) 改进措施。根据存在的问题提出有针对性的改进意见。

(4) 绩效目标。明确经过绩效改进后要达到的绩效目标，在可能的情况下将目标明确量化地表达为员工在某个绩效考评指标上的得分。

表 2-4-8　　　　　　　　　　绩效改进计划表示例

×××绩效改进计划表					
姓名	×××		职位	销售代表	
直接主管	×××		部门	业务一部	
有待改进项目	发展原因	目前水平	目标水平	发展措施与所需资源	评估时间
客户沟通技巧	与客户沟通是销售代表的主要工作，本人在这方面有较大欠缺	客户沟通评估分数 2.5 分	3.5 分	参加"有效客户沟通技巧"培训，注意体会和收集客户反馈，与优秀销售人员一同会见客户，观察和学习他人与客户沟通的方式	2022 年 6 月

制表时间：2022 年 1 月

【管理案例】

刘长云是某公司的宣传部主管，他的主要工作职责是全面负责公司新闻宣传管理体系的建立和完善，并确保其有效运行，他有 3 名下属。刘长云是一位新闻宣传方面的专家，过去是宣传部的一名工作人员，精通宣传文稿的撰写和发布，能处理各种新闻宣传方面的难题。去年，由于他的工作表现出色，被提升为宣传部的主管。他的部门所提供的新闻宣传材料在质量上常常得到其他部门的好评，并且他还经常热心地帮助其他部门撰写、设计新闻文稿。他在目前的工作中存在的主要问题是没有处理好来自各个部门的新闻稿件的优先顺序，常常导致新闻稿件积压、有的部门新闻迟迟未发布。他最初的处理办法是完全按照新闻来件的先后顺序安排工作，这样做对一些急件没有照顾，耽误了一些新闻急件的发布；后来他又常常优先处理急件，由于大家都把自己的稿件当作急件，最终还是有一些新闻稿件不能如期发布。因此，他的时间管理和确定工作任务优先顺序的能力有待提高。另外，他对自己的主管角色认知不够清晰，工作中事必躬亲，不善于授权下属，这也是造成他自己工作忙忙碌碌而新闻稿件却出现积压的原因之一。同时，他对下属的绩效管理水平也有待提高，一名下属在绩效方面存在较严重的问题，他一直碍于情面未予以干预，直到他的上级主管过问此事时，他才与那名下属开展绩效反馈面谈。针对自己的绩效问题，他制订了个人发展计划（见表 2-4-9）。

绩效管理实务

表2-4-9 绩效改进个人发展计划

姓名	刘长云		职位	宣传部主管	
直接主管	×××		部门	行政部	
有待改进项目	发展原因	目前水平	目标水平	发展措施与所需资源	评估时间
主管技巧，包括如何授权、如何管理下属绩效、如何进行团队管理等	作为一名主管人员，主要的责任是不断提高下属绩效，增强团队绩效及团队协作能力	上级评估分数2.5分，下属评估分数2分	3.5分	1. 参加"如何做一名优秀主管"培训 2. 参加"如何管理下属的绩效"培训 3. 学习上级主管和其他部门主管管理下属的优秀做法 4. 阅读管理类书籍，请上级和下属监督	2022年10月
时间管理	1. 作为一名新任主管，缺乏管理和授权下属的技巧，大多数情况只是自己埋头苦干 2. 宣传部的工作很重要的一点就是管理好时间，处理好新闻稿件任务的优先顺序，保证最大限度地满足新闻宣传的需要，在这方面的表现不足，造成部分新闻发布延误	客户评估分数2分	3.5分	1. 参加"时间管理与任务优先级排序"相关培训 2. 学会使用工作任务优先级顺序表格 3. 让其他部门了解目前的新闻发布的任务量和进度情况，提高工作的计划性 4. 利用外部资源满足新闻急件的需要	2022年10月

制表时间：2022年3月5日

（三）绩效改进计划的实施与评价

同绩效管理一样，绩效改进同样需要具备从计划、监控到评价反馈的完整流程。绩效改进的方案可以是多样化的，但重点在于控制改进过程，给予员工指导以保证改进效果。在制订了绩效改进计划之后，管理者应当通过绩效监控与沟通，实现对绩效改进计划实施过程的控制，包括监督绩效改进计划能否按照预期稳步推进，并根据下属在绩效改进过程中的实际工作表现及时修订和调整不合理的内容。

绩效改进计划作为绩效计划的补充，同样需要评价和反馈。绩效改进计划的评价应注意以下三个方面的问题。

（1）绩效改进计划开始于上一个绩效评价周期的结束，结束于下一个绩效评价周期的开始。

（2）绩效改进计划的完成情况反映在员工前后两次绩效考评中得到的评价结果中。

（3）如果员工后一次绩效考评结果有显著改善，就在一定程度上说明绩效改进计划取得了实际的成效。

在整个绩效改进计划周期里，管理者应按照改进时限要求，积极与员工沟通，填写改进评价，具体示例详见表2-4-10。

表2-4-10 绩效改进评价表

姓名		员工编号	
部门		岗位	

改进计划

在整个绩效改进计划周期里，管理者必须按照改进时间点要求与员工沟通，填写改进评价。

改进目标	衡量标准	时间点	改进评价（管理者填）

员工签字		管理者签字	
日期		日期	

改进结果

管理者评价：

改进后是否胜任岗位：□是　　□否

员工签字		管理者签字	
日期		日期	

【任务要求】

一、任务说明

基本任务

1. 绩效诊断

各小组每位成员选择适合的绩效诊断方法,对自己上学期的绩效表现进行诊断分析,查找存在的绩效差距,并确定有待改进的绩效项目。

2. 绩效改进

在绩效诊断的基础上,编写制订绩效改进计划(个人发展计划)表,明确改进内容、目标、时限等。

拓展任务

团队组织集体讨论,每位成员汇报个人绩效改进计划,团队成员指出可能存在的问题及不足,不断优化改进计划。

二、任务完成常用实际业务工具

绩效改进计划表见表2-4-11。

表2-4-11　　　　　　　　绩效改进计划表

姓名			职位		
直接主管			部门		
有待改进项目	目前水平		目标水平	发展措施与所需资源	评估时间

制表时间:　　年　月

三、任务评价指标与标准

绩效诊断与改进评价表见表 2 – 4 – 12。

表 2 – 4 – 12　　　　　绩效诊断与改进评价表

团队名称					
评分标准		优 (5分)	良 (4分)	中 (2分)	差 (1分)
绩效诊断	绩效诊断方法选取是否合理				
	绩效诊断结果是否符合实际				
	待改进项目确定是否合理				
绩效改进	改进要点确定是否合理				
	改进目标是否合理				
	改进计划是否可执行				

任务三　绩效结果运用

【知识准备】

一、绩效结果运用的重要性

绩效管理是以企业经营目标为出发点，对员工工作进行考评，并把考评结果与人力资源管理的其他职能相结合，发现企业中存在的问题并不断改进的过程。绩效考评本身不是目的，而是一种管理手段，必须重视考评结果的运用。绩效管理成功与否，在很大程度上取决于如何运用绩效考评结果。

绩效考评结果的运用在企业管理中发挥着承上启下的作用。一方面，它是企业人力资源管理等职能开发的基础；另一方面，它也是企业提升管理水平和促进绩效改进的途径之一。很多企业建立了完善的绩效考评制度，考评工作也进行得轰轰烈烈，唯独对考评结果的运用差强人意。考评结果没有运用到绩效改进，成了摆设，下次员工就不会再重视绩效考评了。因而，可以说绩效考评结果的应用是保障绩效考评闭环的关键。实现企业与员工的双赢是绩效管理的关键所在，管理者可以根据最终考评结果采取各项有效措施，将绩效考评结果与薪酬、培训、职位调整等方面联系起来，对绩效目标能起到助推作用。考评结果的合理转化和利用是发挥绩效管理作用、提高制度化管理水平的关键。只有及时、公平、合理地将考评结果应用于管理工作的各个环节，健全考评激励机制，才能充分调动员工的积极性，最终使企业的绩效得以提升。

二、绩效结果运用方向

绩效考评结果须与有效的人力资源管理决策挂钩，才能真正发挥作用。在人力资源管理体系内，绩效结果可应用于奖金分配、工资晋级、职务晋升、培训发展、人员招聘、岗位调整等多个方面。绩效结果的运用方向，如图2-4-8所示。

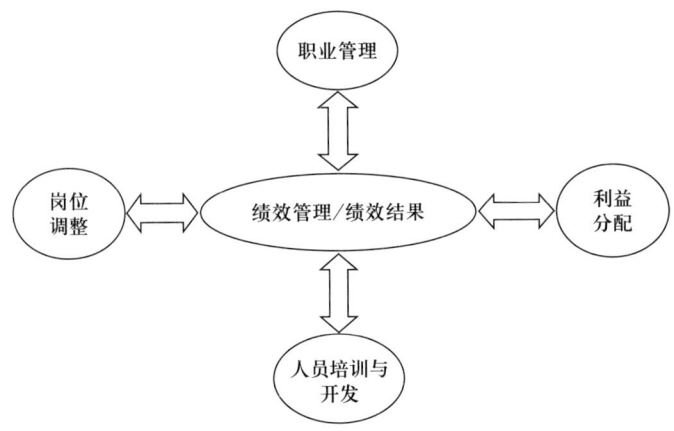

图2-4-8　绩效结果的运用方向

（一）职业管理

企业在实现战略目标的同时，通过绩效考评结果的运用推动员工职业生涯实现有序发展，而员工职业生涯的发展也促进企业的发展，二者相辅相成、相得益彰，最终实现互利共赢。

个人发展计划是员工的工作绩效和工作能力在一定时期内改进和提高的系统计划。一般包括有待发展的项目、发展的意义和可行性、有待发展项目目前的绩效水平及预期达到的水平、发展这些项目的途径及需要的资源支持和完成项目的时间期限等内容。

（二）人员培训与开发

人员培训与开发是企业通过培训与开发项目提高员工能力和企业绩效的一种有计

划的、连续性的工作。通过绩效评价的结果，可以发现人员培训与开发的需要。绩效考评结果在员工培训方面的运用主要包括以下内容。

1. **绩效考评为人员培训与开发提供依据**

（1）短板补差类。通过绩效考评的结果，管理者能够有针对性地了解到员工的不足与薄弱环节，同时经过绩效诊断以及绩效改进计划的编制，管理者可以清楚地掌握员工能力或技能的短板，而培训无疑是一种重要且有效的短板补齐措施。

（2）发展奖励类。通过短期和长期的绩效考评工作，管理者可以识别出部门内有发展潜力的后备干部：一方面作为对业绩优秀员工的奖励手段，制定出相关的培训方案，如脱产培训的奖励、委托其他单位新技术交流的培训等，作为对员工绩效优异的奖励措施；另一方面为后备干部的能力提升设定专项的培养计划，如对技术岗位中在沟通管理方面有明显优势的员工适当设定部分管理类的培训，帮助其更快速地成长，以便日后承担更重要的岗位责任。

2. **绩效评价结果作为员工培训的效标**

培训评估的四层次模型是根据评估的难度和深度，把培训效果分为反应、学习、行为和结果四个递进层次。其中结果层面是评估培训带来的效益和效率的提高程度，一般从员工及企业绩效两个方面进行考量，体现出绩效考评结果用来衡量员工培训有效性的积极作用。因而，绩效考评结果可以衡量培训的效度，即作为培训的效标。

（三）岗位调整

员工的绩效考评记录可以为职务晋升和干部选拔提供基础依据，通过统计分析员工的历史绩效，发现员工工作表现和其职位的适应性问题，查找原因并及时进行职位调配。能力—绩效九宫格是企业进行人才盘点的重要工具，通过从绩效和能力两个维度分析人才分布情况及个体在其中的位置，对后续的岗位调整、人才决策提供科学依据，确保人才发展与企业发展相匹配，如图2-4-9所示。

（四）利益分配

绩效结果最主要的一种用途在于对员工报酬的分配和调整。一般而言，为了强调薪酬的公平性并发挥其激励作用，员工的薪酬中都会有一部分与绩效挂钩。绩效结果可以应用于确定激励性浮动收入和调整员工固定薪酬，也可作为发放福利、津贴及其他奖励的依据。

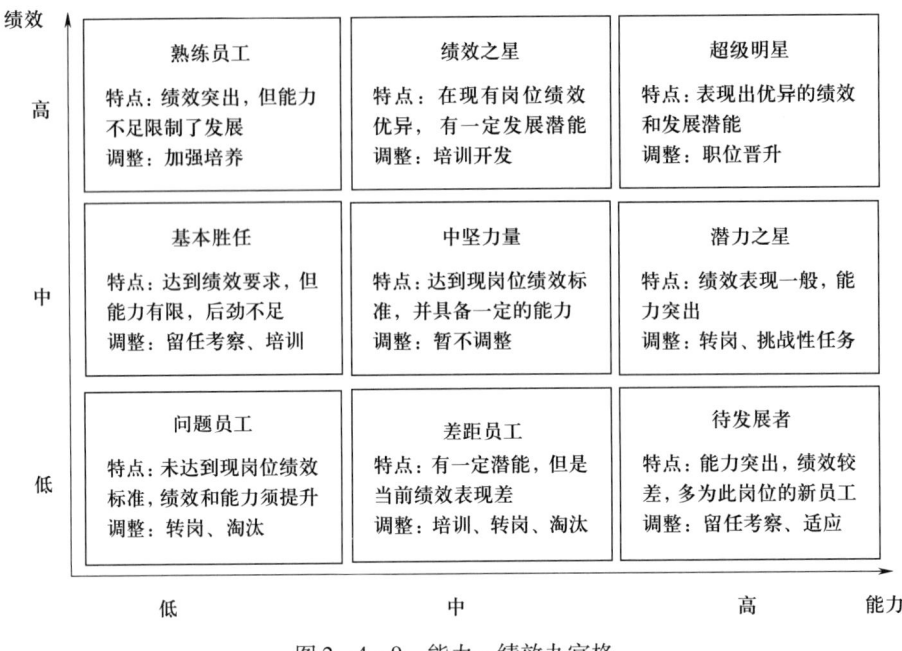

图 2-4-9　能力—绩效九宫格

1. 确定激励性浮动收入

目前，企业为了最大限度地发挥薪酬的激励作用，在保障性固定收入和浮动性激励收入的设定方面均有一定的考虑。在企业的薪资框架中，高层管理者的薪酬更趋浮动，基层的更趋保障，也就是职位层级越高，激励性浮动收入的比重越大，职位层级越低，保障性固定收入的比重越大。一般而言，激励性浮动收入包括绩效工资和绩效奖金两部分内容，这两部分确定的依据主要依赖于绩效考评的结果。

（1）绩效工资。企业在绩效考评过程中，会根据部门整体表现和员工的个人表现来确定部门绩效考评成绩和个人绩效考评成绩。在员工绩效工资的计算过程中，企业通常会根据自身的需要，以只与个人绩效考评成绩挂钩和与本部门员工考评分数相关的两种方法来确定员工的绩效工资。

1）绩效工资只与个人绩效考评成绩挂钩。在绩效工资的确定过程中，采用简单的利用个人绩效考评成绩计算绩效工资而与部门绩效考评成绩脱钩的方法可以降低企业的管理成本，因此很多企业采用这种方法。例如，某企业员工的季度绩效工资计算如下：

$$季度绩效工资 = 岗位工资 \times 30\% \times 个人季度绩效考评系数$$

其中，个人季度绩效考评系数等于个人绩效考评分数除以100。

从公式中不难发现，采用这种方法计算企业员工的绩效工资虽然简单易操作，但却存在较大弊端，员工无论干得多好，也很难拿到全部绩效工资，这会对员工的积极性带来一定的消极影响。因此，可以对个人季度绩效考评系数的公式进行如下修订，变为：

个人季度绩效考评系数 = 1 +（个人季度绩效考评分数 − 80）/80

通过对绩效考评系数公式的修订，员工的积极性就会有一定程度的提高。当然，这种安排相当于提升了个人的岗位工资，因此，在确定员工岗位工资的时候，要考虑这种影响。

2）绩效工资与本部门员工考评分数相关。主要的处理方式有以下五种。

第一，相对分数法。相对分数法是指员工的绩效工资不仅与自己的考评分数相关，而且与本部门员工的绩效考评平均分数有关。例如，某企业员工月度绩效工资计算如下：

月度绩效工资 = 岗位工资 × 30% × 个人绩效考评得分/部门员工绩效考评平均得分

第二，强制分布法。将一定范围内的员工按绩效考评分数从高到低排序，按排序的前后次序依次划分为 A+、A、B+、B、C 和 D 几个等级。不同考评等级对应的绩效考评系数不一样，这样可以有效地将部门员工的绩效工资等级进行区分，起到激励作用。比如，某部门员工的季度绩效工资计算如下：

员工季度绩效工资 = 岗位工资 × 30% × 个人季度绩效考评系数

其中，个人季度绩效考评系数根据考评结果确定，个人考评系数和考评结果的对应关系见表 2-4-13。

表 2-4-13　　　　　个人考评系数和考评结果的对应关系

考评结果	A+	A	B+	B	C	D
季度绩效考评系数	1.2	1.1	1	0.9	0.8	0

第三，与本部门绩效绝对挂钩。员工的个人绩效工资除与本人绩效挂钩外，还与整个部门的绩效挂钩，这适合于团队性质工作的部门。例如，某企业员工月度绩效工资计算如下：

月度绩效工资 = 岗位工资 × 30% × 个人月度绩效考评系数 × 部门月度绩效考评系数

第四，与本部门绩效相对挂钩。员工的绩效工资除与个人绩效考评结果、本部门绩效考评结果挂钩外，还和其他部门的绩效考评结果有关系。例如，某企业员工月度绩效工资计算如下：

月度绩效工资 = 岗位工资 × 30% × 个人月度绩效考评系数 × 本部门绩效考评分数/所有部门绩效考评分数的平均值

第五，总额控制法。控制某个部门的绩效工资总额，并将绩效工资总额和整个部门的考评结果挂钩。比如，某企业一般员工的工资结构和计算过程如下：

$$工资结构 = 基本工资 + 绩效工资$$

其中，基本工资按月发放，基本工资 = 岗位工资 × 60%；部门绩效工资总和 = 除总经理外所有岗位人员工资总和 × 40% × 部门绩效考评系数。

（2）绩效奖金。一般来说，绩效工资的计算是将绩效工资的基数乘以绩效考评系数，但奖金计算基数一般根据产量、销售额、利润、费用节约等确定，绩效奖金就是根据前述指标乘以一个提成比例。

1）产量提成奖金。例如，某生产企业的酿造车间奖金总额为每吨产品提成 13.2 元，超额完成任务的每吨产品提成为 19.8 元；灌装车间每吨产品提成为 33.3 元，超额完成任务的每吨产品提成为 50 元。

2）销售额、利润提成奖金。销售提成奖金是激励企业销售员工的主要方法之一，以某企业业务员奖金发放为例，其奖金计算公式为：

$$业务员绩效奖金 = 超额销售收入 \times K_1 + 超额销售利润 \times K_2$$

其中，K_1 是超额销售收入提成比例，超额销售收入 = 本月实现销售收入 − 0.8 × Σ（各种产品的底价 × 各种产品目标销量）；本月实现销售收入根据实际回款额计算；超额销售收入提成比例 K_1 的具体数值见表 2 − 4 − 14。

K_2 是超额销售利润提成比例，超额销售利润 = Σ（各种产品销售价格 − 各种产品的底价）× 各种产品实际销量，实际销量根据本月回款的合同计算。超额销售利润提成比例 K_2 的具体数值见表 2 − 4 − 14。

奖金最低为零，如果计算结果为负数则以零计。

表 2 − 4 − 14　　　　　　　　　奖励提成比例

职位	超额销售收入提成比例 K_1	超额销售利润提成比例 K_2	销售收入提成比例 K
市场营销部增强材料组	0.25%	2.5%	—
海外市场部增强材料组	0.25%	2.5%	—
市场营销部玻璃布组	—	—	0.007 5%
海外市场部玻璃布组	—	—	—

3）费用节约提成奖金。对某些项目而言，企业为了提倡节约而实行费用节约提成奖金。根据这种节约奖励原则，企业通常会在责任书中约定各种费用总额，节余部分按照一定的比例作为项目组人员的奖金；费用总额占合同额的比例以及奖金占费用节余的比例等具体数值在责任书中进行约定。

2. 调整固定薪酬

如果说奖金的分配是绩效结果的直接应用，对员工固定薪酬的调整就是长期绩效结果的慢响应。这部分薪酬是以员工的劳动熟练程度、所承担工作的复杂程度、责任大小及劳动强度为基准确定的。

企业固定薪酬部分的调整往往会参考员工长期的绩效表现，根据员工 2~5 年的绩效结果，同时参考员工职位、职级的变化而发生调整。

3. 作为福利津贴及其他奖励的依据

现阶段，很多企业在内部设定多种多样的特殊奖励措施，而绩效考评结果无疑是该类奖励重要的依据之一。

综上，绩效考评结果关系到人力资源管理决策，我们可以从态度、能力和业绩的角度对个体进行分析，从而在人力资源管理相关模块加以应用，见表 2-4-15。

表 2-4-15　　绩效结果在人力资源管理各模块中的应用

态度	能力	绩效	工资报酬	培训开发	岗位调整	劳动关系解除	说明
好	好	好	●		●		加薪/晋升
好	差	好	●	●			奖励/培训
差	好	好	●				绩效改进沟通/奖励
差	差	好	●	●			奖励/培训
好	好	差			●		绩效改进沟通/转岗
好	差	差		●			培训/降职
差	好	差			●		绩效改进沟通/转岗
差	差	差				●	绩效改进沟通/淘汰

▶【任务要求】

一、任务说明

基本任务

1. 收集绩效考评结果

各小组每位成员收集本人上学期绩效考评结果，为绩效运用提供数据支撑。

2. 收集绩效诊断情况

各小组每位成员收集本人在绩效诊断基础上制订的绩效改进计划（个人发展计划）表，为绩效运用提供佐证。

3. 作出绩效运用决策

根据收集的数据和资料，各小组集体协商作出绩效运用决策。

拓展任务

各小组汇报团队的绩效运用决策方案，全班集体讨论，指出可能存在的问题及不足，不断优化改进。

二、任务完成常用实际业务工具

个人年度考评统计表、绩效考评结果处理表见表2-4-16和表2-4-17。

表2-4-16　　　　　　　　　个人年度考评统计表

部门	姓名	岗位	月度绩效得分												年度绩效得分
			1	2	3	4	5	6	7	8	9	10	11	12	

表2-4-17　　　　　　　　　绩效考评结果处理表

编号：

姓名		岗位		考评时间	
工资序列		年龄		工龄	
单位		部门			
业绩考评得分		能力评估得分		态度评估得分	

续表

综合考评得分 = 业绩得分 × 70% + 能力得分 × 20% + 态度得分 × 10%

绩效考评等级：
□A（90分以上）　　□B（80~89分）　　□C（60~79分）　　□D（60分以下）

考评结果处理意见	岗位异动		工资序列变动		其他	
	被考评者意见	直接主管意见		部门经理意见		人力资源部意见
备注						

三、任务评价指标与标准

考评结果收集与结果运用评价表见表 2-4-18。

表 2-4-18　　　　考评结果收集与结果运用评价表

团队名称					
评分标准		优（5分）	良（4分）	中（2分）	差（1分）
考评结果收集	考评结果是否全面				
	考评结果分类统计是否合理				
考评结果运用	运用决策与考评结果是否匹配				
	运用决策是否体现激励				
	团队汇报现场是否流畅